KB260085

한국 중국 일본,
지금은 몇 시인가

밀레니엄 무역기행

한국 중국 일본, 지금은 몇 시인가

차동진 지음

차례

프롤로그: 2000, 새로운 1000년 서설

수십, 수백, 수천억 년 전부터 지구(地球)는 인간(人間)의 땅이 아니었다. 수많은 동물들의 땅이었고, 인간 역시 그 동물의 하나에 불과했다. 인류학자들은 그 많은 동물들 중에서 인간이 어떻게 하여 지구촌(地球村)을 지금처럼 지배하게 되었는가에 대하여 여러 가지 말을 하고 있지만, 그 중에서 가장 말초적(端初的)인 계기는 직립(直立)에 두고 있다.

인간의 직립과 사고력

따지고 보면 지구상에 존재하는 많은 동물들은 기고 날고 뛰고 있지만, 인간처럼 두 다리로 직립하는 생활을 생활화(生活化)한 동물은 없다. 인간만이 완벽(完璧)한 직립 동물로는 유일(唯一)한 존재이다.

여기에다가 인간은 다른 동물에 비하여 출중(出衆)한 사고력(思考力)과 창의력(創意力)을 가지고 있는 동물이다. 인간을 비롯하여 모든 동물들의 원시(原始) 시대의 생활은 형태야 다르지만 야생(野

生)이었다. 그런 중에 인간만이 유일하게 불(火)을 발견하여 야생
(野生) 생식(生食)에서 벗어났고, 거기에다가 자기의 입맛에 맞은
특정 식물(植物)을 재배하여 먹고 사는 농경(農耕) 생활을 시작하였
으며, 자기의 입맛이 선호(選好)하는 동물을 가축(家畜)으로 삼아
축산(畜産)하여 먹고 사는 독특한 생활의 변화를 일으켰다.

　인간이 만물(萬物)의 영장(靈長)이라는 말은 바로 이러한 사실에
서 출발한다. 인간은 이러한 자신의 진화(進化)와 변화(變化)를 통
하여 지구상의 다른 동식물의 지배자가 되었다. 동식물이 서로 공
존(共存)하던 지구촌공존공화국(地球村共存共和國)은 이리하여 인
간이 주축(主軸)이 된 지구촌인간공화국(地球村人間共和國)이 되었
다.

　인간이 지구촌에서 지배자로 등장하여 집단적인 인간 생활 문화
를 일으킨 곳은 지상(地上)에서 네 곳에 불과했다. 중국(中國)의 황
하(黃河) 유역과 인도의 갠지스 강 유역, 이집트의 나일 강 유역과
메소포타미아의 유프라테스 티그리스 강 유역이다. 이 네 곳을 우
리는 인류(人類)의 4대 문명 발생지(發生地)라고 한다. 이런 의미에
서 우리 한민족의 문화는 중국 황하 인류 문명의 연장선상(延長線
上)에 있다.

　우리는 통상적으로 지배자가 되면 공포(恐怖)도 없고, 거칠 것도
없이 제멋대로 생각하고 행동할 수 있는 것으로 생각하기 쉽다. 그
러나 그것은 착각(錯覺)이다. 폭군(暴君)과 백성(百姓), 영웅(英雄)과
병졸(兵卒)의 입장을 보면 안다. 일반적으로 폭군은 폭군대로 있고,
폭군의 지배를 받는 사람들만이 공포감에 휩싸여 사는 것으로 생
각할지 모르나, 어떤 면에서는 만인(萬人)을 지배하는 폭군은 지배
를 받는 사람들보다 더 큰 공포 속에 산다고 하여도 과언은 아니
다.

무엇이 그리도 무서운고

집을 보아도 그렇고, 같이 살고 있는 사람을 보아도 그렇고, 무덤을 보아도 그렇다. 보통 사람들이야 그저 자신의 안위(安慰)와 행복(幸福)을 위한 집이면 만족하고, 같이 사는 사람이라고 해야 부모(父母) 형제(兄弟) 자매(姉妹) 직계(直系) 비속(卑屬)에 불과하고, 남을 데리고 산다고 해야 자신의 일을 도와주는 몇 사람에 불과하다.

그러나 만인지상(萬人之上)이라는 폭군들을 보라! 얼마나 으리으리한 집과 성(城)을 쌓고 살고 있으며, 얼마나 많은 호위병(護衛兵)들을 거느리고 살았던가. 그것은 폭군들이 공포 속에 살고 있기 때문에 만들어 놓은 인위적인 장벽(障壁)이며, 폭군들이 공포로부터 해방되기 위한 자기 방어 조치이다. 그 대표적인 것이 일본의 영웅들이 도처에 건설해놓은 성들이다. 상상(想像)을 초월(超越)하는 돌을 운반하여 성을 쌓는 것도 모자라, 하나 같이 성으로 들어가는 곳에는 연못을 만들어 물을 담아 놓고, 폭군의 거처(居處)에 접근하는 마루 바닥에는 밟기만 하면 발바닥 밑에서 요란한 삐거덕 소리가 나는 특수 재질 특수 구조의 마루를 깔아 놓고 있다.

무덤에 관한 한 폭군 장군(將軍) 제왕(帝王) 황제(皇帝)들과 같은 지배자의 무덤은 그들이 생존해 있을 때나 죽은 후에도 얼마나 공포에 쌓여 있는가를 극명(克明)하게 보여주고 있다. 지상에 살고 있는 모든 동물 중에 인간을 제외하면 무덤을 남기는 동물이 없고, 인간 중에서도 보통 사람들의 무덤은 죽은 후에 얼마가 지나면 진토(塵土)가 되는 무덤들이지만, 지배자들의 무덤은 그렇지 않다.

이들은 산 육신(肉身)의 영화(榮華)와 공포뿐만 아니라 죽은 시신(屍身)의 영화를 희구(希求)하고, 자신의 시신에 대한 공포에서마저 벗어나지 못하여, 지상에 있는 건축물보다 더 견고(堅固)한 무덤을 쌓는다. 그 대표적인 것이 바로 중국의 진시황(秦始皇) 무덤이다. 진시황의 무덤은 얼마나 그 규모가 광대(廣大)하고 독특하게 구성되었는지, 유네스코(UNESCO)에 의하여 인류의 세계 유산(遺産, World Heritage)으로 지정되었을 정도이다.

결국 인간이 직립 이후 시대에 지상에서 만물의 영장으로 등장하기는 하였지만, 그 인간 중에 지배자나 폭군이나 영웅이나 제왕이나 황제나 촌장(村長)이나 보통 사람이나 피지배자나 그 누구를 막론하고 '공포!'라는 공통(共通)의 적(敵)을 각자(各自) 마음속에 가지게 되었다.

공포로부터의 해방

사회인류학적으로 보면 종교(宗敎)란 바로 이러한 '공포(恐怖)로부터의 해방(解放)'을 위하여 창안(創案) 창조(創造)되었다. 원시 토템 시대로부터 세계 5대 종교로 일컬어지고 있는 기독교, 천주교, 불교, 유교, 마호메트교를 신봉(信奉)하고 있는 오늘에 이르기까지 모든 종교들은 현세(現世)와 내세(來世)의 공포로부터의 해방과 위안(慰安)이 핵심 사상이다. 말하자면 지구촌에서 만물의 지배자로 등장한 인간은 인간 스스로의 공포에서 벗어나기 위한 정신적(精神的) 투쟁을 해야 하는 무서운 부작용(副作用)을 감내(堪耐)해야 하는 동물이 되고 말았다. 이 또한 지상에 있는 모든 동물 중에 인간만이 가지고 있는 유일한 경우이다.

1999년은 1000년대 20세기의 마지막 해이며, 2000년은 새로운 1000년, 새로운 밀레니엄, 새로운 21세기의 첫 해이다. 인류 1000년사(年史) 속에는 네 영웅이 있었다. 지구촌을 제패(制覇)하려던 네 영웅이 있었다. 알렉산더, 시저, 징기스칸, 나폴레옹이다. 이 네 사람을 우리는 4대 영웅이라 일컬어왔다. 그렇다면 이 네 영웅이 남겨 놓은 인류의 유산은 무엇인가.

인류란 본래 시야(視野)가 좁은 존재였다. 이들 네 영웅의 시대에도 그랬다. 지구를 놓고 말하더라도 이들은 아시아 대륙(大陸)과 유럽을 놓고 영토(領土) 확장(擴張)에 골몰(汨沒)한 협소(狹小)하기 그지없는 영웅들이었고, 알프스 산을 하나 넘어 영웅이 되고, 곤륜 산맥을 휘몰아쳐 달려 영웅이라는 칭호(稱號)를 얻었으며, 아시아 와 유럽의 경계(境界)를, 동양(東洋)과 유럽에 국한(局限)된 서양(西 洋)의 경계를 넘나들었던 그 자체만으로 세계 4대 영웅 열전(列傳) 에 오르고 있다.

이들이 한 일이란 전쟁(戰爭)이었고, 수많은 인류가 흘린 피의 대가(代價)로 남은 것이란 동서(東西) 문물(文物) 교류(交流)라는 유 산 이외(以外)에는 현대적인 가치로 남아 있는 것이 별로 없다. 영 웅이란 피의 극치(極致)이고, 피의 극치치고는 너무나 큰 대가를 치른 셈이다. 오늘의 인류는 동서 통합(統合) 정벌을 목표로 한 영 웅의 출현(出現)을 기대하지도 않고, 영웅에 대한 가치(價値)를 인 정하려 들지도 않으며, 더 이상 '영웅(英雄) 찬가(讚歌)'를 부르지 않고 있다.

21세기 2000년대의 영웅

1000년 인류 역사 중에 인류의 역사를 발달하게 한 가장 획기적 인 영웅이 있었다면 그것은 총칼을 들고 전쟁을 통해 무서운 폭군 으로 등장하였던 인류 4대 영웅으로 일컬어지고 있는 지구촌의 촌 객(村客)들이 아니다. 가장 획기적인 발전의 기회를 제공한 사람은 영국의 제임스 와트이다. 그는 증기(蒸氣) 기관차(機關車)를 발명함 으로써 인류가 농경사회 시대에서 산업사회 시대로 접어들게 하였 다. 그 다음이 1940년대에 미국에서 컴퓨터를 발명한 무명(無名)의 과학자이다. 그는 21세기 전야(前夜)의 인류에게 인터넷 정보화(情 報化) 시대의 개막(開幕)을 가능케 한 진정한 인류의 영웅이며, 21 세기를 지구촌정보통합공화국(地球村情報統合共和國)으로 만들게 하는 장본인이다.

우리는 총칼로 피를 흘리고 개선(凱旋) 장군(將軍)이 되어 승리(勝利)의 월계관(月桂冠)을 쓴 자(者)들을 '영웅!'이라 하였으나, 이 또한 우리의 착각이었다. 지나간 1000년 중에 4대 영웅이 있었다지만, 그들은 인류의 역사 발전에 남겨 놓은 족적(足迹)이 그리 크지 않고, 우리가 그 동안 영웅 대접을 하지 않았던 증기 기관차의 발명가와 컴퓨터 발명가가 인류의 역사에 획기적이고도 장족(長足)의 발전을 가능하게 한 진정한 인류 1000년사 속에서 발견할 수 있는 위대한 2대 영웅이다.

여기에 우리는 콜럼버스라는 또 한 사람의 영웅을 추가할 수 있을 것이다. 콜럼버스가 출현하기 전에 인류는 땅만 알지 바다를 제대로 알지 못하였고, 땅 옆, 땅 너머, 땅 끝에 무엇이 있으며 그 땅을 자기가 가져야 한다는 탐욕(貪慾)을 부리기는 하였으나, 진정 육지보다 더 큰 면적을 차지하고 있는 바다 저 건너, 저 너머에는 무엇이 있는지를 알지 못한 '우물 안의 개구리'와 같은 '육지 안의 개구리'들이었다.

콜럼버스가 발견한 곳이 신대륙(新大陸)이라 일컬어지는 아메리카 대륙이고, 아메리카 대륙 그 중에서도 북아메리카 대륙의 미국(美國)은 인류들이 만들었던 수많은 국가들의 역사에 비교하면 이제 탄생 200년이 겨우 넘은 신공화국에 불과하다. 역사가 깊다고 해서 위대한 것이 아니다. 역사가 짧아도 그 짧은 역사에서 이루어낸 인류의 문화가 얼마나 큰가에 따라 국가(國家)의 위대성(偉大性)은 재평가(再評價)되어야 한다.

미국은 현재 지구촌 2000년 역사 속에 가장 짧은 기간 동안에 가장 빛나는 금자탑(金子塔)을 쌓아올린 땅이다. 미국은 지구촌공화국에서 정치적으로 최대(最大) 강국(強國)이 되었으며, 경제적으로 최대(最大) 부국(富國)이 되었고, 문화적으로도 최고(最高)의 문화를 자랑하는 위대한 국가, 위대한 국민이 되었다. 말이 이상할지 모르나 미국은 역사의 눈으로 보면 장족(長足)의 발전을 한 나라가 아니라 단족(短足)의 발전을 거듭한 나라이다. 역사가 깊은 나라들이 노쇠(老衰)하여 지팡이를 짚고 역사의 길목을 걷고 있는 동안에 미국은 혈기(血氣) 방장(方丈)한 청년(靑年)과 같이 인류 역사 발전의 액셀레이터를 거듭 가속(加速)하여 오늘의 인류 문명 최고의 금자탑을 쌓았다.

한국, 일본, 중국

그렇다면 새로운 2000년, 새로운 21세기, 새로운 밀레니엄인 2000년대의 인류 사회는 어떻게 변할 것인가. 미래학자들은 여러 가지 이야기를 하고 있다. 그러나 나는 여기에서 1000년이나 100년 이상이 되는 새로운 세기(世紀)나 새로운 밀레니엄에 대한 예언을 하는 예언가(預言家)가 아니고, 혜안(慧眼)을 가진 미래학자도 아니므로 그러한 테마에 대하여 말할 자격은 없다. 다만 1999년을 보내고 2000년을 맞는, 20세기와 21세기의 새로운 밀레니엄 도래기(到來期)의 한 토막을 '걸쳐 사는' 평범한 인간이다.

이 역사적인 시기(時期)에 나는 청년 비즈니스맨으로 일본(日本), 중국(中國), 미국(美國)을 비롯하여 동남아(東南亞) 일대를 가방 하나 달랑 들고 돌아다니는 극히 작은 무역인(貿易人)이다. 그럼에도 불구하고 내가 펜을 잡고 글을 쓰는 이유는 내 직업이 세일즈맨이라 바이어들을 찾아다니느라고 평소에 남들보다 기차와 비행기를 타는 시간이 많았고, 그 많은 시간을 거의 책을 읽는 데 보냈기 때문에, 내가 보았던 세계, 내가 읽었던 역사, 내가 알고 있는 세계, 특히 그 중에서도 중국(中國), 일본(日本), 한국(韓國)의 어제와 오늘, 그리고 내일의 모습을 몇몇 구석이라도 되돌아보기 위함이다.

이는 내 개인적으로는 20세기를 보내는 송가(頌歌)임과 동시에

21세기를 맞는 찬가(讚歌)이고, 인생칠십고래희(人生七十古來稀) 중에 중년기(中年期)를 맞는 나 자신의 아리아이다. 혹시 이 글을 보는 사람이 있어, 그들의 마음과 생각 속에 내 마음과 생각의 일부라도 전할 수 있는 기회가 되고, 그 기회가 그들에게도 20세기의 송가와 21세기의 찬가로 자리매김을 할 수 있다면 그 이상의 영광이 없을 듯하다.

오사카와 교토, 그리고 후쿠오카

무역인(貿易人)이라는 이름으로 도쿄(東京)에 사무실을 차리고 일본에 거주하면서 동경을 포함한 일본의 본주(本州)와 우리나라에서 구주(九州)라 불리는 규슈와 시코쿠(四國)를 돌아다닌 지도 벌써 13여 년이 되어가고 있다. 내가 성장한 후에 적어도 내 인생의 3분의 1 이상을 파묻은 땅이다. 일본에서 외국인이었던, 그것도 일본인들이 흔히 말하는 조센진(조선인, 朝鮮人)으로는 어떤 면에서는 피와 땀과 눈물의 세월이었고, 어떤 면에서는 희망(希望)과 약동(躍動)과 희열(喜悅)의 세월이기도 하였다. 일본을 빼면 나의 비즈니스는 제로에 가까울 만큼 일본은 내게 큰 의미가 있다.

도쿄는 2000년대 21세기를 맞으면서 일본의 정치, 경제, 사회, 문화의 수도임과 동시에 세계적인 도시로 떠올라 있고, 내 가슴속에도 내 비즈니스의 중심지(中心地)로 자리하고 있다. 우리나라에서 대판(大阪)이라고 불리는 오사카는 일본의 제2의 도시임과 동시에 우리나라 사람들이 가장 많이 살고 있는 곳이며, 일본인의 영웅(英雄)인 도요토미 히데요시(豊臣秀吉)의 본거지(本據地)이다. 여기에서 잠시 우리나라의 '대판(大阪)판'이라고 불리는 '오사카'에 얽힌 이야기와 일본인의 영웅인 도요토미 히데요시를 한국인의 입장에서 생각해본다. 먼저 오사카에 얽힌 1960년대 한국의 어느 청년의 이야기이다.

1960년대 초만 해도 우리나라에는 국제선(國際線) 항공(航空)이 별로 없었고, 1960년대 말에도 그리 많지 않았다. 한미(韓美) 간에 직항(直航) 항로(航路)가 없던 그 당시에 그 청년의 형이 미국에서 유학을 마치고 '동경(東京)을 거쳐 대판(大阪)을 구경하고, 대판에서 비행기를 타고 김포공항으로 온다'는 편지가 왔다. 지금은 미국에 일이 있으면 금방 전화를 들고 서로 말하지만, 그때만 해도 우리나라의 서울과 같은 대도시에도 전화를 놓고 사는 집이 10%도 제대로 되지 않을 때라 편지 이외에는 소식을 전하는 방법이 달리 없었다.

당시 한국에서 외국을 간다든지, 외국에 갔던 사람이 온다든지 하는 것은 선민(選民) 중의 선민의 행동이었다. 외국을 오고 가는 사람은 열 사람에 한 사람은 고사하고 1백 사람에 한 사람도 되지 않았다. 1950년부터 1953년까지 있었던 한반도(韓半島)의 남북(南北) 전쟁(戰爭)으로 인하여 국토(國土) 방위(防衛)가 국책(國策)의 최우선 순위였으므로 한국에서는 해외여행이 금지되어 있었고, 이러한 금지 조치는 1980년대 초반까지 이어졌다.

그런 판에 형이 미국에서 온다는 소리를 들은 청년은 기쁨에 넘쳐 형이 온다는 날짜의 온다는 시각(時刻)에 맞추어 김포 국제공항으로 마중을 나갔다. 말로만 듣고 처음 보는 공항이었다. 형이 타고 온다는 대판(大阪) 발(發) 서울 행(行) 비행기 시간을 알아보려고 어라이벌 노티스 사인 보드를 보았으나, '대판(大阪)'에서 오는 비행기 시간이 적혀 있지 않고, 같은 시간에 '오사카'에서 출발하여 서울로 오는 비행기가 있었다. 청년은 당황하기도 하였지만 너무나 이상하고 궁금하여 공항 안내원에게 물었다.

"아저씨! 대판(大阪)에서 오는 비행기가 몇 시에 오지요?"

"두 시 반에 도착합니다."

"그럼 오사카에서 오는 비행기는요?"

"?"

대판에서 오는 비행기에 이어 오사카에서 오는 비행기 시간을 묻자 공항 안내원은 눈이 휘둥그래 뜨고 청년을 바라보았다. 그때서야 청년은 아차! 했다. 우리나라 대판(大阪)이라고 한자(漢字)로 쓰고 읽는 대판(大阪)을, 일본에서는 쓰기는 우리처럼 대판(大阪)이라고 쓰지만 읽기는 일본 발음으로 '오사카'라고 읽는다는 것을 알았고, 대판(大阪)이 오사카이고 오사카가 대판임에도 불구하고 서로 다른 지역으로 알고 되물은 자신의 우둔(愚鈍)함에 머리를 들 수 없었다.

이와 같은 현상은 한국과 일본, 그리고 중국 사이에서 흔히 벌어지는 넌센스들이다. 한국과 일본은 각기 자기 나라의 글자를 가지고 있는 문화 민족이지만, 지난 1000년 동안 중국의 한자(漢字) 문화(文化) 영향을 받은 터라 자기 나라 글자를 쓰지 않고 한자를 쓰는 일이 많고, 쓰기는 한자로 쓰지만 읽기는 자기 나라 방식의 발음으로 읽고 있다.

그래서 바로 오사카냐, 대판이냐 하는 문제와 같은 우스꽝스러운 일들이 간간이 일어난다. 그 이외에도 예는 많다. '베이징'을 한자로 '北京'이라 쓰고 읽기는 '북경'이라 읽고, '샹하이'를 '上海'라고 쓰고 '상해'라 읽는다. '모우쩌어뚜웅'을 '毛澤東'이라 쓰고 '모택동'이라 읽고, '등샤우피엉'을 '鄧小平'이라 쓰고 '등소평'이라 읽는다. '도요토미 히데요시'를 '豊臣秀吉'이라 쓰고 '풍신수길'이라 읽으며, '이토오 히로부미'를 '伊藤博文'이라 쓰고 '이등박문'이라 읽는다.

일본인에게 도요토미 히데요시는 중국인에게 진시황(秦始皇)과 같은 의미를 갖는다. 중국의 진시황(秦始皇)이 중국 천하를 통일한 중국의 영원한 황제(皇帝)인 것처럼 도요토미 히데요시는 일본 천하를 통일한 일본의 영원한 영웅이다. 그러나 도요토미 히데요시가 한국인에게는 어떤 존재(存在)인가.

나는 남의 나라 영웅을 헐뜯고 우리나라 영웅을 세계적인 영웅으로 떠올리고 싶지는 않다. 다만 내가 여기에서 일본의 도요토미 히데요시를 말하고 한국의 이순신(李舜臣)을 말하는 것은 13여 년의 일본 체류(滯留) 기간중에 처음으로 비즈니스 이외의 한가한 마음으로 오사카와 교토, 그리고 후쿠오카를 방문하면서 각별(恪別)히 느낀 바가 있기 때문이다. 오사카와 후쿠오카는 도요토미 히데요시를 빼고 말할 수 없다.

중국의 진시황은 중국 천하를 통일한 다음에 만리장성(萬里長城)을 쌓고 중국 천하의 천안(天安)을 희구(希求)하며 평화(平和)와 태평(太平) 속에 안주(安住)한다. 그렇다면 일본 천하를 통일한 도요토미 히데요시는 어떻게 하였는가.

하루아침에 자신의 졸개로 변한 전국의 영웅(英雄) 호걸(豪傑)들을 후쿠오카 근교(近郊)의 나고야성(名護屋城) 산 정상(頂上)에 총집합(集合)시켜 놓고, 산아래 현해탄(玄海灘) 가에는 그들이 전국에서 이끌고 온 수만 명의 전사(戰士)들이 진(陣)을 치게 했다. 넘실거리는 현해탄에는 일본 전선(戰船)들로 가득했고, 산 정상과 현해탄 사이는 때아닌 '병사(兵士)의 벌판' '병사의 언덕'이 되었다. 일본 천하를 통일한 도요토미 히데요시는 천군만선(千軍萬船)을 향하여 일갈(一喝)했다.

"보라! 저기 현해탄이 있고, 대마도(對馬島)가 있다. 그리고 또 보라! 대마도와 현해탄 저 너머에 무엇이 있는가. 저기, 희미하게 보이는 곳이 조선반도(朝鮮半島)이며, 조선반도의 부산(釜山) 땅이다. 조선반도를 거쳐 진군(進軍)하면 거기에는 상상을 초월(超越)하는 대륙(大陸)이 있다. 그 조선반도와 대륙이 우리의 영토(領土)이다. 총과 칼과 깃발을 높이 들라! 진군이다!"

이리하여 도요토미 히데요시는 일본 천하 통일 아래 조선반도 정벌이라는 또 하나의 획기적인 역사적 사건을 일으켰고, 이로 인하여 그의 일본인 속에서의 명성은 하늘을 찌를 듯 치솟았다. 일본은 좁은 섬나라이다. 넓고 넓은 대륙으로 진출하여 섬나라의 왜소(矮小)함에서 벗어나는 일이 일본인들의 꿈이었다. 그 꿈을 실현할 수 있다는 자신감(自信感)을 도요토미 히데요시는 일본인의 가슴에서 용솟음치게 했다.

좋다! 이리하여 도요토미 히데요시는 절세(絶世)의 영웅(英雄)이 되었고, 일본인 자자손손(子子孫孫)이 숭배(崇拜)하는 인물이 되었다. 그렇다면 조선반도, 한국에서의 도요토미 히데요시는 누구인가.

일본인들에게는 미안한 말이지만 한국에서 도요토미 히데요시는 한국의 땅을 빼앗으려던 침략자(侵略者)요 수많은 백성(百姓)을 피로 물들게 한 원수(怨讐)요, 생사람의 귀를 잘라다가 귀무덤을 만든 야만인(野蠻人)이다. 그가 일본인의 피를 끓게 한 그의 조선 정벌은 조선인, 한국인에게는 국토(國土)가 피의 산하(山河)로 변하게 한 임진(壬辰) 년에 일어난 임진왜란(壬辰倭亂)이고, 병자호란(丙子胡亂) 이래 조선반도(朝鮮半島) 내(內)의 최대(最大)의 전투(戰鬪)요 전란(戰亂)이요 외침(外侵)이었다. 일본인들에게는 영웅도 그런 영웅이 없겠지만, 한국인에게는 원수도 그런 원수가 없다.

수없이 비즈니스 관계로 비행기나 신간선(新幹線)을 타고 오사카와 후쿠오카(福剛)에 갔었고, 오사카에는 도요토미 히데요시의 오사카성(城)이 있고, 후쿠오카에는 도요토미 히데요시가 진군(進軍)의 나팔을 불던 나고야성과 유적지(遺蹟地)가 있으며, 특히 오사카

옆에는 일본 역사 문화를 고스란히 간직하고 있는 교토(京都)가 있는 것을 알고 있었지만, 한 번도 찾아보지 못했다. 마침 도쿄에 왔다가 오사카와 후쿠오카를 거쳐 한국으로 돌아간다는 손님이 와서 나 역시 오사카성과 교토, 그리고 후쿠오카 유적지를 돌아볼 기회를 가졌다.

내가 중국과 한국, 그리고 일본에 있는 여러 성(城)을 보았지만 우선 오사카성의 외벽(外壁)은 압권(壓卷)이었다. 어떻게 해서 옛날 사람들이 그 큰 돌을 캐어 운반(運搬)해서 성벽(城壁)을 쌓았는지 입이 벌어질 지경이었다. 수십 수백 톤이 됨직한 바위 중에서도 큰 바위 돌들이 성벽 건축재로 쓰여져 있는 것을 보고 ‘영웅을 모시는’ 일본인들의 지극(至極)한 정성(精誠)과 혼신(渾身)의 노력을 볼 수 있었다.

‘영웅을 모신다’는 표현은 아름다움을 자랑하는 일본의 성(城)들이 중국의 성이나 한국의 성과는 개념(概念)이 다르기 때문에 쓴 표현이다. 한국의 성이나 중국의 성은 영주(領主)나 임금 한 사람을 위한 성이 아니다. 중국과 한국의 성은 성내(城內)에 사는 모든 백성들을 외침(外侵)으로부터 보호하고 안녕(安寧)을 도모하기 위하여 축성(築城)한다. 그래서 성주(城主)는 백성과 함께 살고 백성과 함께 생사(生死)를 같이 한다.

그런데 일본의 성은 그렇지 않다. 일본의 성은 철저하게 성주나 성을 쌓는 영웅을 위한 성이지 백성을 보호하고 백성과 함께 살기 위한 성이 아니다. 오사카성 역시 도요토미 히데요시를 위한 성이지, 그 당시 오사카에 사는 사람들을 위해 축성된 성이 아니다. 천황(天皇)이 살고 있는 성 역시 마찬가지이다. 천황과 함께 살고 있는 도읍지(都邑地)의 전 백성을 위한 성이 아니라 천황 한 사람을 보위(保衛)하기 위해 지어진 성이다.

오사카 제일의 관광지인 오사카성은 일본 특유(特有)의 성의 빼

오사카성

어난 자태를 자랑하고 있다. 1583년에 도요토미 히데요시가 지은 성이다. 축성 당시의 모습은 현재의 다섯 배나 되었다고 하며, 그 당시에 이미 오늘과 같은 오사카의 도시의 기초를 세웠다고 한다.

창립 초기의 오사카성은 일본을 통일하고 조선반도를 정벌한 도요토미 히데요시의 권력(權力)의 상징(象徵)이었지만, 권력은 영원하지도 않고 인명(人命) 역시 영원하지 않다. 도요토미 히데요시가 죽었다. 그가 죽고 17년 후에 오사카성은 도쿠가와 이에야스(德川家康)의 소위 '오사카의 여름 전투'로 파괴되었다.

파괴된 오사카성은 10년 후에 다시 재건된다. 그러나 다시 36년 후에 오사카성에 있던 '하늘이 지킨다'는 의미의 천수각(天守閣)은 어쩐지 하늘이 지키지 않았고, 벼락을 때려 번갯불이 불태워 없었다. 한동안 폐허가 되었던 천수각은 1931년 오사카 시민들의 발의(發議)로 오늘과 같이 재건되었으나 옛 모습을 잃어버려 보는 이들로 하여금 씁쓸한 입맛을 다시게 한다.

오사카에 명물이 많지만 나는 항상 쫓기는 짧은 일정에 따라 다니기 때문에 그런 명물들을 한가롭게 관광하고 다닐 시간이 없다. 다만 때가 되면 찾아가는 두 집이 있다. 하나는 금룡(金龍)이라는 라면집이고, 다른 한 곳은 어민(漁民)이라는 일식집이다.

도쿄에 항상 줄을 서야 먹을 수 있을 정도로 유명한 라면집이 많지만 오사카에 있는 금룡 역시 그런 집이다. 나의 경우 대개 아침이나 점심때에 바쁜 틈을 내어 잠시 찾아가는 금룡 집은 그 독특한 라면 국물과 부추와 김치, 그리고 마늘 다져 놓은 것들을 마음대로 공짜로 먹을 수 있어서 좋다. 저녁에 술을 많이 먹었을 때는 해장 겸 아침밥을 먹기 위한 집으로 더 없이 싸고 좋다.

어민이라는 일식집은 일식(日食) 특유의 맛깔스런 해산물들로 퇴근 후면 항상 초만원을 이룬다. 값이 비싸지 않고, 그렇다고 선도(鮮度)를 상실한 해산물들이 아니다. 일본식으로 접시에 조금씩 담아내는 수많은 메뉴 중에 입맛에 따라 몇 개를 시켜 놓고 술 한 잔을 하면 바쁘게 하루를 지낸 비즈니스맨의 몸과 마음을 풀어준다.

한국에는 비싸고 깨끗하고 맛있는 음식점은 있지만, 싸고 맛있고 정갈한 음식점이 그리 많지 않은 것이 흠이다. 일본은 어디를 가든지 도처에 명성(名聲)이 자자한 싸고 맛있는 집들이 많다. 식도락(食道樂)이라는 말이 있는 것처럼, 일본인들은 이미 외식(外食)으로 즐거움과 행복을 찾는 것이 생활화되어 있고, 그럴 때마다 찾는 집이 싸고 맛있는 집들이다. 규모가 그리 크지도 않다. 어떤 집은 열 평도 제대로 되지 않으나, 항상 손님들로 꽉 차 있는 모습을 볼 수 있다. 집집마다 그 집주인만이 가지고 있는 음식에 대한 노하우를 자랑하는 집들이다.

오사카에서 전철(電鐵)을 타고 교토로 가면 현대식 거대한 건물로 지어진 교토 역사(驛舍)를 보고 우선 놀라게 된다. 일본의 대표적인 고도(古都)에 이런 초현대식인 역사를 지은 것을 보고 옛 것과 새 것의 조화를 추구하며 미래(未來)를 지향(指向)하는 일본인의 정신이 담겨 있는 것 같아 처음 찾아온 사람들의 마음을 사로잡는다. 교토에는 131미터의 교토탑이 있지만 일부러 이 탑을 찾아갈 시간이 없는 경우에는 교토역 11층 전망대에 올라가면 교토 시내 전경이 한눈에 들어온다. 교토탑의 높이가 131미터인 것은 당시 교토 시민의 수가 131만 명이었으므로 이를 상징화했다고 한다.

교토는 794년 평안시대(平安時代, 헤이안 시대)가 개막되면서 메이지유신(明治維新)까지 무려 1천 100년이나 일본의 수도(首都)였다. 도쿄가 수도로 된 것이 그리 오래되지 않은 것에 비하여 길고 긴 역사를 자랑하는 고도(古都)이고, 도쿄가 현대 일본의 상징이라면 교토는 옛날의 일본을 상징이고, 그 만큼 볼 것도 많다. 중국의 장안(長安)을 본떠 건설했다는 교토에 볼 것이 얼마나 많은가 하면, 유네스코에서 세계 유산으로 지정한 곳만 해도 무려 열 일곱 곳이나 된다.

사시사철 관광객들로 초만원을 이루고 있는 금각사(金閣寺, 킨카쿠지)와 청수사(淸水寺, 기요미즈테라)는 찾는 이들의 눈을 어리둥절하게 한다. 우선 건축 양식이 대단히 특유한 청수사를 보자. 가파른 언덕의 입구(入口)에 세워진 인왕문(仁王門)과 삼중탑(三重塔)이 인상적이다.

고색(古色) 찬란(燦爛)한 인왕문을 지나 중후(重厚)한 삼중탑을 보고 잠시 오르막길을 걸으면 그곳에 청수사가 있다. 산의 계곡을 이용하여 지어 놓은 이 사찰(寺刹)은 139개의 아름드리씩이나 되는 나무 기둥으로 건물 바닥의 균형을 잡고, 그 위에 거대한 사찰의 본당을 세워 놓았다. 나무 기둥이 얼마나 큰지 보는 사람마다 찬탄(讚嘆)하지 않는 사람이 없다. 터는 790년에 한 승려가 잡았으나, 지금의 건축은 제3대 쇼군인 도쿠가와 이에미츠의 명(命)에 따라 재건되었다고 한다.

금각사는 미시마 유키오가 쓴 『금각사』라는 동명(同名)의 소설로 더욱 유명한 곳이다. 지하(地下)에서 솟아나는 물로 만든 연못 한가운데에 3층으로 지어진 금각사는 2층과 3층은 금박(金箔)을 입혀 금각사라는 별칭(別稱)을 얻었다. 한 가문(家門)의 별장이었던 곳에 무로마치 시대의 한 쇼군이 금박을 입힌 별장을 지었고, 그가 죽을 때에 사찰로 만들라는 유언에 따라 지금은 선종(禪宗) 사원(寺院)이 되었다.

1397년에 세워져 1950년에 전소(全燒)되었다가 1955년에 다시 세워졌고, 현재의 금박은 1987년에 다시 입힌 것이다. 햇빛에 반사(反射)되는 금각사의 모습을 보고 있노라면 금방 눈이 부셔 눈을 깜박여야 하고, 건물 맨 위 지붕 위에 서 있는 커다란 봉황(鳳凰)이 인상적이다. 1층은 왕실(王室)의 침실(寢室) 스타일로 지어졌고, 2층은 사무라이 가옥 스타일로 꾸며졌으며, 3층은 중국풍(中國風)의 선종 사원 스타일로 꾸며졌다.

시내에 있는 평안신궁(平安神宮, 헤이안진구)을 구경하는 것도 일본에 있는 수많은 신사(神祠)들 중에서 빼어난 자태와 거대함이 으뜸이며, 특히 일본 특유의 고풍(古風)스런 정원(庭園)을 감상할 수 있다는 점에서 나에게는 크게 인상적이었다. 붉은 색 신궁을 지나 뒤뜰에 가면 자연을 사랑하는 일본인들이 얼마나 아기자기하게 정원을 꾸며놓고 살았는지, 잠시 피곤한 다리를 쉬려고 벤치에 걸터앉으면 넋이 나갈 정도로 아름답고 오묘(奧妙)하다.

따르릉! 핸드폰 벨이 울렸다. 정원에 깃든 태고(太古)의 정적(靜寂)을 깨는 듯한 현대인의 파괴음(破壞音)이었다. 그러나 받지 않을 수가 없었다.

"모시모시! 차(車) 상 데스네."

주 거래처의 전무로부터 전화가 걸려 왔다. 정원의 고요함을 깨고 정원을 감상하는 다른 사람들에게 지장을 줄까봐 조용히 아주 조용히 전화를 받았다. 희소식(喜消息)이었다. 1999년 연말(年末) 상품(商品)으로 정말로 큰 오더가 수화기(受話器)를 통하여 떨어졌다. 나는 신이 났다. 내친김에 오사카에 돌아가 잠시 일을 보고, 다시 기차를 타고 후쿠오카로 달려갔다. 거기에 도요토미 히데요시가 천하(天下)를 호령(虎令)하며 현해탄을 건너 조선반도로 진군(進軍) 명령을 내리던 사적지(史蹟地)가 아무런 건축물도 없이 맨 언덕으로 남아 있었다.

나의 마음은 쓸쓸했다. 나는 일본인이 아니고 한국인이었기 때문이다. 일본인들에게는 대륙 진군의 웅혼(雄渾)이 깃들어 있는 곳이지만, 한국인인 나에게는 침략자(侵略者)의 나팔 소리가 귓전을 울리는 듯했다. 차(車)를 달려 다시 다른 유적지(遺跡地)로 갔다. 일본인들이 도자기의 할아버지로 숭상(崇尙)하는 도조(陶祖) 이삼평(李三平)의 유적지이다.

임진왜란 때에 왜군(倭軍)은 조선반도의 명도자기공(名陶磁器工)들을 무자비하게 잡아갔고, 잡아간 도자기공들을 후쿠오카 근처의 산 속에 풀어놓고 도자기를 구우라고 명령(命令)했다. 일본인들의 착각(錯覺)이었는지 아니면 일본인들의 우격다짐이었는지 모른다. 도자기(陶磁器)란 문자(文字) 그대로 도자기를 구울 수 있는 흙[陶]과 자성(磁性)을 띤 흙이 있어야 구울 수 있다. 그런데 일본인들은 그런 흙이 어디에 있는지 알지 못하고 있었다.

다시는 갈 수 없는 조선땅이었다. 노예(奴隷)나 다름이 없는 떠돌이 신세가 된 조선(朝鮮)의 도공(陶工)들이 사방팔방(四方八方)으로 흩어져 도자기를 구울 흙을 찾기 시작했다. 지성(至誠)이면 감천(感天)이다. 드디어 이삼평은 아리따(有田) 지역의 천산에서 도자기를 구울 흙을 발견하였고, 그 흙이 오늘날 세계에 자랑하는 일본

도조 이삼평 비

도자기를 굽은 효시(嚆矢)가 되었다. 이것이 일본에서 유명한 '아리따야끼'이다.

나는 이삼평 유적지를 찾아가서 겸손(謙遜)한 일본인들의 깊은 마음을 보고 감사했다. 독일이 자랑하던 세계적인 물방개 형태의 폭스바겐은 히틀러의 엄명(嚴命)으로 개발한 출중한 자동차이지만 그 설계자는 히틀러가 그렇게도 칭송하던 아리안 민족(民族)인 독일인(獨逸人)이 아니었다. 놀랍게도 그 차는 체코슬로바키아 사람이 고안(考案)해낸 것이고, 그것이 히틀러의 자존심(自尊心)을 상하게 했다.

그러나 일본인들은 그렇지 않았다. 비록 조선반도에서 포로(捕虜)처럼 잡아온 도공들이었지만, 그들이 고생하고 노력하여 발견한 한줌의 흙이 오늘의 일본의 도자기를 있게 한 원천(源泉)이라는 것을 숨기거나 부인(否認)하지 않았다. 거리에도 이삼평 거리를 만들고, 높은 산 좋은 언덕에 도조(陶祖) 이삼평(李三平)의 기념비를 우뚝하게 세워 놓았고, 철 따라 일본인 도공들이 찾아와 꽃을 바치며 참례(參禮)하고 간다. 이 얼마나 겸손하고 솔직한 민족인가. 히틀러나 독일인 속에서는 발견할 수 없는 일본인만이 가질 수 있는 겸손의 미덕(美德)의 표현(表現)이다.

오사카와 후쿠오카를 거치는 동안에 내 머리에는 내내 도요토미 히데요시가 떠나지 않았고, 문득 그때에 성웅(聖雄) 이순신(李舜臣)이 떠올랐다. 현해탄(玄海灘)을 건넌 도요토미 히데요시의 조선(朝鮮) 정벌군(征伐軍)들이 밀물처럼 몰려 들어왔다. 그때에 원균 일당의 모함(謀陷)으로 삭탈관직(削奪官職)되어 백의종군하던 이순신이 거북선(船) 조선군단(軍團)을 이끌고 한산도(閑山島) 앞 바다로 나아갔다.

한산섬 달 밝은 밤에 수루에 혼자 앉아
큰 칼 옆에 차고 깊은 시름하는 적에
어디서 들려오는 일성호가(一聲胡笳)는 나의 애를 끊나니

이순신은 한산대첩(閑山大捷)을 통하여 도요토미 히데요시의 코를 납작하게 만들었다. 조선군과 일본군의 해전(海戰)이 얼마나 역력하였고, 이때에 이순신이 보여준 용기가 지혜가 얼마나 위대했

던지, 세계인은 이순신을 영국의 넬슨 제독에 비유하고 있다. 나는 신나는 콧노래와 함께 이순신의 고시(古詩) 한 수를 읊조렸다. 오래간만에 참으로 오래간만에 한가로운 여행을 하며 일본과 한국, 그리고 나를 되돌아 본 시간이었다.

할리우드에는 헐리 우드가 없다

중국이나 일본이나 한국에 비하면 미국(美國)은 역사적으로 볼 때에 초창기(草創期)에 불과한 나라이다. 그렇지만 20세기의 문을 닫고 21세기 2000년대의 개막을 알리는 시대의 미국은 이 지구상에서 가장 괄목(刮目)할 만한 나라이다. 정치적으로 세계 최강국이 되었고, 경제적으로도 세계 최강국이며, 인간이 행복하게 사는 환경의 지수(指數)도 세계적이다.

뿐만 아니다. 미국은 이미 지구촌 살림을 벗어나 우주 살림을 차릴 준비를 세계에서 가장 먼저, 가장 앞서서 하고 있는 나라이다. 혹시 인간이 이용하고 살 수 있는 곳일까 하는 희망을 가지고, 한국에서 '토끼가 계수나무 밑에서 떡방아를 찧고 있다'고 믿던 전설의 달나라를 다녀왔고, 지구에서 가장 가까운 위성(衛星)인 화성(火星)을 탐사하고 있다. 미국은 지구촌이라는 땅덩어리가 모자라 우주 속에 있는 땅덩어리에 관심을 가지고 있는 시점(時點)에 와 있으며, 우주의 땅덩어리뿐만 아니라 우주를 형성하고 있는 그 광막(廣漠)한 공간(空間)마저 인류의 생존과 행복의 원천으로 만들기 위하여 우주 정거장을 비롯하여 우주 공장을 건설하는 시도(試圖)를 하고 있는 나라이다.

이렇게 앞서가는 미국에서 가장 큰 도시가 뉴욕 시(New York City)이고, 뉴욕 시(市) 중에서도 가장 발달한 곳이 맨해튼(Manhattan)이다. 뉴욕 시는 세계(世界) 최대(最大) 미국 최대(最大)의 도시이며, 뉴욕 시내에 있는 맨해튼은 세계 경제의 중심지이며, 현대 사회에서 정치와 경제, 그리고 군사에 버금가는 영향을 미치고 있는 언론의 중심지이고, 미국이 오늘과 같이 발전할 수 있는 시금석(試金石)이 놓여 있는 곳이다. 맨해튼과 뉴욕을 빼놓고 미국을 말할 수 없고, 미국을 배놓고 20세기의 말과 21세기의 여명(黎明)과 2000년대의 문턱을 말할 수 없다.

토지(土地)와 자본(資本)과 노동력(勞動力)이 경제의 원천인 줄 알고 살던 19세기와 20세기의 사람들에게 전혀 다른 경제의 원천이 있다는 것을 알게 된 것은 충격이었다. 대표적인 것이 경영(經營)이라는 마인드였고, 정보(情報)라는 새로운 개념의 재산이었으며, 지적(知的) 소유권(所有權)이라는 눈에 보이지 않은 재산 가치들의 발견이었다. 우리나라에 한때 흔하고 흔하여 재산 가치가 전혀 인정되지 않던 대동강의 물을 팔아먹는 봉이 김선달이 나타났다하여 어처구니없는 사람이라고 인구(人口)에 회자(膾炙)한 일이 있지만, 그 시대에 정보나 지적 소유권, 그리고 경영과 같은 전혀 눈에 보이지도 않고 사람들이 이해하지도 못하는 것이 큰 재산이 된다고 하는 사람이 있었다면 그 역시 봉이 김선달처럼 세인(世人)들의 웃음거리가 되었을 것이다.

맨해튼의 월 스트리트 풍경은 인상적이다. 세계의 금융을 주름잡고 있는 월 스트리트는 세계 경제의 사령탑이다. 세계적인 증권 브로커와 펀드 매니저 등의 화이트칼라들이 무더운 여름철에도 정장(正裝)을 하고 거리를 거닐며, 21세기의 세계 경제를 이끌 금융 세력임을 과시하고 있다.

그러나 오늘의 세상에서 경영과 지적 소유권과 정보가 노동력과 자본과 토지에 버금가는 재산이 된다는 것을 부인할 사람이 없고, 어떤 면에서는 21세기에 가장 큰 황금(黃金) 알을 낳는 재산으로 정보와 지적 소유권을 꼽지 않을 수 없다는 것이 미래학자들의 예단(豫斷)이다. 나는 일찍이 세계 문화와 문명과 어깨를 나란히 하고 있는 일본의 도쿄에서 살아오면서, 내가 태어난 한국이나 중국에서는 봉이 김선달로 치부(恥部)되는 지적 소유권에 대하여 일찍이 눈을 떴고, 그런 관계로 라이센싱(licensing) 사업에 들어서게 되었다.

20세기 마지막 세계 라이센싱 박람회인 1999 라이센싱 쇼(Licensing Show)가 미국 뉴욕 시의 맨해튼에서 열렸다. 바쁜 틈을 쪼개어 서울에서 뉴욕으로 날아 갔다. 뉴욕은 9만 피트의 상공(上空)을 시속 900킬로미터 전후(前後)로 날아 무려 열 세 시간이나 가야 했고, 한국과는 밤낮이 다르고 날짜마저 곤두박질쳐서 하루가 늦은 곳이다.

뉴욕 JFK(존 에프 케네디) 공항에 내렸다. 존 에프 케네디는 미국에 뉴프런티어(New Frontier) 정신을 심어준 40대의 젊은 희망의 대통령이었고, 텍사스의 댈러스에서 오스왈드의 총에 맞아 새파란 임기(任期)중에 세상을 떠난 비운(悲運)의 대통령이었다. 특히 그의 아들이 경비행기를 몰고 가다가 롱아일랜드에서 38세의 젊은 나이에 산화(散花)하여 연달아 발생한 케네디 가(家)의 비극(悲劇)은 세계적인 충격을 주기도 하였다. 미국에 훌륭한 대통령이 많지만 케네디처럼 위대(偉大)하고 희망(希望)과 비애(悲哀)를 동시에 안겨준 현대판(現代版)의 전설적인 대통령은 없다.

공산주의(共産主義) 국가들과 자유주의(自由主義) 국가들이 미소(美蘇)를 양극(兩極)으로 나뉘어 대립할 때에 그가 외친 뉴프런티어 정신은 오늘과 같이 공산주의 종주국(宗主國)인 소련이 무너져 세계가 하나의 자유주의 국가권을 형성하게 하였고, 지구와 우주라는 경계(境界)를 넘는 세상이 되게 하였다. 실(實)로 케네디의 뉴프런티어 정책은 지구촌과 우주의 경계를 넘나드는 희망과 환상(幻想)을 눈앞에 전개(展開)시키는 위대한 개안(開眼)이고 선각(先覺)이었다.

세기(世紀) 말(末)의 미국 클린턴 대통령은 여자(女子) 때문에 망신(亡身)을 당하고도 여자와의 전쟁은 시작하지 않고, 담배와의 전쟁을 시작하였던 사람이다. 중국과 일본과 한국에서는 금연(禁煙)운동(運動)이 일어나고 있기는 하지만 아직 그리 심한 편은 아니나, 미국은 이미 금연운동이 생활화하였고, 이를 계기로 클린턴 미국 대통령은 담배를 마약(痲藥)과 같은 범주(範疇)에 넣어 지상(地上)에서 몰아내려 했다.

그만큼 미국에서는 담배의 해악(害惡)에 대한 경종(警鐘)이 울린 지 오래고, 클린턴은 그 담배에 대하여 조종(弔鐘)을 울리려 한 미국 최초의 대통령이다. 20세기를 대표하는 세계적인 주간지(週刊誌)인 미국의 ≪타임(Time)≫ 지에 매주 빠지지 않고 나온 유명한 담배 광고가 있었다. 미국 서부(西部) 개척시대를 상징하는 말을 탄 사람이 물고 있는 말보르 담배 광고가 그것이다.

JFK 공항에서 맨해튼으로 들어가면서 번화가 네 거리에 그 유명한 말보르 광고판이 서 있다. 그런데 그것은 담배 연기가 물씬 나는 담배 광고판이 아니라 남성(男性) 성기(性器)를 상징한 담배가 밑으로 축처져서 힘없이 구부러진 모습의 충격적인 금연(禁煙) 광고 안내판이었다. 어쩌다가 젊었을 때에 순전한 호기심(好奇心)으로 입문(入門)한 흡연(吸煙)이지만 담배는 정말 지독한 것이다. 열세 시간 동안 금연(禁煙) 지대(地帶)인 비행기에서 담배가 피고 싶어 죽을 뻔한 것은 말할 것도 없고, 공항에 내리자마자 공항 밖에 나와 한 대를 피웠더니, 맛이 있는 것이 아니라 담배를 처음 배울 때처럼 머리가 빙 도는 것을 보고, 나 역시 담배의 해악을 절감(絶感)하였다.

매년 뉴욕에서 열리고 있는 1999년 라이센싱 쇼에서는 우리나라에도 널리 알려져 있는 텔레토비(teletubie)가 인기(人氣)의 정상을 차지하고 있었고, 이어서 내놓은 누디(Noody)가 가방을 공짜로 주는 선풍(旋風)을 일으키며 장내를 대대적으로 휩쓸고 있었다. 뉴욕에서 쇼가 열리는 시각(時刻)까지 아직 우리나라에는 그리 큰 인기를 끌고 있지 않았지만, 누디가 미국에서 얼마나 인기를 끌고 있는가 하면, 뉴욕에서 나올 때 공항에서 만난 캘리포니아 스탠포드 대학의 교수(教授)로 있다는 40대(代)의 중년(中年) 여인(女人)은 '오 마이 누디!(Oh, my Noody!)'를 연발하며 비명(悲鳴)을 질렀을 정도이다. 이 텔레토비와 누디의 사용권(使用權) 같은 것이 바로 21세기 비즈니스 테크의 하나로 각광(脚光)을 받고 있는 라이센싱 비즈니스이고 눈에 보이지 않는 황금 덩어리이다.

맨해튼에는 세계적인 상징물이 세 가지가 있다. 하나는 '자유(自由)의 여신상(女神像)'이고 다른 하나는 엠파이어스테이트 빌딩(Empire State Building)이며, 또 하나는 제2차 세계대전 후에 세계(世界) 평화(平和)를 창조해온 유엔(UN)본부이다. 시간을 내어 세 상징을 찾았다.

엠파이어스테이트 빌딩은 건축 당시 102층으로 세계 최초(最初) 최고(最高) 최대(最大)의 빌딩이었다. 지금은 그보다 높은 건물들이 세계 몇몇 곳에 서 있지만, 그래도 엠파이어스테이트 빌딩의 명성(名聲)을 제압(制壓)하지 못하고 있다. 왜 그럴까?

최초(最初) 최고(最高) 최대(最大)란 그렇게 중요한 것이다. 중국의 모택동이 현대에 와서 중국을 통일하였지만, 그 명성은 5~6백 년 후에 중국을 통일하고 만리장성을 쌓은 진시황과 어떻게 비교

될지 의문이다. 진시황은 다민족(多民族) 국가인 중국에서, 최대 민족인 한족(漢族)으로서는 최초의 중국 대륙 통일과 최초의 통일을 완성하고, 거기다가 1,000여 년 동안 공사를 계속해온 만리장성을 완성한 사람이고, 모택동은 진시황 이후 최초로 중국을 공산 통일한 한족의 대표자이다. 다시 모택동이 역사 속에 묻혀 5~6백 년이 지난 후에 우리의 후손(後孫)들은 누가 더 위대한 인물이라고 할까. 답은 역사와 후손에게 남기는 수밖에 없다.

세계 최초 최고 최대의 건물인 엠파이어스테이트 빌딩은 그 이외에도 세계적인 기록을 많이 가지고 있다. 이 거대(巨大)한 마천루(摩天樓)를 짓는 데에 걸린 기간이 1년 반 정도밖에 되지 않는다든지, 지상(地上)으로 102층이나 되는 건물이 지하(地下)는 고작 2층에 불과하다든지, 미국에 있는 건물이라 미국 사람들이 지은 줄 알지만 이 20세기의 기념비적(記念碑的)인 건물은 중국 사람들이 지은 것이라든지, 건물이 워낙 높아 1층에 세워두었던 폭스바겐이, 건물에 부딪혀 만들어진 갑작스런 기류(氣流)에 의하여 하늘로 떴다든지, 이루다 말할 수 없는 진기(珍奇)한 기록(紀錄)과 일화(逸話)를 가지고 있다.

초고층(超高層) 빌딩인 엠파이어스테이트 빌딩의 지하가 2층밖에 되지 않는다는 것은 맨해튼의 지반(地盤)이 그렇게 견고(堅固)하다는 것을 의미한다. 지반이 약한 지역이라면 이러한 빌딩을 지으려면 최하(最下) 10층은 파내려가야 암반(巖盤)이 나오고, 암반이 나온 다음이야 고층 건물을 올리는 것이 상식이다. 그런데 맨해튼은 파기만 하면 화강암(花崗巖)이 나오는 화강암 덩어리 섬이다. 그래서 엠파이어스테이트 빌딩 이외에도 즐비하게 서 있는 그 높은 고층 건물들이 지하를 파는 경비보다 파지 않고 세우는 것이 경제적이고 효율적인 곳이 많다.

서울과 베이징, 그리고 도쿄와 뉴욕은 입지(立地) 조건(條件)으로 볼 때에 비교될 만한 요소(要素)를 가지고 있다. 서울과 베이징은 바닷가 없는 분지(盆地)에 건설된 대도시(大都市)이고, 도쿄와 뉴욕은 바닷가에 건설된 대도시이다. 이러한 지역상(地形上)의 특징(特徵)은 도쿄와 뉴욕에 비(比)하여 서울과 베이징이 21세기에 어떤 운명(運命)이 될지 난감(難堪)하게 한다.

19세기와 20세기 초반(初半)의 인류(人類)의 적(敵)은 기아(饑餓)와 질병(疾病), 그리고 무지(無知)와 전쟁(戰爭)이었다. 21세기라고 해서 괴질(怪疾)과 전쟁이라는 인류의 적이 소멸(消滅)될지는 장담(壯談)할 수 없지만, 기아와 질병, 그리고 무지와 전쟁이 없어진다고 하더라도 21세기에는 지구촌 환경(環境)의 오염(汚染)이라는 20세기에 대두된 새로운 인류의 적과 싸워 이겨야만 인류의 생존을 보장할 수 있다. 환경의 오염과 환경의 파괴가 얼마나 심각한지, 환경론자들은 이를 시급히 해결하지 않는다면 지구(地球)와 인류(人類)는 공멸(共滅)한다고 일찍이 「로마 보고서(Report from Rome)」에서 발표한 일이 있다.

도쿄와 뉴욕은 해안(海岸) 도시(都市)이다. 바닷가가 있어 해풍(海風)이 불어와 뉴욕 사람들과 도쿄 사람들이 만들어 오염시킨 공기(空氣)를 매일 같이 시시각각(時時刻刻)으로 말끔하게 씻어간다. 이에 비하여 서울과 베이징은 바닷가가 없는 내륙(內陸)의 분지(盆地)이다. 서울 사람들과 베이징 사람들이 만들어내는 오염된 공기는 그대로 한동안 그 분지 속에 머물러, 때로는 1~2킬로미터도 제대로 앞이 보이지 않는 심각한 대기 오염 상태를 연일(連日) 연출(演出)하고 있다.

서울 같은 곳은 한여름 무더운 철이 되면 이미 오염의 장막으로 드리운 도시와 같아 시민들은 흙탕물 속의 붕어들이 신선한 물을 희구하며 입을 수면(水面) 위에 내놓고 뻐끔거리는 것처럼 신선한 공기를 향하여 가쁜 숨을 몰아 쉬는 심각한 현상이 나타나고 있다.

서울시와 정부 당국은 대기 오염에 의한 오존 경보(警報)로 발동(發動)하고 있지만, 경고 발동으로 될 일이 아니다. 서울과 베이징은 대기 오염에 관하여 도쿄나 뉴욕보다 더 큰 노력을 기울이지 않는 한 시민의 건강(健康)과 도시의 발전을 계속 유지하기에는 한계점(限界點)에 도달할 날이 올지도 모른다.

자유의 여신상은 맨해튼을 감싸고 있는 허드슨 강의 조그마한 섬에 서 있다. 자유의 여신상 관광 매표소에서 승선권을 사고, 잠시 1800년대부터 주요 연대별(年代別)로 모자이크 그래픽해놓은 맨해튼의 변화무쌍(變化無雙)한 모습을 보고나서 페리호를 탔다. 멀리 떨어져 있던 자유의 여신상의 맨해튼 쪽에서부터 접근하여 앞으로 돌아 뒤쪽을 본 다음에 섬에 상륙(上陸)하여 여신(女神)의 몸 속을 뚫고 올라가 맨해튼 전경(全景)을 감상하는 것이 관람 코스의 정석(定石)이다.

나는 섬에는 상륙하지 않고 그대로 타고 간 배를 타고 돌아오는 방식을 택했다. 미국이라는 곳이 워낙 큰 곳이고, 워낙 많은 사람들이 살고 있는 곳이라, 나뿐만 아니라 이곳에 온 거의 모든 사람들이 일생에 단 한 번 자유의 여신상을 구경하러 오기 때문에 줄을 서서 기다리는 시간이 너무나 많이 걸리고, 한 번 줄을 서서 올라가면 먼저 되돌아올 방법이 없기 때문이다.

프랑스가 미국에 기증(寄贈)한 이 여신상의 빼어난 자태와 상징성을 보면서, 자유(自由)를 구가(謳歌)하고 있는 미국인의 기상을 엿보는 듯했다. 자유의 여신상 앞에서 맨해튼의 즐비한 마천루들의 숲 속을 바라보는 감정도 가슴이 벅차왔다. 다만 그 마천루들의 스카이라인에 걸려 그 거대한 엠파이어스테이트 빌딩이 상체(上體)만 왜소(矮小)하게 보이는 것이 안타까웠을 뿐이다.

잠시 나는 마음을 돌려 서울의 여의도를 생각했다. 여의도가 비록 좁다고는 하지만 왜 미국 뉴욕의 맨해튼과 같이 건설되지 못했

자유의 여신상

을까. 1970년대에 개발한 여의도도 조금만 마음의 여유를 가지고, 한국 정치나 경제의 상징적인 중심지로 만들 장대(壯大)한 꿈이 있었다면, 지금보다는 더욱 아름답고 기능적이며 훌륭한 여의도가 되지 않았을까 하는 생각에 마음이 아팠다.

한편으로는 여의도 동쪽 끝에 우뚝하게 서 있는 한국 최고층 빌딩인 63빌딩이 정말 좋은 곳에 위치해 있다는 생각이 들었다. 비록 층수는 63층에 불과하지만 황금색 잘록한 모습이 빼어나게 아름답고, 여의도의 동쪽과 남쪽, 그리고 북쪽에서 보는 한 엠파이어 스테이트 빌딩처럼 다른 고층 빌딩들에 의하여 모습이 가려지는 일이 없다.

그렇게 보면 63빌딩은 어떤 면에서는 엠파이어스테이트 빌딩보다 더 좋은 자리를 잡고 있는지 모른다. 이에 더하여 현재 별 쓸모 없는 땅으로 놀고 있는 여의도 위 중지도나 자연 행태 환경을 파괴하지 않는 정도에서 밤섬 같은 곳에 자유의 여신상과 같은 한국의 상징물을 세우는 것이 어떨까 하는 생각도 들었다. 이렇게 생각해보니 서울은 크기는 하지만 세계적인 건축물이나 상징물이 없는 600년 고도(古都)라는 점에 아쉬움을 느끼지 않을 수 없었다. 뒤에 어느 뜻 있는 사람이 서울에도 그런 획기적인 건축물이나 기념물을 세우는 날이 오기를 바란다.

자유의 여신상을 구경하고 나서 유엔 본부가 있는 곳으로 차를 몰았다. 세계적인 사건이 있을 때마다 매일 같이 지구촌 안방의 텔레비전에 비추어지는 유엔 본부 건물은 다른 맨해튼의 건물처럼 높거나 커 보이지 않았다. 다만 건물 옆에 세운 두 개의 조각이 보는 이의 마음을 뭉클하게 하였다. 하나는 전쟁으로 파괴된 지구의 모습이고, 다른 하나는 전쟁의 상징물로 조각해놓은 총(銃)이었다. 이 두 조각물은 인류와 지구에 평화가 얼마나 소중한가를 말없이 묵시(默示)해주고 있다.

뉴욕에서 일이 끝난 후에 미국 제2의 도시이며, 한국의 교포(僑胞)들이 가장 많이 살고 있는 로스앤젤레스로 향하였다. 거대한 미국 대륙을 동서(東西)로 비행하는 이 항로는 다섯 시간이 더 걸리고, 표준시(標準時) 역시 서부(西部)라서 동부(東部)의 뉴욕과는 다르다. 호텔에 여장(旅裝)을 풀고 하룻밤을 쉰 후에 다음 날 이른 아침부터 시티 투어(City Tour)에 나섰다.

도쿄는 하토(Hato) 버스라는 명물(名物) 시내 관광(觀光) 차량이 있지만 워낙 다양한 차량들이 저마다 제 기능을 발휘하며 달리는 미국에 그런 특징적인 버스는 보이지 않는다. 내가 탄 시티 투어 차량은 한국의 봉고 차량과 비슷한 차였다. 열 명 정도의 다국적(多國籍) 여행객들이 자유롭게 타고 로스앤젤레스 시내의 명소(名所)들을 찾는 차량이다.

알래스카가 소련으로부터 미국이 산 땅인 것처럼 로스앤젤레스가 있는 캘리포니아도 미국이 멕시코로부터 돈을 주고 산 땅이다. 한때 소련이나 멕시코는 버려진 땅이나 다름이 없는 이들 땅들을 팔았지만 지금은 지구촌에서 황금 같은 가치가 인정되는 땅들이다. 투어는 수백 년 역사를 간직하고 있는 늙은 이름 모를 나무가 서 있는 멕시코의 유적지에서부터 시작되었다.

로스앤젤레스의 관광 명소 중에 빼놓을 수 없는 곳이 세계적인 명화(名畵)의 산실(産室)이며, 세계인의 심금(心琴)을 울려주던 마르린 먼로와 엘리자베스 테일러, 존 웨인과 제임스 본드와 같은 명스타들을 탄생(誕生)시킨 할리우드(Hollywood)이다. 나는 할리우드에 가면 한국에서 당나무나 느티나무와 같이 성(聖)서러움의 상징인 '신성(神聖)한 나무,' 즉 헐리(Holly) 우드(Wood)가 어떤 나무이고 어디에 있는지 보고 싶었다.

그러나 할리우드에는 헐리 우드가 없었다. 그것은 로스앤젤레스라는 지명(地名) 또한 마찬가지이다. 로스앤젤레스란 원래 '작은 천사(天使)'라는 뜻이나, 오늘의 로스앤젤레스 어느 곳에 가도 작은 천사는 고사하고 큰 천사, 늙은 천사도 없다. 인간이 행복(幸福)을 찾고 있지만 그 행복이 자기 가슴 안에 있다는 사실을 모르고 행복을 찾아 세상 만사를 휘젓고 돌아다니다가 결국은 자기 자신마저 버리는 것과 같이, 로스앤젤레스에 가서 작은 천사만 찾고 할리우드에 가서 헐리 우드만 찾는다면 로스앤젤레스의 발전상이나 할리우드의 역사성마저 볼 수 없게 되고 만다. 괜한 생각을 했다는 생각이 들었다.

점심때가 되었다. 차는 재래(再來) 농부(農夫) 시장(市場)이라는 파머스 마켓(Farmer's Market)에 섰다. 말만 파머스 마켓이지 농산물을 비롯하여 미국은 말할 것도 없고 프랑스와 이탈리아, 중국과 인도, 스페인과 멕시코, 그리고 일본 등 세계 각국의 음식점이 가득하게 들어선 국제 음식시장과 같았다. 대개는 즉석 요리점들이었다.

나는 한국인이다. 음식이야 다른 음식을 사먹더라도 혹시 한국의 유명한 갈비나 불고기를 즉석에서 구어 파는 곳이 있는가를 찾아보기 위하여 두 바퀴나 돌았으나 끝내 찾지 못했다. 혹시 이곳에 불고기집이나 갈비집이 없는 것이 사실이라면, 누구든지 가게 하나 차리고 코를 붙들고 늘어지는 진한 냄새와 침을 흘리게 하는 군갈비, 군불고기 집을 내면 틀림없이 세계인의 사랑을 받을 것이라는 생각이 떠올랐다.

불갈비와 불고기 말이 나왔으니 말이지, 나는 한국에서 뉴욕과 로스앤젤레스로 떠나 오면서, 뉴욕에 가면 세계적인 음식인 뉴욕 스테이크(New York Steak)를 먹고, 로스앤젤레스에 가면 한국인들이 정착(定着)하면서 새로운 명물(名物)로 등장한 엘에이(LA) 갈비를 먹겠다고 생각했었다. 비행기가 다시 한국을 향하였다. 그리고 보니 나는 미국에 가서 진정 먹고자 했던 뉴욕 스테이크나 엘에이 갈비는 먹지 못하고 돌아오고 있었다.

돌아오는 길에 잠시 하와이에 들렀다. 하와이는 미국의 50번째 편입된 주(州, State)로 1년 내내 저렴한 가격으로 골프를 칠 수 있고, 해수욕과 탐험을 즐길 수 있는 세계적인 휴양지이다. 특히 와이키키 해변은 미국뿐만 아니라 세계 도처에서 하와이를 찾아온 젊음과 늙음이 뒤섞인 천혜(天惠)의 낙원(樂園)으로 나신(裸身)들이

뒹굴고 있다.

　여행이란 역시 그런 것이 아닌가. 진정으로 보아야할 것은 보지
못하고, 무엇이 그리 급한지 짧은 여정(旅程) 속에 모든 것이 주마
간산(走馬看山)으로 스쳐 지나고 만다. 그래서 돌아오면 또 가고
싶은 것이 여행(旅行)이다.

일본국과 일본인

땅이 넓고 크고 인구가 많다고 해서 최강(最强)이 아니다. 우리와 이웃하고 있는 일본은 나라는 적고 인구는 그리 많지 않지만 2000년대 21세기의 문턱에서 경제적(經濟的)으로 세계 최강(最强) 최첨단(最尖端)의 나라들의 대열(隊列)에 우뚝 서 있다. 미국을 제외하고는 20세기의 지상에서 일본국과 버금가는 경제적 번영과 위치를 차지하고 있는 나라가 그리 많지 않다. 그렇다면 일본국(日本國)은 얼마나 크며, 일본인(日本人)은 얼마나 많을까. 잠시 일본의 지리(地理)와 인구(人口)를 생각해보자.

일본은 아시아 대륙(大陸)의 동쪽에 인접해 있는 섬나라로 동북(東北)에서 남서(南西)의 총 길이가 3천 500킬로미터의 나라로 남북 1만 리가 채 되지 못하는 나라이다. 섬이 6천 800개나 된다지만 이 중에서 사람이 살고 있는 섬은 340여 개에 불과하고, 6천 400여 개의 섬은 사람이 살지 않는 무인도(無人島)이다. 이들 섬들이 차지하고 있는 토지의 면적은 총 38만 제곱킬로미터로 우리나라 면적의 두 배가 채 되지 못하는 1.7배의 나라이다. 이렇게 적은

나라가 어떻게 하여 세계 최강의 경제(經濟) 대국(大國)이 되었는가
는 우리가 연구에 연구를 거듭해보아야 할 과제 중의 하나이다.

이들 섬 중에서 전체 면적의 98%를 차지하고 있는 섬은 홋카이
도, 혼슈우, 시코쿠, 큐우슈우로 불리우는 네 개의 섬이다. 우리가
섬이라고 하면 흔히 육지와 격리(隔離), 분리(分離)된 땅이라는 선
입견(先入見)을 가지기 쉽다. 그러나 그것을 일본국을 모르는 사람
의 착각이다. 이들 네 개의 섬은 지도(地圖)로 보면 분명히 서로 떨
어져 있는 섬인 것이 틀림없으나 알고 보면 거대한 교량(橋梁)과
해저(海底) 터널로 연결(連結)되어 서로 붙어 있는 땅과 같이 서로
오고 갈 수 있다.

이것은 일본인이 이루어낸 경이(驚異)로운 기적(奇蹟) 중의 하나
가 아닐 수 없다. 우리나라에서는 거제도와 남해도, 그리고 완도에
연륙교(連陸橋)를 놓아 육지에서 쉬지 않고 차를 타고 곧 바로 넘
어 갈 수는 있지만, 아직 제주도까지에는 해저 터널을 놓을 상상조
차 못하고 있는 시점에서 볼 때 섬과 섬을 해저 터널로 연결해놓
은 일본인의 경이(驚異)는 더욱 경이로워 보인다.

일본국이 지금의 형태로 영토가 확정되기 시작한 것은 대체로 7
세기(世紀)로 꼽고 있다. 맨 북쪽에 있는 홋카이도는 옛날에 에조
라고 불리던 원주민인 아이누족(族)이 살고 있던 독립된 섬이고,
17세기에 일본국 영토에 포함되었다.

한국이나 중국에서는 그리 상기(想起)할 일이 없지만 1868년은
일본인들에게는 대단히 의미(意味)가 있는 해이다. 일본국(日本國)
근대화(近代化)의 상징적 메이지유신(明治維新)을 단행한 해가 바
로 이 해이다. 메이지유신은 일본국을 근대화시키는 기폭제가 되
었지만, 대륙에 야심(野心)을 품은 군국주의자(軍國主義者)들을 길
러 중국과 한국을 괴롭히는 만행(蠻行)의 힘을 길러낸 원천(源泉)이
기도 하였다.

청일전쟁(淸日戰爭) 이후 1895년에 중국의 대만(臺灣)을 정복하여 자기 나라 땅으로 삼았고, 러일전쟁(露日戰爭) 이후에는 사할린의 남반부를 자기 영토로 만들었으며, 중국의 요동반도 남부를 조차지(租借地)로 삼았다. 1910년에는 우리나라 조선국(朝鮮國)을 한일합방(韓日合邦)이라는 미명(美名) 아래 자기 영토에 편입하였다. 제1차 세계대전(世界大戰) 후에는 독일의 영유권을 박탈하여 남서제도의 위임(委任) 통치권(統治權)을 얻었다. 이로써 제2차 세계대전 발발 전의 일본국 영토는 지금의 두 배에 가까운 68만 제곱킬로미터에 달했다.

이러한 사실은 일본국의 일본인들이 그들이 근대화의 금자탑(金子塔)으로 치켜세우고 있는 메이지유신 이래 얼마나 많은 인접국(引接國)의 백성들이 피를 흘리고 억압(抑壓)과 신음(呻吟) 속에서 일본이라는 외국(外國)의 통치에 시달려야 했던가를 상상하고도 남게 한다. 그래서 일본인의 금자탑은 다른 나라 사람들에게는 골육탑(骨肉塔)을 세우는 아픔이 되었다.

일본국의 외국 영토에 대한 갈망(渴望)과 야욕(野慾)은 거기에서 끝나지 않았다. 진주만(眞主灣)을 폭격하여 제2차 세계대전을 일으켰다. 욕심(慾心)이 사망(死亡)을 낳는다는 말이 있다. 일본 군국주의자들의 욕심은 결국 제2차 세계대전에서 패망(敗亡)함에 따라 제1차 세계대전 이후 총칼로 획득하였던 모든 영토를 잃고 제1차 세계대전 이전(以前)과 같은 오늘의 일본국 영토가 되었다.

메이지유신 당시의 일본국 전 인구는 3천 300만 명이었고, 그로부터 130여 년이 지난 오늘의 일본국 전 인구는 1억 3천만 명이다. 100여 년 동안에 약 3배의 인구가 증가하여 세계 제7위의 인구(人口) 대국(大國)이 되었다. 좁은 영토치고는 대단히 많은 인구이다. 1제곱킬로미터 당 332명의 인구밀도(密度)를 가지고 있고, 평지(平地)가 13%밖에 되지 않는 경지(耕地) 면적(面積) 당 인구밀도는 세계 최고(最高) 수준이다.

이들 인구의 40% 이상이 일본국의 3대 도시인 도쿄와 오사카, 그리고 나고야에 산다. 인구의 도시 집중이 대단히 높은 나라이다. 특히 도쿄는 전국 국토의 2%에 불과한 면적이지만, 이 좁은 면적 속에 전 일본 인구의 24%가 살고 있으니, 도쿄에서 한 사람이 차지하는 땅의 넓이가 얼마이고, 얼마나 많은 사람이 밀집하여 살고 있는지는 불문가지(不問可知)이다. 그래서 도쿄 사람들의 집은 우사기 고야[토끼집]라고 불리기도 하고, 도쿄 사람들은 좁은 집안의 공간을 최대한으로 이용하는 지혜를 가지고 산다.

일본국의 상징적인 산은 후지(富士)산이고, 화산으로 생긴 다른 산들도 대개는 후지산과 같이 원추형(圓錐形)에 윤곽이 아름다운 곡선(曲線)과 넓고 부드러운 주변의 산야(山野)로 이루어졌다. 일본은 지진(地震)이 많은 나라로 유명하고, 전 세계에서 발생하고 있는 지진의 10%가 일본에서 발생하고 있다는 것이 지질학자들의 보고이다.

지난 100년 동안 일본에서는 매그니튜드 6 이상의 지진이 스물 세번이나 일어났고, 그 중에서 가장 큰 규모는 한국인의 가슴을 아프게 한 1923년의 관동대지진이었다. 도쿄와 요코하마 인근 지역을 강타한 이 지진으로 10만 명의 인명(人命)이 희생되었고, 도쿄에서만 6만 명 이상의 인명을 앗아갔으며, 이 중에 5만 명 이상이 지진으로 인해 발생한 화마(火魔)에 의하여 생명을 잃었다. 가장 최근에 일어난 대지진으로는 1995년에 고베에서 발생한 대지진이다. 5천 명 이상의 인명 피해가 발생하였다. 이쯤되면 일본국은 가히 '지진의 나라'라고 해도 과언(誇言)은 아닐 것 같다.

이러한 빈번하고도 큰 지진의 다발(多發) 현상은 자연적으로 일본인의 성격 형성에 많은 영향을 주었다. 세계 사람들은 일본인을 근면하고 검소하며, 친절하고 빈틈없으며, 전략하고 계획을 잘 세우며, 매사에 철저하고도 섬세한 사람으로 극찬(極讚)하고 있다. 그들을 덮쳤던 자연(自然) 재해(災害)에서 얻은 생활의 지혜이고 성격의 형성이었다.

비가 오는 날에 일본인들은 밖에 잘 나가지 않는다. 외출을 삼가는 것은 물론이고, 폭우가 내리면 약속도 취소하는 경우가 있다. 천둥, 번개, 지진(地震) 등으로 인한 천재(天災)에 익숙한 사람들이 자연적으로 갖게 된 생활 습관이다.

세계지도를 보면 영국도 아시아 대륙에서 바다로 떨어져 있는 일본과 같이 유럽 대륙에서 떨어져 있는 것을 볼 수 있다. 유럽과 영국 사이에는 도버 해협이 있고, 아시아와 일본 사이에는 대한(大韓) 해협(海峽)이 있다. 그런데 자세히 관찰해보면 대한 해협은 도버 해협에 비하여 다섯 배나 된다. 이러한 지리적(地理的) 현상은 영국과 유럽은 서로 문화와 민족이 이동하는 데 그리 큰 영향을 주지 않았으나, 일본과 아시아는 문화와 민족이 이동하는 데 상당한 어려움이 있었던 것으로 파악되고 있다. 다시 말하여 고대(古代)의 일본인들이 대륙(大陸)으로 이동하기도 어려웠고, 같은 까닭으로 대륙인 중국, 특히 대륙의 반도(半島)인 한반도(韓半島) 사람들이 일본이라는 섬나라로 이동하기도 어려웠다.

이러한 일본의 지리적 환경은 자연적으로 고유(固有) 전통(傳統) 문화(文化)를 계승하게 하는 하나의 요인이 되었고, 한반도나 중국에서 어떤 문화가 들어간다고 하더라도 한꺼번에 통째로 수용하지 않고, 자기들 고유 전통 문화에 접목(接木)하여 자기 것으로 소화(消和) 흡수(吸收)하는 지혜와 시간적 여유를 주게 되었다. 대표적인 예(例)가 중국에서 들어온 불교(佛敎)가 한국에서는 전성기(全盛期)를 누렸으나, 일본에 들어가서는 맥을 못추고 일본 고유 전통 종교인 신도(神道)와 혼합된 형태로 발전한 일이다.

이러한 지리적 여건은 일본이 유사(有史) 이래 외침(外侵)을 받지 않은 나라로도 유명하게 만들었다. 일본은 나름대로 행복을 누린 나라이다. 13세기에 두 차례에 걸쳐 몽고(蒙古)의 침입(侵入)을 받기는 하였으나 그들이 말하는 신풍(神風)으로 퇴치(退治)되었고, 일본이 유일(唯一)하게 외국의 지배를 받은 것은 제2차 세계대전에서 패배한 후 일본국에 진주한 미국의 점령 시대뿐으로, 아주 짧은 기간뿐이었다.

일본 열도(列島)가 대륙으로부터 떨어져 있다는 것은 일본인들에게 일본국은 단일(單一) 민족(民族) 국가(國家)라는 환상을 심어주었다. 그러나 일본의 역사를 아는 사람은 이것이 얼마나 허구(虛構)인가를 금방 알 수 있다. 일본의 근대화 과정을 보면 일본국은 분명히 다민족(多民族) 사회였고, 현실적으로 보아도 19세기에 일본에 편입된 120만의 오키나와인을 비롯하여 홋카이도의 원주민인 아이누 족이 2만 4천여 명 있다. 일본국은 단일 민족 국가가 아니라는 것을 극명(克明)하게 밝혀 주는 예가 된다.

여하튼 일본국은 작고 위대한 나라이다. 누가 이 오늘의 작은 섬나라를 위대하다고 하지 않을 것인가. 일본은 영국(英國)과는 다르다. 영국은 한때 영국의 국기(國旗)인 유니온 잭이 휘날리는 곳에 해가 지지 않는다는 장담(壯談)을 하였지만 지금은 유니온 잭이 휘날리는 곳에도 밤은 온다. 그렇지만 일본국은 어떤가. 일본의 상품(商品)이 있는 곳에 해가 지는 날은 없다.

막내둥이 일본

이천 년대 문턱에서 세계(世界) 경제(經濟) 대국(大國)인 일본을 '막내둥이'라고 표현하면 '정신 나간 사람'이라고 할지 모르지만, 일본국과 일본인이 세상에 나타난 역사를 보면 이 말은 거짓말이 아닌 분명한 사실이다. 왜 그런가는 잠시 일본의 고대 역사를 들여다보면 알 수 있다.

일본땅은 본래(本來)는 섬이 아니었다. 아시아 대륙과 연결되어 있던 땅이다. 이 땅이 빙하기(氷河期)가 지나면서 해수면(海水面)이 상승(上昇)하여 서서히 바닷물에 의하여 아시아 대륙과 분리되었고, 바닷물이 많아지자 네 개의 큰 섬과 부속(附屬) 도서(島嶼) 지대로 변하였다. 그렇게 보면 오늘날 일본이라는 땅이 생겨난 것도 아시아 대륙이나 유럽 대륙보다 훨씬 후이므로 '지구촌(地球村)의 막내둥이'라 표현한다고 해도 그리 틀리는 것이 아니다.

일본인(日本人)이 어디에서 어떻게 하여 지금의 일본땅에 살게 되었느냐는 것도 의문(疑問)의 여지(餘地)는 많지만, 대체로 고고(考古)학자들은 남방설(南方說)과 북방설(北方說), 그리고 혼합설(混

合說)로 집약하고 있다. 남방설은 동남아시아와 폴리네시아 같은 태평양 지역 사람들이 들어와서 살기 시작하였다는 설이고, 북방설이란 아시아의 몽고족들과 시베리아 사람들이 한반도나 홋카이도를 거쳐 들어와서 살기 시작하였다는 설이며, 혼합설이란 남방계와 북방계에서 들어온 사람들이 혼합하여 살기 시작하였다는 설이다.

일본인의 언어와 외모로 보면 북방설에 가깝고, 생활 양식과 풍속들을 보면 남방설에 가까운 면도 있다. 남방계 설이든 북방계 설이든 간에 일본땅에 사람이 살기 시작한 것도 대륙에 비하여는 상당히 늦은 막내둥이임에 틀림이 없다.

일본땅 일본인들에게 농경(農耕) 생활과 금속 문화가 전래(傳來)된 때는 서기 3세기(世紀)경이다. 이때에 유럽에서는 로마제국이 번성했고, 아시아 대륙의 중국에서는 한(漢) 나라가 번성하고 있었다. 일본에서 고대(古代) 국가가 태동(胎動)하는 5세기경에 유럽에서는 이미 게르만 민족(民族)의 대이동(大移動)이 시작되어 봉건(封建) 국가 사회를 형성하고 있었다.

일본에 고대 국가 형태가 형성된 7세기에서 9세기 사이에 중국에서는 벌써 당(唐) 나라의 찬란한 채색(彩色) 문화(文化)가 꽃을 피우고 있었다. 이때만 해도 중국과 일본은 형님과 막내둥이 정도가 아니라 어른과 아이와 같은 하늘과 땅만큼이나 차이가 나는 나라였다. 일본 역사에서 귀족(貴族) 정치(政治) 시대(時代)인 10세기 전후에 중국에는 이미 송(宋) 나라가 섰고, 한국에서는 삼국통일을 완성한 통일신라(統一新羅) 시대를 거쳐 고려(高麗) 시대가 열렸다. 중국과 한국에서는 왕조(王朝)의 역사가 깊어가고 있는데 일본땅에는 그때 고작 귀족 정치를 하고 있었으니 이 또한 막내 축(軸)에도 들지 못한다.

이러한 막내둥이 일본이 독자적(獨自的)인 정치 체제로 이룩한 제도가 대륙에 있는 황제(皇帝)나 왕조(王朝)가 아닌 소위 만세일가(萬世一家)라는 천황(天皇) 제도이다. 현재의 천황은 1대 천황 때로부터 이어진 125대 천황이다. 그런데 재미있는 것은 모든 고대 국가들의 역사에 그런 점이 있기는 하지만 1대에서 32대까지 천황들의 연대표(年代表)에 나타나 있는 나이들을 보면 100세 이상을 산 천황이 열 한 명이나 된다. 인불백년(人不百年)이라는 만고(萬古)의 진리(眞理)로 볼 때에 아마도 천황(天皇) 신화(神話)를 합리화하기 위한 인위적(人爲的) 계산이 숨어들어 있지 않은가 하는 생각이 든다.

천황(天皇) 세계(世系)에도 잔혹한 골육상잔(骨肉相殘)은 있었다. 125대의 오늘에 이르기까지 자살(自殺)한 천황이 두 명, 암살(暗殺)된 천황이 두 명, 변사(變死)한 천황이 두 명, 폐위(廢位)된 천황이 여섯 명, 그리고 강제(强制) 양위(讓位)한 천황이 열 명에 이른다. 예를 들면 2대 천황은 형을 죽이고 즉위하였고, 20대 천황은 숙부(叔父)를 죽이고 그의 처를 아내로 삼았다가 조카한테 살해(殺害)되었다. 21대 천황은 형제들뿐만 아니라 신하들을 죽인 후 그 아내를 빼앗아 일본서기(日本書紀)에도 '대악(大惡) 천황(天皇)'으로 기록되어 있을 정도이다.

다만 중국인이나 한국인, 그리고 세계사(世界史)를 연구하는 사람들이 지대한 의문을 갖는 것은 어떻게 해서 일본에서는 중국이나 한국, 그리고 다른 나라와 같은 왕조(王祖)들이 나타나지 않고, 천황 일색으로 지금까지 역사가 이어졌느냐는 점이다. 이 문제에 대한 일본의 역사학자나 세계 역사학자들은 아직도 명쾌(明快)한 답(答)을 내놓지 못하고 있다. 아마도 역성(逆成) 혁명(革命)이 없는 무사(武士) 정권(政權)의 특징(特徵)이 아니가 유추(類推)하고 있을 뿐이다.

일본의 유명한 무사 정권 시대는 794년 교토로 천도(遷都)한 헤이안(平安) 시대가 400여 년이 지난 1192년에 시작된다. 무사 정치는 중앙 집권의 문란에서 그 발생 요인을 찾을 수 있다. 중앙 집권이 문란해지면 지방 관리들의 학정(虐政)이 있기 마련이고, 지방 관리의 학정은 자연적으로 토호(土豪)들의 반감을 사게 되며, 토호들은 자위(自衛) 수단으로 일부 무장(武裝) 무사(武士) 집단(集團)을 키우게 된다. 이들이 자연적으로 정치적 영향력을 발휘하게 되어 일본에는 중국이나 한국에서 흔히 찾아보기 어려운 무사(武士) 정권(政權)이 자연(自然) 발생적(發生的)으로 토착화(土着化)하였다.

막내둥이에게 힘이 오르기 시작한 것이다. 세계 도서(圖書) 판매(販賣) 역사상 가장 오랫동안 스테디 셀러이며 베스트 셀러로 손꼽히고 있는 『성경』에 '먼저 간 자(者)가 늦어지고, 늦게 간 자가 앞에 선다'는 말이 있는 것처럼 이 힘이 일본을 강(强)하게 만들었고, 한때는 독일, 이탈리아와 연합하여 군사적(軍事的)으로 세계를 제패(制覇)한다는 야망(野望)에 불타오르게 하였다. 비록 군사적 제패는 실패(失敗)를 하였다고 하더라도 오늘날은 세계를 경제적(經濟的)으로 제패하는 '지혜(知慧)의 나라'가 되지 않았나 하는 생각이 든다.

일본인들 스스로는 자기 자신들이 자기의 역사를 보는 시각(視覺)이 어떤지 모른다. 나와 같은 이방인(異邦人)이 보기에는 분명히 일본국과 일본인은 출발(出發)이 늦은 땅, 늦은 사람들이었다. 그렇지만 지금은 중국과 한국뿐만 아니라 세계를 가장 앞장서서 가는 최선두(最先頭) 주자(走者)가 된 점이 일본국 일본인의 위대(偉大)함이라고 나는 생각한다.

신국의 필화와 전화

중국인(中國人)이나 일본인(日本人)이 들으면 놀랄 일이지만, 중국 대륙과 일본 열도 사이에 있는 조그마한 땅, 한반도(韓半島)는 역사이래 1,000여 회의 외침(外侵)이 있었다. 이 조그마한 땅은 대륙과 해양의 길목에서 때로는 북쪽에서 내려오는 북풍한설(北風寒雪)의 혹독(酷毒)함을 몸으로 견디어야 했고, 때로는 태평양(太平洋)에서 불어 올라오는 열풍(熱風)에 몸살을 앓아야 했다. 내가 여기에서 말하는 북풍한설이란 주로 북쪽 강대(强大) 세력들이 한반도를 침략(侵略)한 사실을 지칭(指稱)하는 것이고, 열풍이란 주로 강대해진 일본이 한반도를 침략한 사실을 가리키는 말이다.

이런 한반도의 외침(外侵) 사태(事態)에 비교해보면 일본국은 제2차 세계대전을 제외하면 역사이래 단 두 차례의 외침(外侵)밖에 받지 않은 국토(國土) 방위(防衛)에 관한 한 행복한 나라이다. 일본을 능동적으로 침략한 나라는 역사상 세계 제패(制覇)의 야망(野望)이 불타던 몽고(蒙古)뿐이었다.

중국(中國)과 고려(高麗)를 정벌(征伐)한 몽고는 1274년 2만 5천

병력을 이끌고 일본을 침략했다. 그러나 몽고의 일본 침략은 일본의 완강한 저항(抵抗)과 때마침 불어온 태풍(颱風)으로 현해탄은 질풍노도(疾風怒濤)로 가득했다. 결과는 실패였다. 이때에 일본인들은 몽고군을 막아준 태풍을 가미가제(神風)라 하였고, 일본인들은 자기 나라는 위험한 일이 닥치면 신풍(神風)이 불어 구해주는 신국(神國)이라 생각했다.

1차 원정에 실패한 몽고는 배짱 좋게 일본에 두 차례에 걸쳐 순순히 손을 들라고 사자(使者)를 보냈으나 그때마다 일본국은 몽고의 사자의 목을 베어 죽이고 오히려 철두철미(徹頭徹尾)한 방어(防禦) 태세를 강화했다. 성난 몽고군이 재차 일본 원정(遠征)에 나섰다.

제1차 원정이 있은 7년 후인 1281년이었다. 이번에는 1차 원정 때보다 훨씬 많은 14만여 군사를 동원하였으나 결과는 마찬가지였다. 이때에도 신풍(神風)이 불었다. 4천여 척의 몽고군 전선(戰船)들 중에 겨우 200여 척이 살아서 도망갔다. 일본국의 입장에서 보면 기가 막힌 순간에 불어온 신풍이고, 몽고군의 입장에서 보면 한반도와 일본 사이에 있는 현해탄(玄海灘)의 기후(氣候)도 제대로 파악하지 못하고 무모(無謀)하게 감행한 침략이었다.

이때에 일본이 두 차례에 걸쳐 받은 외침(外侵)이 일본 역사에 단 두 차례 기록되어 있는 외세(外勢)의 침략(侵略)이고, 일본국은 철저한 방어와 신풍의 덕(德)으로 무자비(無慈悲)한 몽고의 군마(軍馬)에 짓밟히지 않았다. 천행(天幸) 중 천행이었다.

순박한 일본인들은 당시의 상황을 신풍(神風)의 절묘(絶妙)한 도움이라고 한다. 물론 신풍이 몽고군 패배의 직접적(直接的)인 원인(原因)이 되었던 것은 사실이다. 그러나 그 이전(以前)에 몽고와 고려에 어떤 관계에 있었던가를 보면 일본은 신풍 이외에 또 다른 간접적(間接的)인 영향을 받아 몽고군의 침략에서 벗어날 수 있었다는 역사적인 사실을 알 수 있다.

몽고가 고려를 제일 처음 침략한 해는 1231년이다. 몽고는 이때부터 7년간에 걸쳐 무려 여섯 번이나 고려를 침략했다. 고려도 기진맥진(氣盡脈盡)하였지만, 몽고도 힘이 빠졌다. 뿐만 아니었다. 몽고가 고려를 지배하자 고려에서는 1269년 삼별초 항쟁(抗爭)이 시작되었고, 이 항쟁은 1273년까지 계속되었다. 이러한 고려인의 장기적(長期的)인 항쟁으로 초창기(草創期)의 기고만장(氣高萬丈)하던 몽고군의 힘은 빠질 대로 빠지고, 삼별초를 진압한 다음 해에 일본을 정벌하느라고 시기가 지연(遲延)될 대로 지연되었으며, 사기(士氣)는 땅에 떨어져 결국 몽고군의 일본 정벌(征伐) 전세(戰勢)는 상대적으로 약화(弱化)되고 말았다.

이것이 바로 내가 말하는 몽고군 일본 정벌 실패의 간접적 원인이고, 일본인들이 말하는 신풍 이외의 도움이다. 한국인의 입장에서는 일본국에 도움을 주었다고 할 수 없지만, 일본국의 입장에서보면 당시의 일본국은 고려의 덕을 본 것이 분명하다.

이는 제2차 세계대전에서 패배(敗北)하여 일본의 경제(經濟)가 도탄(塗炭)에 빠졌을 때에 '때마침' 한국에서 6·25사변이라는 남북전쟁이 터져, 미국의 지원으로 남측에 전쟁(戰爭) 물자(物資)를 생산(生産) 공급(供給)하는 과정에서 일본국은 전후(戰後) 복구(復舊)와 함께 경제 재건(再建)의 기틀을 잡은 것과 같다. 이때도 한국의 입장에서는 일본국의 경제 재건에 도움을 주었다고 말할 수는 없지만 일본국은 그때에 한국전쟁(韓國戰爭)의 덕을 본 것이 분명하다.

2차에 걸친 몽고의 침략에서 일본국은 그리 큰 전화(戰禍)를 입지 않았다. 그러나 두 차례에 걸친 전란(戰亂)과 또다시 있을지 모르는 몽고군 3차 정벌에 대비하느라고 일본국의 국내 사정에도 많은 변화가 있었다.

이때가 일본 역사에는 가마쿠라 막부(幕府) 시대였다. 비록 몽고의 일본 원정이 실패로 돌아갔지만, 가마쿠라 막부에 막대한 피해를 주었고, 결국 막부 시대의 종말(終末)을 고하는 주요 원인이 되었다. 전선(戰線)의 방어(防禦)와 막부의 경비까지 부담해야 했던 고케닌들의 불만(不滿)이 하늘을 찔렀다. 96대 고대이고 천황(天皇)이 이들 불만 세력들을 결집시켜 종내(終乃)는 가마쿠라 막부 시대에 종식(終熄)을 고하고, 천황(天皇) 정치(政治)를 재건하여 남북조 시대의 문을 연다.

일본국은 이후에 무로마치 막부 시대와 센고쿠(戰國) 시대를 거쳐 에도(강호, 江戶) 시대에 이른다. 이때에 스페인과 포르투갈 사람들이 일본국에 와서 서구(西歐)의 문물(文物)을 전한다. 특히 이때에 괄목할 만한 사실은 포르투갈 사람들이 일본에 조총(鳥銃)을 전해준 사실이다. 일본인들이 손에 총이 처음 든 때가 이때이고 일본국이 총으로 무장(武裝)하기 시작한 때가 바로 이때이다. 칼(刀)을 들었던 무사(武士)의 나라에 총이 들어왔으니 뛰는 말에 날개를 달아준 셈이 되었다.

중국이나 미국과는 달리 한국과 일본은 땅이 좁다. 그래서 중국이나 미국과 같은 광대한 나라에서는 혁명(革命)이 성공하기 어려우나, 한국과 일본 같은 곳은 땅이 좁아 수도(首都)만 점령하면 간단하게 혁명이 성공하는 일이 있다. 1961년 한국에서 서울을 점령했던 박정희의 쿠데타가 그랬고, 1568년 당시의 수도였던 교토를 점령한 노부나가가 그랬다. 좁은 나라에서는 수도(首都)가 정부(政府)이고, 수도를 점령하면 정부를 점령하는 거와 마찬가지이다.

노부나가는 수도 교토를 점령하여 1573년 아시카가 장군을 추방하고 일본의 천하통일(天下統一)의 기틀은 잡았으나 불행하게도 통일을 완성하지 못하고 세상을 떠난다. 난세(亂世)의 영웅(英雄) 케에자르가 부하(部下)인 브루투스의 칼에 맞아 죽듯이 1582년 본

능사(本能寺)에서 부하에게 살해(殺害) 당한다.

이때에 평민(平民) 출신으로 입신(立身) 출세(出世)한 노부나가의 심복(心腹)인 도요토미 히데요시가 출현(出現)한다. 도요토미 히데요시는 주군(主君)의 원수(怨讐)를 갚고 1580년 태정대신에 올라 1590년 일본 천하를 통일한다. 그러나 도요토미 히데요시는 막부(幕府)를 창설하지 않았다. 평민 출신으로 자신에게는 가신(家臣)이 없었으며, 단기간에 정권을 잡아 스스로 장군이 되기에는 한계(限界)가 있었다.

한국에서 박정희가 쿠데타를 일으켜 스스로 육군(陸軍) 대장(大將) 계급장을 붙이고 대통령(大統領)이 되어 제3, 4공화국(共和國)을 세우고, 육군 소장(少將) 전두환(全斗煥)이 12·12 군사(軍事) 반란(叛亂)을 일으켜 군권(軍權)과 정권(政權)을 잡은 후에 제5공화국을 창설(創設)한 것과는 전혀 다른 역사(歷史)의 심연(深淵)이다. 물론 박정희도 쿠데타를 구상(構想)할 단계에는 혁명(革命)을 한 후에는 대통령이 되지 않고 군인(軍人)으로 돌아가겠다는 순진한 생각과 실언(失言) 공약(空約)을 한 일이 있다.

일본 천하를 통일하였지만 도요토미 히데요시에게도 무서운 사람이 있었다. 바로 도쿠가와 이에야스(德川家康)였다. 도요토미 히데요시는 그를 수도인 교토에서 멀리 떨어진 에도(江戶)로 보냈다. 그리고 일본 본토(本土) 천하통일의 여세(餘勢)를 몰아 20만 대군(大軍)을 조선(朝鮮) 침략(侵略)에 동원하였다. 중국의 명(明)나라 군사가 조선(朝鮮)을 도우면서 전쟁은 장기전(長期戰)이 되었다. 명나라와 협상했으나 지리멸렬(支離滅裂)하였다. 도요토미 히데요시는 재차(再次) 전쟁을 일으켰다. 과분(過分)이었다. 1598년 도요토미 히데요시가 죽었고, 그가 죽자 전쟁은 끝났다.

에도로 추방당한 도쿠가와 이에야스는 에도성(城)을 확대 정비하며 세력을 모아 도요토미 히데요시가 죽은 5년 후인 1603년 정이

대 장군이 되면서, 에도를 관동(關東) 일대를 중심으로 에도 막부를 창설하고, 1605년 아들에게 장군의 자리를 내어 주고 은퇴(隱退)하였으나 마음이 편치 않았다. 오사카성(城)에 살고 있는 도요토미 히데요시의 아들 히데요시가 눈에 가시였다.

그때에 소위 방광사(方廣寺) 종명(鐘銘) 사건이 발생했다. 방광사는 도요토미 히데요시가 세운 절이다. 대지진이 일어나 대불전(大佛典)이 넘어졌다. 도요토미 히데요시는 아들 히데요시에게 재건(再建)을 명령했다. 공사가 완성된 뒤 불상(佛像)의 개안(開眼) 공양(供養)을 앞두고 한 사건이 터졌다.

방광사 범종(梵鐘)에 새긴 문구(文句)였다. 종에는 '국가안강(國家安康) 군신풍락(君臣豐樂) 자손은창(子孫殷昌)'이라는 글이 새겨져 있었다. 나라가 편안하고 강렬하여 임금과 신하의 즐거움이 풍성하고 자손이 이를 이러 번창한다는 염원하는 글이었다. 그런데 이 글을 보고 도쿠가와 이에야스가 펄쩍 뛰었다.

"이런 못된 놈들이 있나! 내 이름이 이에야스(家康)이다. 왜 내 이름 사이에 다른 글자를 넣고 둘로 갈라 놓았느냐? 그리고 군신(君臣)이라 쓴 저의(底意)가 무엇이냐! 풍신수길(豊臣秀吉)을 군(君)으로 삼는다는 뜻이 아니냐?"

도요토미 히데요시의 아들을 죽이기 위한 도쿠가와 이에야스의 억지이고 계략(計略)이었고, 도요토미 히데요시와 그의 아들 히데요시 입장에서는 일종의 필화(筆禍)였다. 히데요시는 사신을 보내 살살 빌며 그런 뜻이 아니라고 해명(解明)하고 애원(哀怨)하였으나 소용없는 일이었다.

에도 막부 군의 두 차례에 걸친 공격으로 난공불락(難攻不落) 같던 오사카성은 함락(陷落)되고, 천하 영웅 도요토미 히데요시의 아들 히데요시는 자결(自決)하고 말았다. 자신을 에도로 몰아낸 원수를 갚은 도쿠가와 이에야스는 이렇게 원수를 갚아, 일본국에 평화

시대의 문을 열어놓고 그 다음 해에 75세의 노옹(老翁)으로 세상을 떠났다.

나는 이 일본의 역사를 보면서 조선(朝鮮) 왕조(王朝)의 연산군(燕山君)과 조광조(趙光祖)와 중종(中宗)을 생각했다. 한국의 역사에서 연산군은 그 이름의 머리에 '폭군(暴君)'이라는 별칭(別稱)이 붙은 군주(君主)이다. 이순신 앞에 성웅(聖雄)이라는 별칭이 붙는 것과는 정반대의 일이다. 연산군은 그렇게 포악(暴惡) 포학(暴虐) 무도(無道)한 군주였다.

조광조(趙光祖)는 연산군을 몰아내고 중종(中宗)을 받들던 시대에 군주철인정치(君主哲人政治)라는 이상주의적(理想主義的) 개혁(改革) 정치를 하던 사람이다. 혁명에는 반혁명(反革命)이 있기 마련이고, 개혁(改革)에는 수구(守舊)가 있기 마련이다. 조광조 일파가 중종을 모시고 개혁 정치를 하자 수구파(守舊派)들이 계략을 꾸몄다. 궁궐(宮闕) 안에 있는 나무의 큰 잎 위에 꿀로 '주초위왕(走肖爲王)'이라는 네 글자를 써놓았다.

꿀을 본 벌레들이 찾아와 잎을 갉아먹기 시작했다. 꿀이 없어진 잎에는 주(走) 자와 초(肖) 자, 그리고 위(爲) 자와 왕(王) 자가 음각(陰刻)되어 있었다. 계략을 꾸민 자들은 궁녀(宮女)들이 그 잎을 따서 중종 앞에 내놓게 하였다.

"이게 무슨 잎인고?"

"예, 상감마마! 아뢰옵기는 황송(惶悚)하오나 주(走) 자와 초(肖) 자를 합하면 조(趙) 자가 되고, 앞으로 조광조(趙光祖)를 왕(王)으로 모신다는 뜻입니다."

"그게 사실이냐?"

"예, 사실이옵니다."

"여봐라! 거기 아무도 없느냐? 이보다 더 무엄(無嚴)한 일이 또 어디에 있단 말이냐! 당장 조광조를 잡아 족치라!"

이리하여 조광조(趙光祖) 일파는 거세(去勢)되었다. 조광조 일파에게는 아닌 밤중에 홍두깨 같은 계략에 의한 필화(筆禍)를 입은 것이고, 수구파에게는 계략에 의한 필승(筆勝)이었다. 나는 도쿠가와 이에야스와 도요토미 히데요시를 생각할 때마다 주초위왕(走肖爲王)의 넉 자를 생각한다.

필화에 얽힌 이야기는 여기에서 그치자. 나는 이 글의 모두(冒頭)에서 일본국은 몽고의 두 차례에 걸친 침략을 받기는 하였으나 그 이외에는 외침(外侵)을 받지 않은 '행복한 나라'라는 말을 했다. 그러나 이 외침이 없는 행복한 나라에 지상(地上)에서 인류사상(人類史上) 가장 큰 전화(戰禍)가 있었다면 세상 사람들은 믿을 것인가. 그러나 그것은 사실이다.

북태평양 조그마한 티니안 섬에서 미국 공군 B-29가 소리 없이 일본을 향하여 발진(發進)했다. 1945년 8월의 일이다. 그 B-29에는 말로만 듣던 원자(原子) 폭탄(爆彈)이 실려 있었다. 실로 인류의 역사에 이렇게 가공(可恐)할 무기(武器)는 없었다. 히로시마와 나가사키에 원자 폭탄이 떨어졌다.

나는 원자 폭탄이 떨어졌다는 사실 이외에 그 이상의 말로써 이 재난(災難)에 대하여 말할 수 없다. 너무나 처참(悽慘)한 일이었다. 너무나 참혹(慘酷)한 일이었다. 인류 사상 최대(最大)의 재앙(災殃)이었다. 그 무서운 원폭(原爆)을 받아야 했던 동기(動機), 그리고 그 무서운 재앙에서 오늘의 일본국을 일으켜 세운 일본인의 저력이 무엇이고, 그 재앙이 2000년대 21세기에 전(傳)하는 메시지가 무엇인가를 곰곰이 생각해본다. 일본국뿐만 아니라 지구촌(地球村) 전체(全體)에 다시는 필화(筆禍)와 전화(戰禍)가 없는, '신(神)이 사랑하는 신국(神國)'의 세상이 되었으면 좋겠다.

대일본제국과 대영제국과 대한민국

지금은 육지(陸地)를 지배하는 사람들이 세상을 주름잡지만 옛날에는 육지보다 바다를 지배하는 민족(民族)이 세상을 주름잡았다. 그래서 무적(無敵) 바이킹 함대(艦隊)의 이야기는 신화(神話)처럼 전하여 내려오고 있다.

바이킹 족(族)은 좁은 육지를 염탐(廉探)하기 전에 광활(廣闊)한 바다를 건너 전혀 인간의 시야(視野)에 보이지 않는 또 다른 육지에 상륙(上陸)하는 담력(膽力)이 있던 민족이다. 산(山)이 험하다지만 바다는 더 거칠다. 거친 바다와 싸우며 미지(未知)에 상륙하는 바이킹들의 무기는 도끼였다. 누구든지 반항(反抗)하는 자가 나타나면 사정없이 도끼로 내려쳐 생명(生命)을 부지(扶持)할 수 없었다.

어떻게 보면 포악(暴惡)하기 그지없고, 어떻게 보면 용맹(勇猛)스럽기 그지없는 바이킹의 선장(船長)은 포악한 자 중에 가장 포악한 자요, 용맹스러운 자 중에 가장 용맹스러운 자이다. 그의 죽음과 장례(葬禮) 또한 인간의 심금(心琴)을 울리기에 족(足)하다.

바이킹의 선장이 죽으면 시집을 가지 않은 숫처녀를 골라 평생 용맹스럽게 바다를 주름잡던 애선(愛船)에 태워, 선장의 시신(屍身)과 함께 바람결에 바다로 보낸다. 그리고 그 배가 멀리 육안에서 사라질 때쯤이면, 살아 있는 모든 부하(部下)들이 포구(浦口)에 도열하여 활의 시위를 당겨 불붙은 화살을 배에 보낸다. 그리하여 생전(生前)의 용맹을 자랑하던 선장의 시신은 처녀와 함께 영원히 불귀(不歸)의 객(客)이 된다. 처녀는 바이킹 선장의 영혼(靈魂)을 달래는 죽음의 반려자(伴侶者)가 된다.

바이킹과 같이 용맹스런 전설적(傳說的)인 이야기는 없지만, 한국의 경우에는 바이킹 선장과 함께 불타 죽어간 처녀보다 더 애절(哀絶)한 어린 소녀(少女)의 죽음의 이야기가 있다. 한국이 자랑하는 에밀레 종에 얽힌 이야기가 그것이다.

한 불자(佛者)가 있었다. 성왕(聖王)의 은덕(恩德)을 기리는 범종(梵鐘)을 만든다고 다른 불자들은 모두 금(金)반지나 은(銀)반지, 그리고 금비녀와 금귀고리로 시주(施主)를 하고 있었으나 이 불쌍한 불자는 납반지, 납비녀, 납귀고리 하나 없었다. 생각하다 못해 이 가난한 불자는 자기의 어린 딸을 바치기로 했다.

범종을 만들 쇳물이 펄펄 끓고 훨훨 타오르고 있었다. 불자가 소녀를 안고 왔다. 그리고 … 그 뜨거운 쇳물 속에 소녀를 넣었다. 한국의 국보(國寶)로 지정(指定) 되어 있는 에밀레 종은 지금도 타종(打鐘)하면 이 가련한 소녀의 넋을 기리기라도 하듯이 '에밀레…' '에밀레…' 하는 울음 섞인 종소리를 낸다.

바이킹 선장의 장례식(葬禮式)이나 가난한 불자의 어린이 시주는 지금 생각하면 야만적(野蠻的)인 행위 같지만, 그 시대에는 지상(地上)의 어느 곳이건 그런 의식(儀式)이 흔히 있었다. 남태평양의 아름다운 섬 타히티에 가면 옛날에 제사(祭祀)를 모시던 마레라는 신전(神殿)이 있다. 그곳에서도 생(生) 사람을 제물(祭物)로 바친 유적

(遺蹟)이 남아 있다.

인류사 중에서 바다를 지배한 사람들은 바이킹 족만이 아니다. 일찍이 네덜란드와 포르투갈, 그리고 영국(英國)이 바다를 주름 잡아 희망봉(希望峰)을 돌고 인디언들이 살고 있는 거대(巨大)한 아메리카라는 신대륙(新大陸)을 발견하였었다. 이 중에서 특히 영국은 주목(注目)할 만한 나라이다.

영국은 땅덩어리는 손바닥만한데 대영제국(大英帝國, The Great British Empire)이라는 큰 대(大) 자를 머리에 얹혀 놓고 있었고, 근대사(近代史)에서 이를 부인하는 사람은 없다. 영국은 바다를 지배하여 영국 본토보다 몇십 몇백 배가 더 되는 영토(領土)를 확보했던 나라이다. 지금도 영연방(英聯邦, British Commonwealth of Nations, The United Kingdom of Great Britain)이라고 하면 영국과 북아일랜드, 캐나다, 호주(濠洲), 뉴질랜드, 사이프러스, 인도, 파키스탄, 말레이시아, 가나, 나이지리아, 그리고 그 밖의 나라들이 포함된다. 이쯤 되면 국호(國號) 앞에 큰 대(大, The Great)를 붙인다고 해서 시비할 사람은 없다.

그런데 동방(東方)의 조그마한 나라 코리아(Republic of Korea), 우리나라는 땅도 넓지 않고, 세계를 지배한 일도 없는데 나라 이름 앞에 큰 대(大) 자를 버젓이 달아 헌법(憲法)에도 국호(國號)를 대한민국(大韓民國, The Great Republic of Korea)이라고 명문(明文)으로 밝혀 놓고 있다. 한국인(韓國人)인 나 자신이 이런 말을 하면 우리나라 사람들은 나를 어떻게 생각할지 모르지만, 실제로 이런 사실(事實)을 세계 사람들이 알면 자다가도 웃을 노릇이다.

한때는 우리나라의 상호(商號) 중에 대한(大韓)이라는 상호가 엄청나게 많았다. 재벌(財閥) 급(級)에 들던 대회사(大會社)는 물론이고, 시골 촌구석에서 얼음 가게를 하는 사람도 '대한상회(大韓商會)'라는 간판을 걸고 있었다. 이런 현상은 대한민국이라는 국호를 사용하는 애국심(愛國心)에서 발로(發露)한 현상이라고 볼 수도 있지만 다른 면으로 뒤집어 보면 일종(一種)의 과대(誇大) 망상증(妄想症)이고, '우물 안의 개구리' 식(式)의 발상(發想)이다.

한국인들의 그러한 과대 망상, 허깨비 사고(思考)와 표현(表現)의 극명(克明)한 사례는 한국의 수도(首都)인 서울의 한 복판을 흐르고 있는 한강(漢江)에 놓여 있는 20여 개의 다리 이름을 보아도 금방 알게 된다. 한강에 놓여 있는 다리는 큰 대(大) 자가 붙지 않은 다리가 없다.

강화대교(大橋), 양화대교(大橋), 성산대교(大橋), 서강대교(大橋), 마포대교(大橋), 한강대교(大橋), 동작대교(大橋), 반포대교(大橋), 영동대교(大橋), 동호대교(大橋), 잠실대교(大橋), 올림픽대교(大橋), 천호대교(大橋), 강동대교(大橋)…. 대교(大橋), 대교(大橋), 대교(大橋) 천지(天地)이다. 도대체 왜 한국에서는 이러한 현상이 나타나고 있을까. 미국 샌프란시스코의 그 유명한 다리가 금문교(金門橋, Golden Bridge)라는 아름다운 이름을 가지고 있고, 영화(映畫) <콰이 강(江)의 다리>가 콰이 강 대교(大橋)가 아니고 그냥 '다리'라고 한 것과는 너무나도 대조적(對照的)이다.

한국에는 이런 다리에만 큰 대(大) 자가 붙는 것이 아니다. 박정희 18년 장기(長期) 집권(執權) 시대(時代)에 현시적(顯示的)으로 이루어진 급조(急造)된 각종 건축물(建築物)들이 시간이 지남에 따라 큰 대(大) 자가 붙는 현상이 나타났다.

삼풍백화점이라는 곳이 있었다. 화재(火災)가 났다. 숱한 인명(人名)이 소실(燒失)되었다. 그래서 그 사건에 '삼풍 대(大)참사'라는 별명(別名)이 붙었다. 성수대교가 두 동강 났다. 이른 아침에 등교(登校)하던 학생들이 탄 버스를 비롯하여 승용차(乘用車)들이 한강수(漢江水)에 침몰(沈沒)하여 어린 여학생들과 숱한 시민이 죽었다. 이 사건에도 예외 없이 '성수대교(大橋) 대형(大型) 참사'라는 큰 대(大) 자가 붙었다.

어린이를 천사(天使)라고 한다. 예닐곱 살 난 천사들이 아름다운 모습으로 아름다운 꿈을 꾸며 여름을 맞아 어린이 합숙 훈련을 들어갔다. 그런데 그 대형(大型) 합숙소 건물은 놀랍게도 콘테이너식(式) 간이(簡易) 3층 건물이었다. 밤이 되었다. 천사들이 꿈나라로 들어갔다. 그때였다. 연기(煙氣)가 났다. 이어서 불꽃이 나고, 삽시간에 건물 전체(全體)에서 불기둥이 솟아올랐다.

아, 가련한 천사들이여!
그대들은 다 어디로 갔는가.

대(大) 자 좋아하다가 대형(大型) 참사(慘死)를 불러온 격(格)이다. 요즘에는 한국에서도 대한(大韓)이라는 말보다 큰 대(大) 자를 뺀 한국(韓國)이라는 말을 많이 쓰고, 상호도 옛날처럼 '대한'이 판을 치는 것이 아니라 '한국'을 선호(選好)한다. 과대 망상증과 허깨비 애국심에서 깨어나 정신이 드는 모양인지도 모를 일이다.

일본도 예외는 아니다. 지금은 일본 헌법에 국호가 '일본국(日本國)'으로 명문화(明文化)되어 있지만, 그 전에는 그들 스스로가 그들 스스로를 보고 '대일본제국(大日本帝國)'이라 했다. 제2차 세계대전(世界大戰)을 전후(前後)하여 일본인들 치고 '다이 니폰 반자이(大日本萬歲)!'를 외치지 않은 사람이 없다. 만세(萬歲)는 허구(虛構)이고 희구(希求)이다. 사람이건 나라건 만세(萬歲)를 누리는 나라, 만세를 누리는 사람은 없다.

일본은 영국과 같이 큰 대(大) 자를 앞에 둔 나라이기는 하였으나 영국과는 다른 점이 있었다. 영국은 일본과 같이 도서(島嶼) 국가(國家)임에도 불구하고 일본과 같이 대륙(大陸)으로 직접 진출(進出)을 하지 않고, 바다를 지배하며 바다 건너 땅덩이를 넓힌 나라이다. 이 점이 영국과 일본이 대영제국(大英帝國)과 대일본제국(大日本帝國)이라면서도 세계사(世界史)에 서로 다른 그림을 그린 나라가 되게 하였다.

솔직히 말하면 일본은 다른 나라 사람들에게 피와 고통을 강요하였지만, 영국은 일본에 비하여 젠틀한 점이 있었다. 그래서 영국의 지배를 받던 나라들은 지금도 커먼웰츠를 구성하고 있는 데 반하여 일본의 지배를 받던 나라들에서는 반일(反日) 감정(感情)이 삭아들지 않고 '고통의 땅'에 숨어 대(代)를 이어 숨을 쉬고 있다.

그렇다면 정말 일본은 대일본(大日本)일까? 아니, 일본국(日本國)이 대일본국(大日本國)이라면, 그들은 왜 그들의 헌법에 우리나라처럼 '대일본국(大日本國)'이라고 명문(明文)으로 못을 박지 않고, 큰 대(大) 자를 뺀 채 그냥 '일본국(日本國)'이라 했을까. 잠시 대일본제국(大日本帝國)과 일본국(日本國)의 근대사(近代史)와 현대사(現代史)를 들여다보자.

일본의 근대화(近代化) 시기(時期)는 대개 메이지유신(明治維新)에 의하여 막부 체제가 붕괴되어 근대화 국가의 기틀을 닦기 시작한 19세기 후반부터 군국주의가 패망(敗亡)한 1945년까지로 본다. 일본의 근대화의 특징은 다른 나라처럼 근대화의 기간이 길지 않고 단기간(短期間)에 완성했다는 점이다. 일본은 서구(西歐) 사회와 같이 시민(市民) 민주주의(民主主義)와 같이 '아래로부터의 근대화'의 과정을 거친 것이 아니라 천황(天皇)을 중심으로 '위로부터의 근대화'가 급속히 진행되었다.

일본의 근대화에 직접적인 영향을 미친 나라는 미국(美國)이다. 우리는 미합중국(美合中國, United States of America)을 아름다울 미(美) 자와 나라 국(國) 자를 써서 미국(美國)이라 표현하지만, 일본인들은 '쌀처럼 씹어 먹어야 하는 나라'라는 의미로 쌀 미(米) 자 나라 국(國) 자의 '미국(米國)'으로 써왔다.

멕시코와 싸워서 캘리포니아 일대(一帶)를 제 손 안에 넣은 미국은 샌프란시스코 항구에서 태평양(太平洋)을 건너 중국(中國)으로 진출하려고 했다. 항로(航路)가 멀고 험해 미국은 일본에 기착(寄着)하지 않을 수 없었다. 1853년 미국의 태평양 함대 사령관이 일본의 막부에 개항(開港)을 요구했다. 긴장한 막부는 이 문제를 제후(諸侯)들에게 의견을 구했고, 제후들은 미국의 요구를 반대했으나, 막부는 천황의 칙허(勅許)를 받지 않고 미일(美日) 수호(修好) 통상조약(通商條約)을 체결하였고, 이어서 네덜란드와 러시아, 영국과 프랑스와도 같은 조약을 맺어 개항(開港)과 함께 개국(開國)을 통한 근대화의 여명(黎明)이 밝았다.

그런데 문제는 천황의 칙허를 받지 않은 막부에 있었다. 반막부 운동이 전개되면서 천왕을 받들고 서구를 몰아내자는 존왕(尊王) 양이(攘夷) 운동이 전개되었다. 결국 이들은 어린 메이지 천황(명치천황, 明治天皇)을 앞세우고 1868년 왕정(王政) 복고(復古) 대호령(大虎令)을 발표하여 700년 일본 무사 정치의 종막을 고한다. 연호(年號)를 메이지(明治)로 고치고, 에도(江戶)를 도쿄(東京)로 개칭(改稱)하며, 1천 년 이상 교토(京都)에서 거주하던 천황이 에도로 입성(入城)한다.

1869년에 도쿄와 요코하마에 전신(電信)이 가설되고, 1871년 문부성(文部省)을 설치하여 국민 교육에 총력(總力)을 기울이며, 산발(散髮)과 탈도령(脫刀令)을 내린다. 1872년 음력(陰曆)을 양력(陽曆)으로 고치고 일요일(日曜日) 휴일제(休日制)를 실시한다. 채식(茱食) 위주의 생활을 하던 일본인들이 서구인들처럼 육식(肉食)을 시작한 것도 이때이다. 1878년 우편 제도가 시행되고, 1889년에는 도쿄와 오사카 사이에 철도(鐵道)가 개통(開通)된다. 대도시의 발전(發展)은 눈이 부실 정도로 빨랐다.

메이지유신이 있기 전부터 일본국 내에서는 정한론(征韓論)이 있었다. 한민족(韓民族)에게는 피맺히는 일이지만, 조선반도를 점령하여 일본땅으로 만들자는 주장이 정한론이다. 원래 막부의 지사(志士)들 중에는 조선(朝鮮)과 대만(臺灣), 그리고 류우큐우와 홋카이도를 지배해야 한다는 것이 공통(共通)된 인식이었다. 일본의 지배자들은 이렇게 남의 땅을 자기 땅으로 삼으려는 의식(意識)이 팽배(彭排)했다. 결국 그들은 미국이 일본을 개국할 때에 쓴 방법(方法)을 그대로 모방(模倣)하여, 1876년에 운양호 사건을 일으켜 강화도 조약을 체결한다.

일본의 영웅(英雄) 이토오 히로부미(伊藤博文)가 헌법(憲法) 제정(制定) 작업을 서둘러 1889년 드디어 일본은 '대일본제국(大日本帝國)' 헌법을 공포(公布)하고, 스스로 명문(明文)상(上)의 대일본제국(大日本帝國)임을 만방(萬邦)에 선언(宣言)하여, 대일본제국(大日本帝國)이 되었다. 주권자(主權者)는 민주주의 헌법과 같이 '국민(國民)이 주권자'가 아니라 '천황(天皇)이 주권자'인 흠정(欽定) 헌법이었다. 이때부터 일본군(日本軍) 문자 그대로 황군(皇軍)이 되었고, 황군은 대일본제국의 건설을 위하여 세계 제패의 길을 걷게 된다.

연전연승(連戰連勝)이었다. 러일전쟁(露日戰爭)에서 이기고, 청일전쟁(淸日戰爭)에서 승리했다. 이로써 일본은 조선(朝鮮)과 팽호 제도, 요동 반도와 조계(租界)에서의 치외법권(治外法權)을 획득하여 대륙(大陸) 침략(侵略)의 기틀을 마련하였다. 이쯤 되면 대일본제국(大日本帝國)은 아니더라도 중일본제국(中日本帝國)은 된다.

1914년이 되었다. 보스니아의 수도(首都)인 사라예보에서 한 사건이 터졌다. 오스트리아의 황태자(皇太子) 부처(夫妻)가 반오스트리아주의자에 의하여 살해(殺害) 당하였다. 오스트리아가 세르비아에 선전(宣戰) 포고(布告)를 하였고, 독일(獨逸)이 가세(加勢)하였다. 독일(獨逸)의 대두(擡頭)로 프랑스와 러시아, 그리고 영국은 초긴장(超緊張)하여 세르비아의 편을 들어 참전(參戰)했다. 이른바 제1차 세계대전(世界大戰)이 발발(勃發)한 것이다.

이때에 중일본제국(中日本帝國)은 어떠했는가. 일본과 영국 사이에는 일영동맹을 맺고 있었다. 이를 빌미로 일본은 중일본제국이 아니라 대일본제국과 같이 통이 크게 독일(獨逸)에 대하여 선전 포고를 함으로써 제1차 세계대전에 능동적(能動的)이고도 적극적(積極的)으로 참전(參戰)한다. 일본 육군(陸軍)은 독일의 근거지(根據地)인 중국의 칭따오(靑島)를 점령(占領)하고, 해군(海軍)은 독일령(獨逸領)이던 남양(南洋) 군도(群島)를 점령한다.

이즈음, 1912년에 중국은 손문(孫文)의 신해혁명(辛亥革命)으로 진시황이래 2,000년간 계속되어 오던 황제(皇帝) 독재(獨裁) 체제가 붕괴(崩壞)되고, 러시아는 볼셰비키 혁명이 성공하여 1917년 레닌을 지도자(指導者)로 세계 최초의 공산(共産) 사회주의(社會主義) 국가를 세운다. 한국은 1919년 독립(獨立) 만세(萬歲) 운동을 전국적으로 벌였으나, 일본 황군의 군마(軍馬)와 니폰 도(日本刀)에 짓밟히고 찢긴다.

같은 해에 제1차 세계대전은 끝이 났다. 독일의 패배(敗北)였다. 일본은 중국에서 독일의 산동성 권리를 이어 받고, 적도(赤道) 이북(以北)의 독일이 지배하던 섬들을 차지한다. 1932년에는 청(淸)나라 마지막 황제인 부의(溥儀)를 꼭두각시로 만주국(滿洲國)을 세워 제 손 안에 넣고, 이어서 중국의 열하성(熱河省)을 점령한다. 화북(華北) 5성도 일본의 세력권 내에 둔다는 일본 정부의 방침도 있었다. 이쯤되면 일본국(日本國)은 남의 나라야 어찌 되었든지 간에 자기들 스스로는 대일본제국(大日本帝國) 되었다고 해도 과언(誇言)이 아니다.

국제연맹(國際聯盟)이 일본의 대륙 점령 행진에 브레이크를 걸었다. 이미 국제연맹이 무서울 일본 군국주의자(軍國主義者)들이 아니었다. 일본은 국제연맹을 탈퇴(脫退)했다. 그렇다고 일본 내에서 문제가 없었던 것은 아니다. 두 차례에 걸친 쿠데타가 있었다.

해군 장교들이 백주(白晝)에 수상 관저(官邸)를 습격하여 수상을 사살(射殺)했다. 청년 장교들이 1,400여 명의 병력(兵力)을 동원하여 도쿄를 점령하고 장관(長官)을 살해(殺害)했다. 그러나 이 두 차례의 쿠데타는 주동자(主動者)들의 자살(自殺)과 투항(投降)으로 실패로 끝났다.

1939년 독일의 히틀러는 폴란드를 침략하였다. 영국과 프랑스가 대독일(對獨逸) 선전 포고를 하였다. 이로써 제2차 세계대전이 발발하였다. 처음에 일본은 전쟁(戰爭) 불개입(不介入) 원칙(原則)이었다. 그러나 프랑스가 망하자, 일본은 영국과 미국과 일전(一戰)을 하더라도 대동아(大東亞)를 지배하려고 독일과 이탈리아와 동맹을 맺고, 1941년 하와이의 진주만(眞珠灣)을 습격한다. 이 전쟁(戰爭)에 승리(勝利)했다면 오늘의 아메리카 대륙은 그들 말대로 '쌀처럼 씹어 먹는' 미국(米國)이 되었을 것이고, 미국땅 역시 일본국(日本國)의 영향권에 들어갔을 것이다.

1943년 독일군이 스탈린그라드에서 전멸(全滅)했다. 같은 해에 이탈리아의 무솔리니 정권(政權)이 무너졌다. 대일본제국(大日本帝國)의 황군(皇軍)은 '성전(聖戰)의 완수(完遂)'를 외쳤으나, 1945년 미군(美軍)에 의하여 유황도가 함락되고, 오키나와 전투(戰鬪)에서 패배했다. 같은 해 5월 독일이 연합군(聯合軍)에 항복(降伏)했다.

연합군은 일본에게 항복을 요구했다. 거절(拒絶)했다. 이때에 연합국의 리더였던 미국(米國)이 두 차례에 걸친 원자(原子) 폭탄(爆彈)을 투하(投下)했다. 대일본제국(大日本帝國)의 최대(最大)의 재앙(災殃)이었다. 천황(天皇)이 '종전(終戰)'을 선언(宣言)했다. 대일본제국(大日本帝國)의 꿈은 사라졌다.

일본은 미국의 점령지(占領地)가 되었다. '전쟁(戰爭)을 포기(抛棄)'하는 소위 평화 헌법이 미군(美軍)의 군화(軍靴) 소리가 요란한 가운데 제정(制定)되었다. 그 헌법 속에는 오늘날까지 지난 날 그들이 스스로 발표하였던 '대일본제국(大日本帝國)'이라는 단어(單語) 대신 '일본국(日本國)'이라는 명문(明文)이 있게 되었다.

나는 여기에서 대영제국(大英帝國)과 대일본제국(大日本帝國), 그리고 대한민국(大韓民國)을 보면서, 대한민국(大韓民國)이 세계사 속에서 얼마나 작은 존재인가를 실감(實感)하지 않을 수 없다. 우리는 한 번도 남의 나라를 침략해본 일이 없고, 고조선(古朝鮮)과 발해(渤海)가 가지고 있던 요동 반도와 만주 벌판도 제 땅으로 간직하지 못한 민족이며, 그것도 남북으로 분단된 땅덩어리를 가지고 있는 21세기 지구상의 마지막 국가이다. 이 얼마나 슬픈 존재(存在)인가.

그리고 나는 오늘도 한국과 일본, 그리고 중국을 오고 가면서 몇 가지 생각하는 것이 있다. 첫째는 일본국(日本國)이다. 일본은 어떻게 해서 20세기에 그 작은 나라가 그 넓은 세계를 제 손 안에 넣으려 했으며, 그 생각을 행동(行動)으로 옮긴 일본인(日本人)의 저력(底力)은 어디에서 나온 것인가. 더욱이 현재 일본의 화폐인 엔화는 달러와 유러화 다음으로 국제적인 평가를 받고 있으며, 세계 최고의 금융 평가 회사가 일본의 경제에 대하여 평가하면, 그 평가 자체가 틀렸다고 반박(反駁)하고 나서는 판이다.

둘째는 중국(中國)이다. 20세기의 중국을 가리켜 서구(西歐) 학자들은 '잠자는 사자(獅子)'라 했다. 21세기의 전야(前夜)와 21세기의 여명(黎明)의 중국은 이미 잠자는 사자가 아니다. 이 거대(巨大)한 나라는 정말 그들이 정한 국호(國號)처럼 중화(中華, World Center)가 되어 21세기에는 세계(世界)의 중심지(中心地)가 될 것인가.

21세기 전야(前夜)의 중국은 막강(莫强)하고 변화무쌍(變化無雙)하다. 중국은 현재 사회주의 체제에 자본주의 체제를 급속도로 접목(接木)시키고 있다. 개인들의 주식회사 설립이 가능할 정도이다.

영국에게 빼앗겼던 홍콩을 반환(返還) 받았으며, 포르투갈에게 빼앗겼던 마카오도 반환 받을 날이 임박(臨迫)하고 있다.

셋째는 우리이다. 우리는 '떠오르는 중국(中國)'과 세계(世界) 경제(經濟) 대국(大國)인 일본(日本) 사이에서 21세기에는 과연 어떤 위치(位置)를 점유(占有)하고 어떤 역할(役割)을 할 것인가. 대한민국(大韓民國)과 대영제국(大英帝國), 그리고 대일본제국(大日本帝國)을 생각할 때에 나는 우리 대한민국(大韓民國)이 너무나 왜소(矮小)하여 '21세기의 잠'을 잘 수가 없다.

일본의 상징

외국에 자주 나가는 사람들은 흔히 자기가 방문하는 나라와 도시의 상징이 무엇인가를 생각한다. 예를 들어 뉴욕에 가면 '자유의 여신상'이라는 상징이 있는가 하면, 서양 사람들이 먹는 스테이크 중에서도 가장 큰 쇠고기 덩어리로 구운 뉴욕 스테이크를 상상하게 된다.

우리나라에서도 외국인들을 만나면 한국의 상징이 무엇이냐는 말을 흔히 듣는다. 사람에 따라 다르기는 하겠지만 음식으로는 불고기와 불갈비, 그리고 김치 등을 들고, 산(山)으로는 백두산(白頭山)과 한라산(漢拏山), 금강산(金剛山)과 설악산(雪嶽山)과 지리산(智異山)을 꼽는다.

그런데 불고기와 불갈비는 양념 맛이 너무 강하여 서구 사람들은 기피하는 현상이 있고, 김치를 비롯하여 된장, 고추장, 깍두기, 젓갈 등은 발효(醱酵) 음식이라, 썩은 냄새와 같은 군내가 나는 발효 음식 냄새 그 자체에 코를 잡고 도망치는 외국 친구도 있다. 설악산과 지리산과 한라산이 좋다고는 하나 백두산은 가고 싶어도 나라가 남북(南北)으로 반세기 동안 분단(分斷)되어 가지 못하는 산이 되었고, 금강산은 간다고는 하나 동해(東海) 바다에서 포성(砲聲)이 울리면 그 날로 가지 못하는 산이 된다. 불행(不幸)한 사례(事例)이기는 하나 어떤 사람들은 남북(南北) 분단(分斷) 지점(地點)에 있는 판문점(板門店)을 한국의 상징으로 떠올리기도 한다.

일본에 있으면서 나는 일본인들에게 가끔 일본의 상징(象徵)이 무엇이냐는 물음을 던진다. 그들도 우리처럼 여러 가지 나름대로의 상징을 들고 있지만 대체로 일본(日本)의 천황(天皇)과 국명(國名)과 국기(國旗), 국가(國歌)와 연호(年號), 도쿄(東京)와 후지산(富士山), 그리고 눈을 깜박이다가 기모노(着物)와 게이샤(藝者), 그리고 신칸센(新幹線)을 꼽는다. 또 다른 사람들은 사꾸라(櫻花)와 가부키(歌舞技)를 꼽기도 한다. 그렇다면 이들 일본의 상징들은 어떤 의미를 가지고 있을까?

천황에 대해서는 현재 일본 헌법의 제1조에서부터 8조까지 명문(名文)으로 기록되어 있다. 대개는 국사(國事) 행위는 하되 권한(權限)은 인정(認定)하지 않는 일본 국민(國民)의 총의(總意)의 상징으로 되어 있다. 이러한 점은 지구상에서 태평양과 대서양의 비슷한 위치(位置)에 떠 있는 두 섬나라인 영국과 일본이 공교롭게도 오랜 역사(歷史)를 가진 황실제(皇室制)를 현대 사회에서도 합법적(合法的)으로 유지(維持)하고 있어 참으로 묘(妙)하다는 생각이 든다. 일본의 천황도 영국의 왕권(王權)처럼 '존재(存在)는 하되 통치(統治)는 않는(being but not ruling)' 상징의 입헌(立憲) 군주(君主)이다.

역사적으로 일본의 천황은 야마토(大和) 지방의 토착(土着) 호족(豪族)이었다는 설(說)과 한반도(韓半島)에서 건너간 이주민(移住民)의 족장(族長)이었다는 설이 있으나 아직도 정설(定說)은 없다. 고서(古書)에 의하면 천황은 서기전(西紀前) 660년에 시작되었다고 하나 역사적으로 증명하기는 난감(難堪)하고, 사실(史實)로 설명할 수 있는 때는 4~5세기(世紀)부터이다.

9세기 이후의 정치는 무사(武士)나 귀족(貴族)들에 의하여 권력(權力)이 행사되었고, 천황이 다시 정치(政治)의 정점(頂点)에 서게 된 것은 메이지유신(明治維新) 이후이다. 그러나 이것도 제2차 세계대전에서 패배한 후에 천황 스스로가 현인신(現人神)이라는 것은 거짓이라고 공포한 후에 오늘처럼 '권력(權力) 없는' 상징적인 입헌 군주의 자리만 지키고 있다.

일본의 국호(國號)는 '닛뽄' 또는 '니혼'이라고 하는 '해가 뜨는 나라'라는 의미를 가진다. 이와 같이 일본인들이 자기 나라 이름을 '해가 뜨는 나라'라는 의미로 쓰기 시작한 것은 역사가 깊다. 7세기 초에 쇼오토쿠 태자(聖德太子)가 중국(中國)에 국서(國書)를 보내면서 '해가 뜨는 나라'라고 쓴 데서 연유(緣由)한다. 일본은 중국 대륙이나 한반도에 비하여 해가 먼저 떠오른다는 의미에서 착안(着眼)되었다. 현재 일본 헌법상 국호(國號)는 일본국(日本國)이다.

영어로는 물론 재팬(Japan)이라고 한다. 그 유래(由來)는 중국의 당나라에서 일본을 '지히 펜 쿠오(Jeh Pen Kuo)라고 부른 데서 유래한다는 설(說)과 마르코폴로가 일본을 지판구(Jipangu 또는 Zipangu)라고 여행기(旅行記)에서 쓴 것이 유래라는 설이 있다. 이 밖에도 중국의 남부 지방에서 일본을 얏푼(Yatpun)이라고 한 것을 네덜란드 사람들이 재팬(Japan)이라고 한 데서 유래한다는 설도 있다. 우리나라의 영문(英文) 이름이 서양(西洋) 사람들이 고려국(高麗國)의 발음(發音)인 코레아(Korea)라고 부른 데서 유래하는 것과 같이 단순(單純)한 것에 비하여 일본국의 영문 이름은 설이 많다.

우리나라의 국기(國旗)가 태극기(太極旗)이고, 영국(英國)의 국기가 유니온 잭(Union Jack)인 것과 같이 일본국의 국기는 흰 바탕에 붉은 동그라미를 그려 놓은 히노마루라고 부르는 일장기(日章旗)이다. 붉은 동그라미는 '떠오르는 태양'을 의미(意味)한다. 이런 연유가 있는 탓인지는 모르나 일본인들이 즐기는 대중(大衆) 도시락은 '흰쌀밥 한 가운데에 매실 장아찌를 박은 히노마루 벤또'이다. 제2차 세계대전 중에는 일본인들이 햇살이 퍼져나가는 히노마루를 사용하기도 하였으나, 전후(戰後)에는 가미카제(神風) 특공대(特攻隊)를 연상(聯想)하게 한다하여 국기(國旗)와 어울리지 않는다는 의견이 있었다.

일본 국기인 '떠오르는 태양(太陽)'과 연관하여 생각나는 한국의 두 정치인이 있다. 전두환(全斗煥) 시대(時代)가 지나고 노태우(盧泰愚) 시대(時代)가 저물어갈 때이다. 누가 노태우의 후계자(後繼者)가 되느냐 하는 문제로 한국 정계는 뜨겁게 타오르고 있었다. 그때 어떤 젊은 정객(政客)이 노태우 대통령 만들기에 혁혁한 공(功)을 세운 월계수회(月桂樹會)라는 단체의 새파란 젊은 회장을 대통령 후보로 '떠오르는 태양(太陽)'이라고 안하무인(眼下無人) 격(格)으로 말하여 양식(良識) 있는 사람들의 빈축(嚬蹙)과 함께 화제(話題)를 일으킨 일이 있다.

더욱이 이 대목은 노태우 대통령의 처(妻)인 영부인이 조카인 그 새파란 젊은이를 김영삼(金泳三)을 제치고 후계자로 삼으려고 노태우를 복아댔다는 사실이 최근에 밝혀져, 한국 정치의 실상(實像)이 무엇인가를 점지(點指)하게 하기도 하지만, 여하튼 그런 '떠오르는 태양'이 해프닝으로 끝난 것이 다행이었는지, 아니면 불행이었는지 모르겠다. 다만 정치란 그렇게 '떠오른 태양'처럼 간단하지 않다는 사실을 그들은 알았을 것이다.

일본의 국가(國歌)는 기미가요(君代)이다. 가사(歌詞)는 서기(西紀) 905년, 일본 최초(最初)의 시가집(詩歌集)인 고금화가집(古今和歌集)에 수록되어 있는 와카(和歌)이다. 지금으로부터 무려 1,000년 전에 지어진 가사(歌詞)라는 것을 생각하면 일본인들이 얼마나 정서적(情緒的) 전통(傳統)에 강(强)하고, 집착(執着)하고 있는가를 알 수 있고, 혀를 내두르지 않을 수 없다. 곡(曲)은 메이지유신 때에 붙여졌고, 1893년에 국가로 지정(指定)되어 지금까지 각종 행사에서 불리어지고 있다. 다만 천황(天皇)의 정치적(政治的) 행위(行爲)가 금지(禁止)된 지금도 그 노래를 국가로 불러야 하느냐 하는 점에 대해서는 일본인(日本人)들 사이에서도 왈가왈부(曰可曰否)가 있다.

도쿄(東京)가 일본의 수도(首都)이며 상징적인 도시(都市)라는 점은 두말할 필요가 없다. 동경(東京)이란 '동쪽에 있는 중심 도시'라는 뜻이고, 이에 비하여 일본에는 '서쪽에 있는 중심 도시'라는 의미의 경도(京都)가 있다. 우리가 일본의 동경(東京)과 경도(京都)를 제대로 알려면 먼저 일본에서 말하는 '미야코(都)'라는 말의 의미를 먼저 알아야 한다.

미야코란 원래 일본의 정치의 중심(中心)이던 천황(天皇)이 거주(居住)하는 도시(都市)를 의미했다. 일본에서 나라(奈良)와 교토가 특별한 의미를 가지고 있는 역사적인 도시인 까닭은 바로 천황이 살고 있던 도시였기 때문이다. 만일 일본의 역사에서 천황이 옛날처럼 지금까지 명실(名實) 공히 정치적 실권자(實權者)였다면, 지금도 수도(首都)와 도(都)는 완전히 일치하였을 것이나, 천황이 실권의 위치에서 상징의 위치로 전락(轉落)함에 따라 오늘날 동경에는 천황이 살고 있지만 도(都)가 아닌 '동쪽의 중심 도시'라는 의미의 동경(東京)이 되었다.

천황이 에도에 와서 살고 막부 정치의 중심이 에도에 오면서 우리가 일본의 역사에서 에도 시대(江戶時代)라고 부르는 시기(時期)부터 동경은 정치의 중심지로, 오사카는 경제의 중심지로, 교토는 역사·문화의 중심지로 분화(分化)되었다. 말하자면 현재의 동경은 일본의 미야코이자 수도인 셈이다.

19세기 중반(中半)의 도쿄 인구는 130만 명이었다. 20세기 초에

도쿄 타워

도쿄의 인구는 200만을 넘었고, 21세기 전야인 지금은 통칭 1,200
만 명이라고 하나 유동(流動) 인구를 포함하면 3,000만 명이 넘는
일본의 정치·경제·문화 인구가 집중된 지역이다. 어떤 의미에서는
일본의 모든 것을 응축(凝縮)시켜 에센스만 빼어 모아 놓은 일본
최대의 기능(機能) 도시(都市)라고 할 수 있다.

　게이샤(藝者)라는 말은 후지산(富土山)이나 사무라이(侍)라는 말
과 함께 외국인들이 일본의 상징으로 꼽고 있는 말이다. 게이샤란

에도 시대에 술자리에 나오던 무희(舞姬)나, 유곽(遊廓)에서 춤을 추며 흥을 돋우던 직업 여성들이 전신(前身)이라 한다. 간사이(關西) 지방에서는 같은 유의 여자를 게이코(藝子)라 하였고, 같은 유의 남자를 게이샤(藝者)라 불렀으나, 에도에서는 같은 유의 여자를 게이샤(藝者)라 하였다. 현재는 물론 일본 전체에서 대개 같은 유의 여자를 게이샤라 하고, 세계 모든 사람들이 게이샤라 하면 일본의 독특한 풍류(風流)의 직업 여성을 떠올리는 말이 되었다.

특히 일본의 게이샤는 특유(特有)의 헤어스타일에 전통적(傳統的)인 기모노(着物)를 예쁘게 차려 입고, 여관(旅館)이나 요정(料亭)에 나가 춤과 노래와 악기(樂器)로 손님을 즐겁게 해준다. 교토에 가면 굽이 높은 일본식 샌들을 신고 허리를 감싸는 일본 여성 특유의 허리띠를 두른 게이샤가 아름다운 수를 놓은 긴 팔 긴치마의 기모노를 뾰족하게 입고 거리를 걷고 있는 마이코(舞子)라고 불리는 10대 소녀(少女)들의 모습을 볼 수 있다.

지금도 도쿄의 긴좌와 스미다꾸의 무꼬지마에는 20여 곳의 고급 요정이 있고, 이곳에서 게이샤들이 일을 하고 있다. 정관계 인사들이 출입하고 있고, 옛날의 전통을 살려 복원(復原) 보존(保存)해야 한다는 소리도 있다. 일본 전통 음식과 삼미선을 비롯하여 현대적인 밴드가 등장한다.

일본의 기모노는 우리나라의 한복(韓服)과 같은 의미를 갖는다. 다만 한국의 치마, 저고리, 바지와 같은 한복은 남녀(男女)가 서로 다른 스타일의 저고리와 바지, 그리고 저고리와 치마를 입지만, 일본의 기모노는 남녀 공히 입는 옷이 아닌 여자들이 입는 여자들의 옷이라는 점에서 다르다. 보통 고급(高級) 견직물(絹織物)로 만들어지는 기모노를 일반 일본의 여성들은 설날과 성인식, 그리고 결혼식과 같은 특별한 날에 입는다. 기모노에서 가장 아름다운 기모노는 여성들이 결혼식 때에 입는 우치가케이다. 일반 기혼(旣婚) 여성들은 다섯 가지 무늬가 있는 긴 소매의 도메소데를 입고, 평상시(平常時)의 미혼 여성들은 후리소데를 입는다.

원래 일본의 게이샤는 홍등가(紅燈街)의 여성들이나 거리의 유녀(遊女)와는 달리 매춘(賣春) 행위(行爲)가 엄격히 금지되어 있고, 문자(文字) 그대로 예인(藝人)으로서의 자존심(自尊心)과 자긍심(自矜心)이 대단하다. 게이샤라고 하면 매춘(賣春)을 떠올리는 사람이 있을지 모르나 이러한 선입관(先入觀)은 한때 일부 지방의 게이샤들이 몸을 판 사례가 있었기 때문에 생긴 오해(誤解)이고, 우리나라의 황진이(黃眞伊)이와 논개(論介)를 매춘부(賣春婦)로 생각하는 것과 동일하다.

1970년대(年代)를 전후(前後)하여 일본인(日本人)들이 한국으로 무수히 건너와 소위 기생(妓生) 파티를 한 일이 있다. 우리나라의 1인당 국민 소득이 아마도 100달러에서 200달러에 불과했을 때이다. 한국에 오면 그들은 흔히 술집에 나와 있는 여성들의 몸을 원했고, 그러한 일본 남성들의 야수적(野獸的) 요구는 비단 한국뿐만 아니라 동남아(東南亞) 일대에서 끊이지 않아, 한때 일본인들은 '경제적(經濟的)인 동물(動物)(economic animal)'이라는 긍정적(肯定的)이면서도 약간의 부정적(否定的)인 의미가 담겨 있는 말로 불리어지다가 완전히 '성적(性的) 동물(動物)(sex animal)' 또는 '추악(醜惡)한 동물(動物)(ugly animal)'로 지탄받은 일이 있다.

술집이나 다방에 나와 일하는 여성의 몸을 탐닉(耽溺)한 희대(稀代)의 사건이 최근 한국에서 있었다. 살인범(殺人犯)으로 무기(無期) 징역(懲役) 중에 있던 신창원이라는 20대(代)의 젊은 죄수(罪囚)가 탈옥(脫獄)을 감행하여, 2년 6개월 동안 연인원(延人員) 100만 경찰을 따돌리고 유유히 돌아다니다가 20대의 여성과 아파트를 사 놓고 신방(新房)을 차렸다가 시민(市民)의 제보(提報)로 잡혀 세계 토픽이 된 일이 있다. 이 죄수(罪囚)는 도피(逃避) 행각(行脚)을 벌이는 동안에 무려 여덟 명의 술집 다방 여자들과 동거(同居)를 하였다.

세인(世人)들은 이 사건을 보고 신창원은 신출귀몰(神出鬼沒)한 재주를 가졌다고 하나, 나는 그렇게 생각하지 않는다. 문제(問題)는 왜 젊은 여인(女人)들이 살인범(殺人犯)을 숨겨 주고 동거(同居)하고 작당(作黨)하느냐에 있고, 그런 여자들이 여덟 명이나 있었는데도 왜 경찰(警察)은 마지막 여인을 빼놓고 나머지 일곱 여인(女人)들을 입건(立件)하지 않았느냐에 있다. 범인(犯人)을 잡기 위하여 범인의 '끄나풀'을 이용하려고 한다면 이는 현대(現代) 경찰이 아니라 고대(古代) 파수(把守)꾼에 불과하다는 것이 나의 생각(生角)이다.

나는 여기에서 세계(世界)의 여성(女性) 동지(同志)들에게 한 가지 말하고 싶은 것이 있다. '청춘(靑春)은 짧고, 팔(賣) 봄(春)은 없다'는 사실이다. 물론 가난한 나라에 태어나 환경(環境)의 영향(影響)을 받아 어리고 젊은 나이에 유흥가(遊興街)나 접대(接待) 업소(業所)에서 일은 할 수 있지만, 그렇다고 아름다운 청춘(靑春)의 '봄'을 팔기 시작하면 인생(人生)은 끝장이 난다는 사실을 알아야 한다.

일본의 상징이고 일본인(日本人)과 세계인(世界人)의 마음을 사로잡고 있는 산(山)은 물론 후지산(富土山)이다. 일본의 거의 중앙(中央) 한 복판에 위치하고 있고, 머리에는 봄 여름 가을 겨울 사시 사철 하얀 만년설(萬年雪)을 왕관(王冠)같이 쓰고, 어디에서 보아도 원통형(圓筒形)의 아름다운 모습을 잃지 않은 산이 바로 후지산이다. 무더운 여름철이라고 하더라도 만년설(萬年雪)을 이고 있는 후지산 주위의 골프장에서 운동을 할 때면, 다른 곳에서 경험할 수 없는 정취(情趣)를 느낄 수 있다.

어디에서 보아도 거의 같은 모습인 후지산의 높이는 3,776미터이고, 지금은 휴화산(休火山)이다. 1707년에 후지산에서 대분화(大噴火)가 있어 화산재가 도쿄까지 날아왔다. 물론 이 화산(火山)의 규모는 1000년대 전후에 있었던 것으로 고고(考古)학자들이 말하는 한국의 상징인 백두산(白頭山)의 대분화에 비하면 아무 것도 아니다. 백두산의 화산재는 만주(滿洲)에서 일본의 북쪽 땅까지 무수히 날아가 지층(地層)을 형성하였다는 것이 최근의 발표이다.

백두산의 화산 규모가 얼마나 컸었느냐 하는 것은, 산(山)이 폭발(爆發)하자 산신령(山神靈)이 노(怒)했다고 주민들이 동서남북으로 다 도망가 무인(無人) 대지(大地)가 되었고, 현재 만주 일대의 거대한 땅덩어리를 지배(支配)하던 한국의 발해(渤海)라는 나라가 망하고 말았다는 사실에서 알 수 있다. 이후(以後)에 발해가 있던 만주땅은 한동안 권력(權力)의 진공(眞空) 지대(地帶)가 되었다가 결국 대국(大國)인 중국(中國)땅이 되었고, 중국인(中國人)들이 장백산(長白山)이라고 부르던 백두산(白頭山)마저 최근에는 반 토막을 내어 중국의 영토(領土)로 주고 말았다.

후지산의 '후지(富士)'의 어원(語源)에 관해서는 여러 가지 학설(學說)이 있다. 아이누어(語)의 '후찌(火)'에서 유래한다는 설과 한국어(韓國語)의 '불(火)'에서 유래한다는 설, 그리고 말레이어(語)의 '멋지다'는 뜻인 '푸지'에서 유래한다는 설이다.

후지산 꼭대기에는 센겐진자(淺間神社)라는 유명한 절이 있는데, 이 절이 일본에서 얼마나 유명한가 하면 일본 전역(全域)에 동일(同一)한 절 이름이 무려 1,300여 개에 달(達)하는 것만 보아도 알 수 있다.

후지산은 일본에서 특히 많은 예술가(藝術家)들의 사랑을 받는 산이다. 사진(寫眞) 작가(作家)의 경우에는 '활짝 핀 사꾸라에 걸쳐 보이는 후지산'의 아름다운 모습을 가장 잘 찍는 것이 평생 소원이고, 시인(詩人)과 화가(畫家) 역시 후지산에 대한 시와 그림을 짓

후지산과 벚꽃

고 그리지 않은 사람이 없을 정도이다. 전국에 있는 산과 마을, 그리고 상점(商店)과 상호(商號)들에 '후지(富士)'라는 단어가 들어가 있는 것은 부지기수(不知其數)이다. 후지산 북쪽에는 화산(火山) 작용(作用)에 의하여 생겨난 다섯 개의 아름다운 호수(湖水)가 있고, 여름철이면 호수에서 열리는 화려한 마쯔리(祝祭)가 유명하다.

한국에는 판소리와 국극(國劇)과 같은 독특한 민속(民俗) 창(唱)과 극(劇)이 있지만 일본에는 가부기(歌舞技)라는 아주 독특한 상징물이 있다. 17세기 초 한 무녀(巫女)가 춘 염불(念佛) 춤에서 유래하는 춤과 노래와 무용을 같이 하는 종합(綜合) 예술(藝術)의 하나이다. 한국의 국극은 극중 인물을 모두 여자들이 하고 있는 것에 반하여 일본의 가부키는 모두 남자가 하는 것이 특징이다.

일본 전통(傳統) 스포츠의 상징은 스모(상박, 相撲)와 유도(柔道)이다. 한국의 씨름과 같이 일본에서 민속(民俗) 대중(大衆)의 대단한 인기를 끌고 있는 스모는 일본의 신화(神話) 시대(時代)부터 이어져 내려오는 전통 스포츠이고, 하나의 훌륭한 직업(職業) 스포츠이다. 현재의 방식(方式)은 약 300여 년 전에 확립된 것으로 알려져 있다.

거구(巨軀)를 뒤뚱거리며 경기장에 올라온 스모 선수들은 우선 온 힘을 다하여 바닥을 밟아 다지는 동작(動作)을 한다. 이러한 동작은 시꼬(四股)라는 스모오 기본(基本) 동작(動作)이기도 하지만, 땅을 밟아 악기(惡氣)를 없애고 새로운 정기(精氣)를 불어넣는다는 일본 신앙(信仰)에서 유래하는 행위이다.

우리나라 씨름의 천하장사(天下壯士)와 같이 스모 선수들 중에 가장 영광스러운 자리는 요꼬즈나(橫綱)이다. 요꼬즈나는 바로 아래 등급인 오오제기(大關)에서 '연속(連續) 두 차례' 우승(優勝)을 하든가 이에 버금가는 선수에게만 주어지는 칭호(稱號)이다. 300년 스모 역사에 요꼬즈나에 오른 선수는 70명도 되지 않는다는 사실을 보면 요꼬즈나가 되기가 얼마나 어렵고, 요꼬즈나의 명예(名譽)가 얼마나 대단한가를 알 수 있다.

우리나라의 태권도(跆拳道)와 같이 일본 전통 스포츠의 하나이고 지금은 올림픽 경기에도 들어 있는 일본의 유도(柔道)는 약 100여 년 전에 고오도깐(講道館) 유도가 창시(創始)됨으로써 정착한 스포츠이다. 유도는 부드러운 것이 능히 힘 센 것을 이긴다는 유능제강(柔能制剛) 정신에서 출발하고, 상대방(相對方)의 힘과 체중(體重)을 이용하여 넘어뜨리는 것이 특징이다. 일본에서는 강도관 유단자(有段者)라면 대단한 명성(名聲)이 있다.

우리나라에도 그런 강도관 유도 선수가 있다. 대구(大邱) 출신(出身)의 신도환(辛道煥)이 바로 강도관 유도 유단자이다. 지금은 원로(元老) 정치인(政治人)으로 알려져 있지만, 젊어서 황소의 뿔을 잡고 황소를 넘어뜨렸다는 신화(神話)와 같은 실화(實話)를 가진 신도환은 메이지대학(明治大學) 법학과(法學科) 재학(在學)중에 강도관 유단자가 되었고, 한때 일본(日本)과 조선(朝鮮), 그리고 만주(滿洲) 와 대만(臺灣)을 포함하는 전 일본(全日本) 대학 유도 선수(選手) 유망(有望) 챔피언이었다.

신도환은 1960년 4·19 당시, 대한반공청년총본부 단장으로 반공 청년단을 동원하여 고려대학교(高麗大學校) 학생들을 습격한 깡패 의 두목(頭目)이라는 누명(陋名)을 쓰고 4·19혁명재판(革命裁判)에 회부(回附)되었으나 무죄(無罪) 판결을 받았고, 그러한 무죄 판결자 를 5·16군사혁명(軍事革命)에 성공한 박정희(朴正熙)가 다시 잡아 넣어 사형(死刑)을 구형(求刑)하고 무기(無期) 선고(宣告)를 해서 10 여 년 간 감옥(監獄)에 가두어 놓았으나, 다시 정계(政界)에 투신 (投身)하여 박정희 시대에 한국 야당(野黨)의 거두(巨頭)가 된 인물 이다.

그가 정치적으로 재기(再起)하여 박정희를 만나 정치(政治)와 유 도(柔道)의 관계를 설명한 대목은 일본의 상징인 유도를 이해(理解) 하는 데 크게 도움이 된다. 신도환은 박정희에게 정치는 유도에서 와 마찬가지로 '둥그런 원(圓)이 되어야 하며, 솜과 같이 부드러워 야 한다'고 충고(忠告)했다. 유도 시합에 나가보면 상대가 힘이 세 고 뻣뻣할 때는 별로 두렵지 않으나, 상대방을 잡았을 때에 몸이 둥그런 원(圓)과 같이 유연(柔軟)하고 솜과 같이 몸이 부드러우면, 아무리 유도에서 백전백승(百戰百勝)을 거둔 명선수라고 하더라도 어찌할 도리(道理)가 없어 쩔쩔맨다는 사실을 알려 주었다. 강공(強 攻) 일로(一路)로 치닫던 박정희에게 신도환이 유도와 정치를 비유 (比喩)하여 충고(忠告)한 말이다.

일본(日本) 육사(陸士)를 나와 한국의 장군(將軍)이 되고 쿠데타 를 일으켜 대통령(大統領)이 된 박정희이지만, 박정희는 일본의 검 도(劍道)는 잘 알았어도 유도는 몰랐던 모양이다. 검도를 좋아했던 박정희는 정치도 검도처럼 무자비(無慈悲)한 총칼을 휘둘러 18년이라는 장기(長期) 집권(執權)을 하다가 결국은 자기 부하이며 동창생인 중앙정보부(中央情報部, KCIA) 장(長)의 총(銃)을 맞고 세상을 하직(下職)하여 파란만장(波瀾萬丈)한 일생을 불운(不運)으로 마감했다.

중국 근현대 여덟 마당

중국(中國)은 역사(歷史)가 깊은 나라이다. 중국은 인구(人口)가 많은 나라이다. 중국은 인류 4대 문명(文明) 발생지(發生地)의 하나이며, 인류의 기원(起源)으로 알려진 북경(北京) 원인(猿人)이 살던 곳이라 중국의 역사는 유구(悠久)하다고밖에 할 수 없다. 중국의 땅은 아시아 대륙의 거의 전부를 차지하고 있고, 중국인의 수는 전 세계(全世界) 지구촌(地球村) 인구 60억 중에 12억(億) 이상을 차지한다.

오랜 세월 동안 천하(天下)의 중심(中心)으로 요지부동(搖之不動)하게 아시아 대륙에 앉아 태연자약(泰然自若) '자기 땅'만 지키고 있던 중국을 어느 사이에 도처에서 무주공산(無主空山)으로 인식하고 덤벼드는 세력들이 있었다. 1,000년 세월 내내 변방(邊方)의 읍조림만 받아오던 중국에게 총과 칼을 들이대며, 우격다짐을 하는 세력들이었다.

영국(英國)이 바로 그런 세력의 대표(代表)였다. 천하(天下) 군자(君子)인 중국은 멀리 조그마한 영국이라는 해양국(海洋國)을 맞아

한판의 승부(勝負)를 내었으니, 역사는 이를 아편전쟁(阿片戰爭)이
라 한다. 이때가 중국이 근대화(近代化)의 물결을 처음 맞은 때이
다.

그 후 중국은 세계(世界) 열강(列强)들의 시달림을 받아야 했고,
국내외(國內外)에서 일어나는 역사(歷史)의 격랑(激浪)을 견뎌내야
했다. 태평천국(太平天國) 운동(運動)과 의화단(義和壇) 운동, 그리
고 신해혁명(辛亥革命)을 겪어야 했으며, 5·4운동과 북벌(北伐) 전
쟁(戰爭), 노동자(勞動者) 농민(農民)의 무장(武裝) 혁명(革命)과 항
일(抗日) 운동, 그리고 인민(人民) 해방(解放) 전쟁(戰爭)을 겪어야
했다.

20세기는 중국을 모르고 살 수 있었는지 모르나, 21세기, 2000
년대(年代), 새로운 1000년에는 중국을 모르고는 살 수 없는 시대
가 될지도 모른다. 그 큰 땅과 그 큰 인구가 인류의 첨단(尖端)을
걷는 날이 21세기에는 올 것이고, 그렇게 된다면 세계(世界)의 정
치(政治), 경제(經濟), 문화(文化), 사상(思想), 과학(科學)의 맨앞, 또
는 중심(中心)에 중국은 우뚝하게 설 것이다.

길고 긴 중국의 역사를 다 피력할 수 없기에 고대사(古代史)와
중세사(中世史)는 접어두고라도 중국의 근대화 과정과 현대화 과정
속에 들어 있는 중국의 고통(苦痛)과 그 고통 속에서 배양(培養)한
힘의 원천(源泉)을 이해하기 위하여 우리는 중국의 근대사(近代史)
와 현대사(現代史)만은 한 번쯤 더듬어 보아야 할 필요를 절감(絶
感)하지 않을 수 없다. 물론 이 글은 세계가 공산(共産) 세력(勢力)
과 자유(自由) 세력(勢力)으로 양극화(兩極化) 되었던 1940년대(年
代)에서 1970~80년대의 반제국주의(反帝國主義)와 반공산주의(反
共産主義)의 시각(時角)이 아니다.

21세기의 세상(世上)은 반제(反帝)와 반공(反共)의 논리(論理)를
떠난 시기가 될 것이고, 세계(世界) 정신 사상을 지배하는 어떤 새

로운 시대(時代) 조류(潮流)와 사상(思想)이 대두할지 모른다. 그런 의미에서도 반공(反共)과 반제(反帝)의 시각을 떠나, 21세기의 주축(主軸)으로서의 중화인민공화국(中華人民共和國)과 중국 인민(人民)의 시각으로 중국(中國)의 근현대사(近現代史)를 더듬어 보는 일이 중요하다.

특히 중국의 현대사(現代史)는 한반도(韓半島)의 현대사(近現代史)에서 중요한 위치를 점한다. 한반도는 남북으로 분단(分斷)되어 북쪽은 중국과 소련(蘇聯)의 영향을 받았고, 남쪽은 미국(美國)의 영향을 받아왔다. 1950년 한국의 남북(南北) 전쟁(戰爭) 시기에 중국은 북쪽을 지원했고, 미국은 남쪽을 지원하였으며, 승자(勝者)도 패자(敗者)도 없는 휴전(休戰) 고착(固着) 상태에 들어가 2000년을 맞아도 굳게 닫힌 남북(南北)의 창(窓)은 열리지 않고 있다.

한국에는 세월(歲月)이 약(藥)이라는 속담(俗談)이 있다. 이 말은 중국과 한국, 한국과 일본, 일본과 중국이 근현대사(近現代史)에서 어떤 관계에 있었던가를 실감(實感)나게 설명해주는 말이 된다. 적(敵)과 동지(同志), 그리고 우방(友邦)과 적국(敵國)이 따로 없는 국제(國際) 정치(政治) 질서(秩序)의 변화무쌍(變化無雙)함은 정말 세월이 약이 아니고서는 고칠 수 없는 병(病)들이었다. 따라서 이러한 역사의 길목을 더듬어 보면서 일본인(日本人)이 일본의 시각으로, 한국인(韓國人)이 한국의 시각으로 중화인민공화국(中華人民共和國)의 근현대사(近現代史)를 이해한다는 것은 중국(中國)의 역사가 가지고 있는 진실(眞實)을 왜곡(歪曲)할 염려가 있다.

나는 여기에서 중국인(中國人)의 시각(時角)에서 중국인들이 말하는 중국의 근현대사(近現代史)를 펼쳐보고자 하는 것이다. 그 중에서도 특히 중국에 큰 영향을 준 중국 근현대사(近現代史)의 여덟 마당을 상장(上場)해보고자 한다.

첫째 마당, 아편전쟁

청조(淸朝) 이후의 중국 정치는 부패(腐敗)와 실정(失政)의 연속이었고, 경제는 도탄(塗炭)에 빠졌다. 이에 비하여 서방 열국(列國)은 산업혁명(産業革命)으로 자본주의의 상승(上昇) 기류(氣流)를 타고 있었다. 이 기류에 편승한 영국이 중국 대륙을 넘보며, 중국인(中國人)들이 대연(大煙)이라고 부르는 아편(阿片)을 중국 인민들에게 공급(供給)하며 중국을 약탈(掠奪)하기 시작했다.

총과 칼로 타국(他國)을 무력(武力) 침략한 사례는 허다(許多)하나 아편과 같은 마약(痲藥)을 이용하여 상대국(相對國) 국민(國民)을 파멸(破滅)로 이끌려고 획책(劃策)한 영국을 빼고는 그 사례는 없다. 아편의 밀매(密賣)가 얼마나 무서운 것인가 하는 것은, 만일 오늘의 중국이 오늘의 영국을 상대로 현대 사회의 마약인 히로뽕을 대량(大量) 공급한다면 영국은 과연 어떻게 할 것인가만을 생각해보아도 알 수 있다. 그럼에도 불구하고 당시의 영국은 당시의 중국을 아편으로 범람(汎濫)하게 하였다. 천인공노(天人共怒)할 일이며, 하늘도 땅도 용서(容恕)할 수 없는 만행(蠻行)이었다.

영국의 아편이 입에 박힌 중국인들은 서서히 다시는 인간(人間)으로 돌아올 수 없는 마약(痲藥) 환자(患者)로 병들어갔다. 가산(家産)을 팔아 아편을 사는 것은 물론이고, 실제로 어떤 사람은 아들과 딸을 팔아 아편을 샀다. 이때에 중국인에게 경각심(警覺心)을 불러일으키는 말은 '대포(大砲)를 두려워 말라'는 것이었다. 그까짓 것 대포가 사람을 몇 명이나 죽인단 말인가. 대포보다 더 무서운 것이 아편(阿片)의 연기(煙氣)였다.

아편(阿片)의 연기는 청조(淸朝)의 망운(亡運)을 예고(豫告)나 하려는 듯이 조정(朝廷)을 어둡게 했다. 조정의 명을 받은 청백리(淸白吏) 임측서가 광주(廣州)에 가서 영국의 아편 밀매(密賣) 두목(頭目)인 덴트(Lanclot Dent)를 체포(逮捕)하려 하였으나 영국 측은 덴트가 도망치도록 했다. 임측서는 영국의 상관(商館)을 습격하여 도망간 덴트를 체포하고, 아편을 내놓도록 함과 동시에 아편 밀매 업자들과 결탁되어 있는 공직자(公職者)들을 처벌(處罰)하여, 한 달에 무려 237만 근(萬斤)의 아편을 몰수(沒收)하였다.

1839년 6월, 임측서는 광주 근교의 호문진(虎門鎭) 백사장(白沙場)에 병사들을 동원하여 두 개의 큰 구덩이를 팠다. 전국 각지에서 구경온 사람들이 수천만 명이나 되어 인산인해(人山人海)를 이루었다. 천지(天地)를 진동하는 예포(禮砲) 소리와 함께 임측서가 지휘대에 올라 그 웅덩이에 아편을 붓고 생석회를 넣도록 했다. 바닷물과 생석회의 작용(作用)으로 불을 붙이지 않았는데도 아편은 검붉은 불꽃과 함께 하늘로 타올라 치솟았다. 다시는 중국인이 아편에 손을 대지 않는다는 결의(決意)에 찬 한 편의 드라마와 같은 장면이었다.

호문진 아편 소각 사건이 영국에 전해지자, 영국은 동방원정군(東方遠征軍)을 급파(急派)하여 이른바 아편전쟁이 시작된다. 영국군은 임측서가 방어(防禦)하고 있는 곳을 피하여 절강성(折江省)의 정해(定海)와 천진(天鎭)을 공격하고, 중국인을 살육(殺戮)하며 청조(淸朝)를 압박했다. 드디어 광주가 함락(陷落)되었다.

광주 근교인 삼원리에서 채소를 기르던 사람들이 계속되는 영국의 만행에 견디다 못해 100여 곳의 향촌(鄕村) 사람들에게 연락하고 삼성기(三星旗)를 높이 들고 영국군의 진지(陣地)를 포위하고 공격했다. 이때에 중국 인민들 사이에 정부(政府)는 영국군을 두려워하고, 영국군은 중국 인민을 두려워한다는 말이 퍼졌다. 영국군은 이러한 중국 인민의 저항(抵抗)에도 불구하고 남경(南京)을 함락시켜 중국 근대 사상 첫번째 불평등(不平等) 조약(條約)인 남경조약(南京條約)을 맺는 수모(受侮)를 받게 된다. 굳게 닫혔던 중국의 문은 결국 영국의 군함(軍艦)과 대포에 의하여 열렸고, 중국은 반봉건 반식민 사회로 전락(轉落)하지 않을 수 없었다.

나라나 여자나 신세 팔자는 마찬가지이다. 한 번 당한 여자는 연거푸 당하기 마련이고, 한 번 당한 나라도 연거푸 당할 위기(危機)에 처한다. 광주 천진을 제 손에 넣은 영국은 프랑스와 미국과 함께 아홉 차례에 걸쳐 조약(條約)의 수정을 강요(强要)하였다. 청조가 이들의 요구를 거절하며 광주를 회복하고, 밀수선(密輸船)의 수병(守兵)들을 체포했다.

이때에 광서(廣西)에 잠입(潛入)하여 수년 간 못된 짓을 하던 프랑스인을 체포하여 사형(死刑)에 처하는 사건이 나타났다. 이 소식을 들은 영국은 프랑스와 연합(聯合)하여 제2차 아편전쟁을 일으켰다. 다시 전함(戰艦)을 보냈다. 미국과 러시아도 합세(合勢)하였다. 중국은 어쩔 수 없이 제2차 불평등(不平等) 조약(條約)에 서명(署名)하지 않을 수 없었다.

영불(英佛) 연합군(聯合軍)의 중국에 대한 능욕(凌辱)은 거기에서 그치지 않았다. 한 번 당한 여인(女人)이 야수(野獸)들의 연이은 강간(强姦)을 막을 수 없듯이 한 번, 두 번 불평등 조약에 고개를 숙인 중국에 대한 영불(英佛)의 침략은 계속되었다. 천진(天津)이 함락되고 지상(地上)의 거대(巨大)한 나라인 중국의 상징인 북경(北京)에까지 그들은 쳐들어오고 있었다.

여인(女人)의 하체(下體)와 가슴을 완전히 정복(征服)한 야수나 마찬가지였다. 세상에 인간(人間)의 심신(心身)을 갉아먹는 아편이라는 마약(痲藥)을 팔지 못하게 한다고 남의 나라를 이렇게 약탈, 침략하는 나라가 이 지상에서 영국을 빼고 그 어떤 나라가 있었단 말인가. 차라리 몸둥아리를 훌랑 벗고 전부(全部) 내놓으라고 하는 것이 낫지, 여인에게 마약을 사도록 강요하고, 사지 않는다고 해서 발가벗기는 야만인(野蠻人)이 어디에 있단 말인가.

북경에는 자금성(紫禁城)과 더불어 원명원(圓明園)이라는 2대(大)

고궁(古宮)이 있었다. 황궁(皇宮)인 원명원에서 황제의 30세 생일 파티가 열리고 있었다. 1950년 6월 24일 밤, 북한(北韓) 공산군(共産軍)들은 남침(南侵)을 하기 위하여 38선(線) 전역(全域)에서 공격(攻擊) 준비를 하고 있을 때에 한국의 수도 서울의 육군(陸軍) 본부(本部) 장교 클럽에서는 장교들의 파티가 열리고 있었던 것과 마찬가지였다. 영국군과 프랑스군은 중국과 북경의 심장부(心臟部)인 원명원 파티장(場)을 공격(攻擊)했다. 놀란 황제는 후궁(後宮)과 함께 도망쳤다.

원명원(圓明園)의 약탈(掠奪)이 시작되었다. 어떤 영국군은 황금탑(黃金塔)을 전리품(戰利品)으로 훔치고, 어떤 프랑스 지휘관(指揮官)은 10만 프랑의 물건을 가져갔다. 진귀(珍貴)한 중국의 역사적 유물(遺物)과 보물(寶物)들이 한순간에 코가 큰 영국과 프랑스 군인들의 군복(軍服) 속에 들어갔다.

신사(紳士)는 신사를 낳고 야만(野蠻)은 야만을 낳는다. 승리감(勝利感)에 도취(陶醉)한 영국군과 프랑스군은 원명원의 약탈이 끝나자마자, 말을 타고 황궁 밖으로 나가 사위(四圍)를 포위(包圍)하고 불을 지르라는 나팔을 불었다. 그 순간, 아름다움의 극치(極致)였던 원명원은 삽시간에 불길에 휩싸여 한줌의 재가되고 말았다. 여인을 겁탈(劫奪)하고 여인의 한쪽 가슴을 잘라 불을 지르는 것과 같은 야만적인 행위였다.

누가 그런 영국과 프랑스를 문명(文明) 문화(文化)의 나라라 할 것인가. 원명원의 만행(蠻行)을 기억하지 않는 자(者)만이 영국을 젠틀(gentle)이라 하고, 프랑스를 문화라고 할 것이다. 원명원을 불사른 영국과 프랑스는 다시 불평등조약을 강요하며, 만일 말을 듣지 않는다면 남아 있는 자금성(紫禁城)마저 불태우겠다고 협박(脅迫)했다. 남아 있는 여인의 한쪽 가슴마저 도려내 불태우겠다는 것과 마찬가지였다. 중국은 이미 야수(野獸)들의 요구를 뿌리칠 힘이 없었다. 다시 중국은 영국, 프랑스, 미국, 러시아 등과 제3차 불평등조약을 맺었다. 이때에 러시아는 10만 평방미터의 중국땅을 제 땅으로 만들었다.

이것이 바로 중국인이 말하는 아편전쟁(阿片戰爭)이다. 인류 사상 그 유례를 찾아 볼 수 없는 전쟁이었고, 중국 역사상 전례(前例)를 찾을 수 없는 모욕(侮辱)이었다. 비록 이 국난(國難)을 통하여 중국이 근대화의 길에 접어들었다고는 하나 중국(中國)과 중국인(中國人)으로서는 영원히 잊지 못할 국치(國恥)였으며, 세계인들이 영국의 만행(蠻行)을 손가락질하게 하며, 영국인 스스로가 문명 문화 영국의 역사(歷史)에 찍어 놓은 오점(汚點)이었다.

둘째 마당, 태평천국 운동

태평천국(太平天國) 운동은 중국의 근세사(近世史)의 한 페이지를 장식하는 농민(農民) 운동이며, 농민 정권(政權) 건국(建國) 운동이었다. 청조(淸朝)에 반항하여 이와 같은 농민 정권 운동이 중국을 휩쓴 까닭은 중국 인민들이 아편전쟁 이후에 심한 경제적 어려움에 빠져 민심(民心)이 이탈(離脫)하였기 때문이었다.

태평천국(太平天國) 운동자(運動者) 홍수전은 여러 차례 과거(科擧) 시험을 보았으나 낙방(落榜) 거사(巨事)만 거듭한 광동(廣東)의 농민이었으나, 기독교(基督敎)의 영향을 받아 평등(平等) 사상(思想)이 강하던 인물이었다. 학당(學堂)을 만들어 자신의 사장을 전파(傳播)하고, 민중(民衆)을 이끌고 감왕묘(甘王墓)를 파괴(破壞)하여 일시에 중국 농민의 이목(耳目)을 집중(集中)시켰다.

때마침 가뭄이 들어 기아(饑餓)가 극심했다. 홍수전은 드디어 농민들로 구성된 태평천국(太平天國)을 건국(建國)하고, 스스로 천왕(天王)이 되어 모든 병사들에게 붉은 두건(頭巾)을 매게 하여 청조와 대항하기 시작했다. 상주, 평남, 연안을 점령했다. 청군(靑軍)이

태평천국 점령지(占領地)에 군사적(軍事的) 압박과 경제적(經濟的) 제재를 가했으나, 악마(惡魔)를 제거(除去)하고 중원(中原)을 깨끗이 청소(淸掃)한다는 태평천국은 오히려 기세(氣勢)가 등등하여 가락, 계양, 침주를 함락하고, 백만대군(百萬大軍)을 이끌고 남경(南京)을 공격하여 수중에 넣은 다음에 천경(天京)이라 개칭(改稱)하였다.

이때부터 태평천국은 북벌(北伐) 서진(西進) 전략(戰略)으로 중국 천지를 들끓게 한다. 북벌(北伐)이란 북쪽에 있는 청조(淸朝)의 소굴(巢窟)인 북경을 정벌한다는 것이고, 서진(西進)이란 양자강(揚子江) 일대를 점령한다는 것이다. 드디어 태평천국(太平天國)의 북벌군(北伐軍)이 천진(天津)을 점령하였다. 북경(北京)은 놀라지 않을 수 없었다. 태평천국의 서진군(西進軍)이 양자강 유역(流域)을 공격하자 놀란 청조는 대운하(大運河)의 둑을 무너뜨리고 성(城)이 물에 잠기게 하였다. 태평천국군(太平天國軍) 승승장구(乘勝長驅)였다. 안경, 구강, 한구가 함락되고, 무창(武昌)을 확보하였으며, 무한, 단양을 장악했다. 강북(江北)과 강남(江南) 일대가 태평천국이 된 것이다.

전세(戰勢)가 이렇게 되자 청조는 아무리 태평천국군을 진압(鎭壓)하려고 하여도 별 효과가 없었다. 급기야 청조는 미국(美國)의 서양(西洋) 부대(部隊)에게 도움을 요청하고, 증국번의 상군(常軍)과 이홍장의 회군(淮軍)을 동원한 연합군(聯合軍)으로 태평천국을 공격한다. 홍수전은 곤경(困境)에 처했다. 병사(兵士)들에게 풀을 먹으면서라도 싸우라고 독려(督勵)할 정도였다.

결국 홍수전은 전쟁중에 세상을 떠나고, 태평천국(太平天國)이라는 중국 농민 정부의 문은 닫힌다. 비록 실패(失敗)로 끝나기는 하였지만, 중국인들은 이 짧은 태평천국 속에서 근대사에 빛나는 농민(農民)의 영웅적(英雄的)인 투쟁(鬪爭)과 업적(業績)을 자랑스럽게 생각하고 있다.

셋째 마당, 피로 물든 황해

한 번 당하면 영원히 당한다. 영국(英國)에 겁탈을 당한 중국은 이어서 프랑스와 일본의 겁탈을 당하여 만신창이(滿身瘡痍)가 된다. 서북(西北) 지역은 러시아가 빼앗고, 동북(東北) 지역은 일본이 강점(强占)하려 하고, 동남(東南) 지역은 미국과 일본이 엿보고, 서남(西南) 지역은 영국과 프랑스가 노려보고 있었다. 이러한 심각한 상황에서 중국은 중불전쟁(中佛戰爭)과 중일전쟁(中日戰爭)을 각각 치른다.

프랑스는 월남(越南)의 남부(南部)를 강점(强占)하고, 북부(北部)를 침략하며, 중국의 서남(西南) 지역에 침을 흘렸다. 1883년 드디어 프랑스는 순화(順化)를 공격하고, 양산(諒山)과 대만(臺灣)을 공격했다. 마강(馬江)을 공격하여 복건(福建) 해군(海軍) 함정(艦艇) 7척을 부수고 700여 명을 수장(水葬)시켰다. 이어서 프랑스군은 육지(陸地)를 공격하기 시작하여 국경(國境)의 요새(要塞)인 진남군(鎭南關)을 공격하고 폭파(爆破)했다.

메이지유신(明治維新) 이후 일본은 조선(朝鮮)과 중국(中國)을 침략할 기회를 엿보고 있었다. 그때에 청군(淸軍)은 조선반도(朝鮮半島)의 한양(漢陽)과 평양(平壤), 그리고 아산만(牙山灣) 일대에 주둔(駐屯)하고 있었다. 일본은 한양(漢陽)과 인천(仁川)을 점령하고, 차차 청군(淸軍)을 압박(壓迫)해왔다.

일본군은 선전(宣戰) 포고(布告)도 없이 아산만 앞에 있는 풍도(風島)에 정박(停泊)해 있는 중국 군인(軍人) 수송(輸送) 전함을 습격하여 대파(大破)시키고 좌초(坐礁)하게 하였다. 700여 중국 군인의 피가 아산만(牙山灣)을 붉게 만들었다. 이어서 아산(牙山) 육상(陸上) 청군(淸軍) 주둔지(駐屯地)를 공격하고 평양(平壤)의 청군(淸軍)을 공격했다.

중국의 북양(北洋) 함대(艦隊)가 압록강(鴨綠江)과 대동강(大洞江)

사이를 순양(巡洋)하고 있을 때였다. 난데없이 미국(美國) 깃발을 단 열 두 척의 전함이 보였다. 중국의 북양 함대는 태연자약(泰然自若) 순항(巡港)하고 있을 때에 일본 깃발로 바꾸어 달고 공격해 왔다. 중국 전함을 지휘하던 정여창이 부상을 당하고, 250여 명의 중국 해군들이 순국(殉國)했다. 아산만에 이어 대동강 앞 바다도 중국인의 피로 붉게 물들었다. 북양 함대는 피로 물든 조선반도의 황해(黃海)에서 눈물을 머금고 위해로 철수(撤收)했다.

한 번 쫓기면 영원히 쫓긴다. 조선반도에서 달아나는 청군(淸軍)을 보자 일본군(日本軍)은 이번에는 육지(陸地)와 해상(海上)을 동시(同時)에 공격(攻擊)해왔다. 육군은 압록강(鴨綠江)을 도강(渡江)하여 대련(大蓮)을 함락하고, 10일만에 심양(沈陽)을 공격했다. 해군은 요동반도(遼東半島)에 상륙(上陸)했다.

청군(淸軍)은 완전히 전의(戰意)를 잃었다. 싸우지도 않은 채 도망(逃亡)을 치고 일본군이 쳐들어온다는 풍문(風聞)만 듣고 도망치는 군사들이 많았다. 일본군으로서는 싸우지도 않고 중국땅을 제 땅으로 만드는 순간이었다. 여순(麗順)을 함락하고, 위해(威海)를 포위(包圍)하고, 유공도(劉公島)에 있던 북양(北洋) 함대(艦隊)를 공격했다. 속수무책(束手無策)이었다. 정여창은 독약(毒藥)을 먹고 자살(自殺)했다. 역사는 이때에 시모네세끼 조약을 맺게 하여 중국은 일본의 식민지(植民地)로 변하고 민족(民族)의 위기(危機)가 심화(深化)되게 하였다.

넷째 마당, 의화단 광풍

의화단(義和壇)이란 원래(元來) 의화권(義和拳)이라는 권술단(拳術團)의 총칭(總稱)이고, 의화권의 하부(下部) 조직(組織)이 의화단(義和壇)이었다. 권력자(權力者)는 권력을 유지하기 위하여 외세(外勢)의 수모(受侮)를 견디지만 백성(百姓)은 외세의 수모를 받기보다는 죽음을 선택(選擇)한다. 의화단 운동이 바로 중국을 강점하려는 영국을 비롯한 외세에 죽음으로 항거(抗拒)한 중국 인민(人民)의 혈투(血鬪)였다.

의화단 운동이 본격적(本格的)으로 중국 전체에 퍼지기 전에 중국의 몰락(沒落)을 안타까워하는 강유위(康有爲)와 양계초(梁啓超)와 같은 사람들의 유신(維新) 운동(運動)이 있었다. 강유위는 봉건 관료 집안에서 태어나 일찍이 홍콩 등지를 돌며 서학(西學)에 관심을 가졌고, 외세(外勢) 침략(侵略)에 맞서는 상소문(上疏文)을 올리고 광주에 신식(新式) 학관(學館)을 세워 소위 변법 이론을 설파(說破)하였다.

과거(科擧) 시험을 보러 북경에 와서는 각처에서 온 거인(擧人)들을 조직하여 공차상서(公車上書)를 작성하였고, 순식간에 수천 명이 서명(署名)하여 일대 파란을 불러일으켰다. 통치자(統治者)를 에워싸고 있는 사람들은 공차상서를 통치자가 보지 못하게 하였으나, 공차상서의 내용은 통치자만 보지 못할 뿐, 이미 신문(新聞)에 보도되어 북경 시민을 비롯하여 중국 전체 인민들이 돌려가며 보아 다 아는 사실이 되었다. 민의(民意)를 차단(遮斷)하는 아부(阿附)꾼들은 동서고금(東西古今)을 통틀어 어느 나라 어느 궁중(宮中)이든 있기 마련이다.

자금성(紫禁城)의 황제(皇帝)는 뒤늦게 그 내용을 알고 강유위 양계초 등을 궁중에 불러 중책을 맡기고 소위 명정국시(明定國是)를 발표하여 유신(維新) 작업을 하였으나, 권력을 장악(掌握)하고 있던 이화원의 태후(太后)에 의하여 100일 유신으로 끝이 나고 만다. 역시 좋은 일은 단명(短命)하다는 속설(俗說)이 들어맞은 셈이다.

유신 운동이 실패한 후에 중국에서는 산동성(山東省) 일대에서 출발한 의화단(義和壇) 광풍(狂風)이 천진(天津)과 북경(北京)을 비롯하여 전국(全國)을 휩쓸어 외세(外勢)의 굴욕(屈辱)과 압박(壓迫)에 의연히 항거(抗拒)한다. 산동성의 농민(農民)과 수공업자들이 조직한 반제(反帝) 사상(思想)과 반침략(反侵略) 반서교(反西敎) 사상, 그리고 권술(拳術)을 연마(硏磨)하던 민간(民間) 민중(民衆) 운동 단체였다.

의화단은 처음에 백성들의 원성(怨聲)을 사고 있는 서양 교회당(敎會堂)을 습격(襲擊)하고 서양 선교사(宣敎師)를 축출하였다. 외국 침략자들은 청조(淸朝)에게 교회와 선교사의 보호를 위하여 산동성 일대의 의화단을 평정(平靜)해줄 것을 요청하였고, 이를 구실로 청조는 세 차례나 산동성 일대에 평정군(平靜軍)을 파견하였지만 뜻을 이루지 못하였다. 마을 입구의 큰 나무마다 의화단원들의 목을 매달아 피가 뚝뚝 떨어지고 있었다.

권부(權府)의 힘이 강한 것처럼 보이지만 사실은 총칼을 들지 않은 백성의 힘이 더욱 크다. 청조가 이렇게 군대를 동원하여 의화단을 진압(鎭壓)하려고 하였지만, 의화단의 불길은 꺼지지 않고 천진(天津)을 거쳐 북경(北京)의 중심지(中心地)까지 타올랐다. 도시마다 농촌마다 의화단의 깃발이 펄럭이고, 권봉(拳棒)을 훈련하는 함성(喊聲)이 중국 천지를 진동했다.

영국을 비롯한 외세들은 8국(國) 연합군(聯合軍)을 조직하여 천진(天津)에서 기차(汽車)를 타고 북경(北京)으로 진주(進駐)하려고 하였다. 이 소식을 들은 의화단은 곳곳에 있는 철도(鐵道)를 제거하여, 8군 연합군은 천진에서 떠나 4일 동안에 겨우 60킬로미터밖에 전진하지 못하였고, 도처에서 잠복(潛伏)해 있는 의화단의 습격을 받아 결국은 철로(鐵路)를 버리고 운하(運河)를 통하여 뿔뿔이 흩어져 도망쳤다. 의화단은 도망치는 군마저 박멸(撲滅)시키기 위하여 긴 칼과 큰 창을 휘둘렀다. 민중(民衆)들은 이러한 용감한 의화단에게 '승리(勝利)의 떡(병, 餠)'과 녹두 탕을 가져와 전사(戰士)

들을 격려하였다.

8국 연합군은 재차 집결하여 천진을 공격해왔다. 이때에 의화단 수령(首領) 장덕성(張德成)의 그 유명한 '소꼬리 백병전(白兵戰)'이 시작된다. 장덕성은 황소 열 마리를 끌고 적진(敵陣) 앞에 가서 소꼬리에 기름을 발라 불을 붙였다. 난데없이 꼬리에 불이 붙은 황소들이 이리 뛰고 저리 뛰어 적진(敵陣)을 파고들었다. 그 순간을 이용하여 수령과 단원들이 일시에 외적(外敵)을 향하여 돌진(突進)하여 대승(大勝)을 거두었다. 중국인(中國人)의 지혜(知慧)를 보는 한 장면(場面)이다.

그러나 백성은 힘이 부족했다. 결국 천진이 함락되었고, 적군은 운하의 양쪽 하변(河邊)을 통하여 북경으로 진주했다. 북경이 함락되자 외적은 무자비(無慈悲)한 학살(虐殺)과 살육(殺戮)을 거듭하여, 중국인의 피가 끓게 하였던 의화단 운동은 붕괴(崩壞)하고 만다. 이로써 의화단의 불은 꺼지고, 외세의 수모를 받던 중국 정부에 이어 중국인의 양심(良心)마저 외세의 수모를 받아야 하는 신축조약(辛丑條約)이 체결된다. 천하를 지배하던 중국과 중국인에게는 참을 수 없는 고통(苦痛)의 날들이었다.

다섯째 마당, 신해혁명

중국의 근대사(近代史)에서 러시아는 항상 불난 집에 부채질하며 뛰어든 도적(盜賊)과 같은 짓을 했다. 영국을 비롯하여 8국(國) 연합군이 중국을 침략(侵略), 강점(强占), 약탈(掠奪)하는 있는 와중(渦中)에 러시아가 뛰어들었다. 그렇지만 이때가 하북(河北)과 동북(東北)의 의화단(義和壇)은 전성기(全盛期)를 이루어 마을마다 권술(拳術)의 함성이 지축(地軸)을 흔들 때이다.

러시아가 갑자기 17만 대군(大軍)을 동원하여 동부(東部) 지방을 총공격했다. 흑룡강(黑龍江)을 점령하여 닥치는 대로 민가(民家)에 불을 지르고, 약탈(掠奪)과 겁탈(劫奪), 그리고 살인(殺人)과 간음(姦淫) 등 온갖 악행(惡行)을 일삼았다. 가장 처참한 상처를 받은 곳이 해란포(海蘭泡)였다. 러시아 군대(軍隊)는 양민(良民) 7천여 명을 총칼과 기마(騎馬)로 위협하며 끌고 가다가 흑룡강에 이르러 급류(急流) 속에 몰아넣었다. 흑룡강은 순식간에 원한(怨恨)에 사무친 아비규환(阿鼻叫喚)이 되었다. 살아서 도망쳐 나온 사람은 불과 80여 명밖에 되지 않는다고 중국의 역사는 기록(記錄)하고 있다. 같은 날 러시아 군은 강동(江東) 64둔(屯)에도 갖은 만행(蠻行)을 저질렀다.

이와 같은 8국 연합군과 러시아 군의 침략을 받은 중국은 인민들이 무장(武裝) 항쟁(抗爭)을 하는 계기를 만들었다. 이때에 나타난 지도자(指導者)가 1911년 신해혁명(辛亥革命)이라는 중국 근대사의 한 획(劃)을 그은 손문(孫文)이라는 손중산(孫中山)이다. 한국(韓國)과 일본(日本)에서는 신해혁명이라면 손문을 떠올리지만, 중국인들은 손문과 더불어 추용(鄒容)과 진천화(陳天華)를 꼽는다.

손문은 광동성(廣東省) 농가(農家) 출신이다. 소년 시절에 형을 따라 하와이의 호놀루루에 가 있었고, 청년 시절에 의과(醫科) 대학을 다녀 의사(醫師)가 되었다. 태평양 한복판에서 손문은 기울어 가는 중국(中國)의 운명을 보며, 사람의 병을 고치는 의사(醫師)가 되기보다 병든 나라를 구하는 의사(義士)가 되어야 한다는 청운(靑雲)의 뜻을 품고 흥중회(興中會)를 건립(建立)하였다. 혁명(革命)의 기치를 높이 들고 무장(武裝) 봉기(蜂起)를 일으켰으나 결국에는 실패하여 영국(英國)으로 간다.

그러고 보면 태평양 한복판에 떠 있는 하와이라는 섬은 20세기에 두 혁명아(革命兒)를 기르는 혁명(革命)의 기지(基地)이다. 한국의 독립 투사 이승만이 하와이에서 조선의 독립을 요구하는 혁명의 기지로 삼았고, 중국의 선각자(先覺者) 손중산이 중국의 해방(解

放)을 위하여 혁명의 열기를 태웠다.

지금은 고인(故人)이 되었지만 미국 CIA의 한국 에이전트(agent)를 하던 한 친구는 박정희(朴正熙)가 김형욱(金炯旭)을 프랑스 파리에서 납치(拉致)하여 관(棺) 속에 넣어 비행기로 싣고 왔다는 말을 한 일이 있다. 청조(淸朝)도 런던에서 손문을 잡아 관(棺) 속에 넣어 중국으로 데리고 와서 죽이려 하였으나 영국인 은사(恩師)의 도움으로 가까스로 죽음의 함정(陷穽)에서 살아났다.

손문은 의화단의 힘을 빌려 광주(廣州)의 혜주(惠州)를 공격하여 초전(初戰)에는 승리를 하였으나 결국 실패하여 일본(日本)으로 망명(亡命)한 후 도쿄에 중국동맹회(中國同盟會)를 조직했다. 그가 주장하는 민족(民族) 민권(民權) 민생(民生)의 삼민주의(三民主義)는 이미 열강(列强)의 신음(呻吟) 속에 허덕이는 중국인의 양식(糧食)이요 복음(福音)의 사상(思想)이 되었다.

추용과 진천화도 이 동맹의 선봉(先鋒)에 섰다. 추용은 사천성(四川省)의 부유(富裕)한 상인(商人)의 아들이었다. 자비(自費)로 일본에 유학(留學)간 추용은 손문과 의기(意氣) 투합(投合)하여 청조(淸朝)를 전복(顚覆)시키지 않고는 중국을 구할 수 없다는 『혁명군(革命軍)』이라는 책을 집필(執筆)하였고, 이 책은 은연(隱然)중에 중국 전역(全域)에 퍼졌다.

진천화(陳天華)는 호남(湖南)의 가난한 선비의 아들이었다. 일본으로 유학간 그는 도쿄 유학생들의 애국 혁명 운동에 가담하여 세상(世上)에 경종(警鐘)을 울린다는 『경세종(警世鐘)』이라는 책을 저술하여 중국 사회에 큰 영향을 준다. 손문(孫文) 추용(鄒容) 진천화(陳天華) 세 사람의 삼민주의(三民主義)와 혁명군(革命軍), 그리고 경세종(警世鐘)으로 무장한 상해(上海)와 북경(北京), 그리고 도쿄(東京)의 학생들은 러시아에 항거하는 중국 인민들과 힘을 합하여 중국 근대사(近代史)에 최초(最初)의 거대(巨大)한 애국(愛國) 학생

(學生) 운동(運動)으로 비화(飛火)한다.

러시아의 잔인(殘忍)에 항거하던 인민들은 일본 도쿄 유학생들이 의거(義擧)하였다는 소식을 듣고 대러시아 항쟁(抗爭)의 뇌관(雷管)이 폭발(爆發)했다. 상해(上海)에 전국에서 온 1천여 명의 지사(志士)들이 모여 국민공회(國民公會)를 설립하였고, 북경(北京)에서는 경사대학당(京師大學堂)의 학생들과 선생들이 대대적인 집회(集會)를 열었다. 이로써 러시아에 대한 항쟁(抗爭)의 불길은 전국으로 퍼졌다.

일본에 망명하였던 손문은 말레이시아 반도의 비낭도에 상륙하여 광주를 중심으로 봉기(蜂起)하려는 계획을 세웠다. 혁명에는 혁명 자금이 필요했다. 손문은 즉시 해외(海外)에 나가 자금을 모으기 시작했다. 일시에 거금(巨金)이 모였다. 바로 무기(武器)를 구입해 광주(廣州)에 잠입(潛入)한 다음, 비밀(秘密) 조직(組織)을 통하여 민중(民衆)에게 나누어주고, 다시 혁명 자금을 모으기 위해 해외로 나갔다. 무한(武漢), 무창, 한양에서도 무장 봉기가 일어났다.

혁명(革命)의 열기(熱氣)는 대단했다. 1911년이었다. 신해년(辛亥年)이었다. 혁명은 대성공(大成功)이었다. 속속 각성(各省)이 청조(淸朝)를 이탈(離脫)하여 독립하고 있었다. 청조(淸朝)는 이미 기울기 시작했다. 혁명에 성공한 각 성의 대표들이 상해(上海)에 모였다. 해외에 있던 손문도 귀국(歸國)했다. 그리고 남경(南京)에 중화민국(中華民國) 임시 정부를 세우고, 손중산을 임시 대총통(大總統)으로 추대(推戴)했다.

남경(南京)에는 임시 정부가 세워졌으나 북경(北京)에는 아직 청조(淸朝)가 있었고, 황제(皇帝)는 이빨 빠진 호랑이 신세였다. 북양(北洋) 군벌(軍閥) 원세개(遠世介)는 청조(淸朝)로부터 해직(解職) 당하여 귀향(歸鄕)하여 강(江)가에서 신병(身病) 치료를 핑계 삼아 낚싯대만 드리우고 있었다.

손문이 원세개에게 공화제(共和制)를 찬성하고, 청(淸) 황제(皇帝)를 퇴위(退位)하게 하면 대총통(大總統)으로 추천하겠다고 사람을 보냈다. 원세개는 답변도 하지 않고 계속 낚싯대만 드리우고 있었다. 왜 그랬을까? 원세개는 강가에서 낚싯대를 드리우고 있으면서도 북양(北洋) 대군(大軍)을 자기 손안에 넣고 청조(淸朝)의 심장(心臟)을 차지하려는 야심가(野心家)였다. 결국 청조는 황족(皇族) 내각(內閣)을 해산하고 원세개를 총리대신(總理大臣)에 임명했다.

일거(一擧)에 원세개는 청조(淸朝)의 군권(軍權)과 정권(政權)을 잡았고, 청조(淸朝)의 명(命)을 빙자(憑藉)하여 혁명군(革命軍)을 공격함과 동시에 북양대군을 이용하여 북경(北京)을 치도록 했다. 원세개는 요즘 우리가 흔히 말하는 이중(二重) 플레이를 한 것이다. 청조(淸朝)는 원세개의 야심(野心)에 굴복하여 세상을 하직(下職)하였다.

청(淸) 황제(皇帝)가 퇴위(退位)하였다는 소식을 들은 손중산은 급히 원세개에게 남경(南京)으로 와서 임시 대총통에 취임하면 환영하겠다는 전보(電報)를 보냈다. 그러나 그런 말을 들을 원세개가 아니었다. 북경(北京)은 중원(中原)이다. 중원을 차지한 원세개가 북경을 떠날 것인가. 어림도 없는 소리였다. 할 수 없이 남경 정부가 북경으로 천도(遷都)하기로 하였고, 원세개는 북경에서 대총통에 취임하였다. 이리하여 신해혁명(辛亥革命)으로 청조(淸朝)는 붕괴되었으나, 그 열매는 원세개가 따먹게 되었다.

여섯째 마당, 국공합작

나는 이 글의 모두(冒頭)에서 한국(韓國)과 일본(日本)과 중국(中國)은 서로 시각(視覺)의 차이가 있다는 말을 했다. 그 말의 뜻을 알지 못하는 한국인(韓國人)은 이 테마부터 전개(展開)되는 중국사(中國史)의 문맥(文脈)을 보고 크게 충격을 받을지 모른다. 특히 기성(期成) 세대(世代)들은 충격과 함께 필자(筆者)에게 항의(抗議)할 지도 모른다.

그러나 역사(歷史)에는 굴곡(屈曲)과 마찰(摩擦)이 있는 것이고, 그 굴곡과 마찰에서 파생(派生)한 감정(感情)을 세월이라는 묘약(妙藥)으로 되새김을 하지 못한다면 역사의 발전은 없다. 지금은 2000년대 21세기 2100년대에 있다. 그럼에도 불구하고 우리가 역사를 20세기의 안목(眼目)에서 그대로 본다면 21세기(世紀)의 맹인(盲人)이 된다.

20세기 초반의 한국과 중국, 중국과 일본, 일본과 한국의 상대적(相對的) 시각은 20세기 중반(中半)에 와서 제2차 세계대전 후에 상당히 변했다. 이때의 한국(韓國)과 중국(中國), 중국(中國)과 북한(北韓)의 역사는 모택동(毛澤東)의 아들이 한국전쟁(韓國戰爭)에서 타계(他界)할 만큼 심한 굴곡과 마찰이 있었다. 그 충격에서 벗어난 것이 20세기의 마지막 10년이었으며, 지금은 그 구각(舊殼)을 완전히 벗어난 21세기이다. 따라서 그런 의미에서 앞으로 나올 중국사의 마당들을 읽고 이해해야 할 것이다. 나는 이곳에서부터 완전히 중화인민공화국(中華人民共和國)의 시각에서 단어(單語)들을 축출(逐出)하여 서술하게 될 것이다.

의화단(義和壇) 열풍(熱風)과 신해혁명(辛亥革命)을 거치면서 중국은 노동자(勞動者)와 농민(農民)들이 적극적으로 혁명(革命) 역량(力量)을 모은 후 최후(最後)의 승리(勝利)를 탈취(奪取)한다는 역사의 방향을 걷게 된다. 1919년, 그러니까 우리나라에서는 일제(日帝)의 탄압(彈壓)에 항거하는 기미년(己未年) 3·1운동이 폭발하던 해이다.

제1차 세계대전이 끝난 후 파리에서 전승국(戰勝國)들이 모여 중국의 산동성(山東省) 일대를 일본(日本)에 할양(轄讓)하기로 했다. 이 소식을 전해들은 중국이 발칵 뒤집혔다. 북경대학(北京大學) 학생들은 인산인해(人山人海)를 이룬 강당에서 부당성(不當性)을 피로 토해냈다. 5월 4일 소위 5·4운동이 발발했다. 동맹(同盟) 휴학(休學)을 외치는 북경 시내 10여 개 대학의 학생들과 군중(群衆)들이 천안문(天安門) 광장에 모여 성토(聲討)했다. 정부는 1천여 명의 학생을 연행했다.

그러나 전국 각지에서는 북경대학생들을 지지하는 성원이 쇄도(殺到)했다. 상해(上海)에서는 200만 인파(人波)가 모여 북경대학생들의 요구를 지지하고 격려했다. 상해의 방직 공장을 비롯하여 공장 노동자들도 북경대학생들을 동조(同調)하여 동맹(同盟) 파업(罷業)을 단행했다. 상해의 상인(商人)들도 철시(撤市)했다. 산동성(山東省)에서는 신화문(新華門)에 군중이 운집(雲集)하여 항의하고, 일본과 유럽에 유학했던 대학생들이 급거(急遽) 귀국(歸國)하여 정부에 항의했다.

5·4운동은 중국에 중국(中國) 공산당(共産黨)을 탄생시키는 계기가 되었다. 이대교는 일본에 유학하여 마르크스주의에 심취(心醉)하였고, 5·4운동 한 해 전에 귀국한 이후에 북경대학의 도서관(圖書館)에 근무하면서 중국에 공산주의를 전파한다. 이때에 청년 모택동(毛澤東)이 북경에 와서 이대교를 만나 민중대연합(民衆大聯合)이라는 유명한 글을 발표한다.

청년 주은래(周恩來)는 일본으로 유학을 갔다가 귀국 후에 천진(天津) 학생 연합회에 합류하여 5·4운동에 참가한다. 이어서 보다 많은 서구 문물에 접하는 고학(苦學)을 하기 위하여 프랑스 파리로 간다.

이대교는 소련에서 파견(派遣)한 코민테른 대표자를 자금성(紫禁城)에서 만난 중국 공산주의 소조를 만든다. 이때부터 중국 각지에서 공산주의(共産主義) 소조들이 조직된다. 모택동은 악록산(岳麓山)에서 공산주의 소조를 만든다. 무안, 광주(廣州), 제남 등에서도 공산주의 소조가 성립한다. 파리에서도 도쿄에서도 중국 유학생들의 공산주의 소조가 탄생했다.

1921년, 모택동은 상해(上海)에 와서 역사적(歷史的)인 중국 공산당 제1차 대표대회에 참가한다. 중국 공산당은 이 해에 전국 노동자운동을 이끄는 중국노동조합서기부(中國勞動組合書記部)를 설립하고, 곧이어 홍콩에서는 대규모 부두(埠頭) 노동자들의 파업(罷業)이 발행한다. 광주의 노동자들도 일어섰다. 안원(安源)의 광산(鑛山) 노동자들도 궐기(蹶起)했다. 유소기(劉少奇)도 노동자 구락부를 만들었고, 안원의 광산과 철도 노동자들이 파업을 단행했으며, 유소기는 생사를 걸고 자본가와 담판(談判)을 했다.

북양 군벌이 노동자들의 파업을 저지하기 위하여 투입되었다. 북양 군벌은 공산주의 지도자들을 잡아 전신주(電信柱)에 묶어 놓고 칼질을 하였으며, 몸에 세 발의 총을 맞고도 '노동자 만세'를 외치는 공산당원이 있었다. 공산주의를 외치는 노동자의 파업은 대도시를 비롯하여 전국적으로 퍼져나갔다.

이때에 손중산(孫中山)은 연이은 좌절(挫折) 속에 탄식(歎息)만 하고 있었다. 이대교가 상해로 가서 손중산을 만나 공산당과 합작(合作)할 것을 권하고 동의(同意)를 받았다. 이른바 국공합작(國共合作)이다. 이어서 1924년 국공합작이 된 국민당(國民黨) 제1차 전당대회(全黨大會)가 상해에서 열리고, 연소(聯蘇) 연공(聯共) 부조농공(扶助農工) 3대 강령(綱領)을 채택했다. 이를 가리켜 중국 현대사는 국공합작(國共合作) 반제(反帝) 반봉건(半封建) 통일(統一) 전선(戰線)의 형성이라고 한다. 그 결과 1차적으로 나타난 것이 황포군관학교(黃捕軍官學校)이고, 장개석이 교장(校長)에 취임하고 주은래(周恩來)는 정치부(政治部) 주임(主任)이 된다.

황포군관학교에서는 우수한 간부들을 대량 배출하였다. 국공(國共)의 모든 역량을 단결시키기 위하여 광동(廣東) 혁명(革命) 정부

(政府)는 국민(國民) 정부(政府)로 개조(改造)되었다. 그리고 국공(國共) 모든 군대가 국민(國民) 군대(軍隊)로 통합(統合)되었다.

이때에 상해(上海)와 청도(靑島)의 공장 노동자들이 궐기하자 일본 군대들이 처참(悽慘)하게 진압하였다. 학생들과 민중들이 일어나 추도대회(追悼大會)를 열고 일제(日帝)에 항거했다. 외국인 조계를 지키는 경찰들은 발포까지 하였다. 항의 시위 행렬을 그래도 흩어지지 않았다. 중국 역사가 말하는 이른바 1925년 5·30사건이다.

다음 날 유소기(劉少奇)가 상해에서 20만 대중과 함께 파업을 단행했다. 5만 상해 학생들이 학교를 박차고 거리로 나왔다. 상점들도 철시했다. 이를 계기로 중국 공산당은 상해(上海) 공상학(工商學) 연합회(聯合會)를 조직하고, 20만 명이 참가하는 상해(上海) 시민(市民) 궐기(蹶起) 대회(大會)를 연다. 이후 50여 일 간 홍콩과 광동에서도 같은 시위(示威)가 계속된다.

이렇게 하여 전국 노동자 농민 운동이 성숙하여 남방(南方) 군벌(軍閥)을 평정(平靜)하고 광동(廣東)에 국민 혁명 정부의 근거지(根據地)를 확보한다. 남방 군벌을 제압한 노동자 농민들은 북양(北洋) 군벌(軍閥)의 정벌(征伐)을 외쳤다. 드디어 국민 혁명 정부가 북벌(北伐) 기치를 힘차게 내걸고 선전(宣戰) 포고(布告)를 했다.

북양 군벌은 호남(湖南)과 호북(湖北)에 20만, 강서(江西)와 복건(福建) 절강(浙江)에 20만, 동북 3성과 북경 천진에 30만을 주둔하고 있었다. 국민군은 세 방향으로 진격했다. 장사교와 하승교의 공격에서는 포로(捕虜)만 2천 명 이상을 잡았다. 호남(湖南) 호북(湖北)이 순식간에 함락했다. 무한, 무창, 강서, 복건, 절강, 남창이 차례로 손을 들었다. 복주(福州)는 싸우지도 않고 손을 들었다. 이리하여 북벌군은 전국 7성(省)을 종횡무진(縱橫無盡) 파죽지세(破竹之勢)로 몰고 들어갔다. 국공합작 국민군의 대승(大勝)이었다.

무한과 무창은 혁명의 기지였다. 승세(勝勢)를 탄 광동 국민당

정부와 국민당 중앙이 무한으로 옮겨왔다. 이때에 국민군 총사령관(總司令官)은 장개석이 천도(遷都)를 반대했다. 장개석은 국민당 중앙의 간부를 맡고 있던 공산당원을 모조리 사직시키고, 당(黨)과 군(軍)의 대권(大權)을 장악한 후에 쿠데타의 기초를 닦고 있었다.

사태의 심각성을 인식한 중공(中共)에서 파견한 주은래(周恩來)는 상해에서 노동자 무장(武裝) 봉기(蜂起)를 조직하고, 장개석 반동(反動) 군대와 격전(激戰)을 벌여 승리했다. 호남과 호북에서는 장개석 반동에 대항하는 농민들이 궐기하여 농민 협회를 조직했고, 모택동은 이들을 지도하기 위하여 무한에 농민강습소를 만들었다.

중국 내전(內戰)으로 위협을 느낀 제국주의자(帝國主義者)들과 매판(買辦) 자본(資本) 지주(地主)들이 기득권(既得權)을 보장하기 위하여 장개석과 정치적 거래를 하고 자금을 원조했다. 장개석은 북벌군은 상해로 부르고, 남경(南京)에 주둔하여 일체의 공산당 행동을 금지하는 포고령을 내렸다. 반공(反共) 백색(白色) 공포(恐怖)가 시작된 것이다. 그러자 상해의 10만 노동자들은 장개석에 항의하는 시위를 벌였다. 장개석 군대가 시위 군중을 습격하여 상해는 피바다가 되었다.

이른바 중국 역사가 말하는 장개석의 4·12쿠데타가 성공하여 남경 정부가 성립한다. 중국 공산당이 노동자 농민들이 가꾸어 놓은 북벌(北伐)의 열매가 채 익기도 전에 장개석은 그 열매를 따먹으려고 쿠데타를 일으킨 것이다. 이로써 북벌(北伐)의 이상(理想)에 불타던 국공합작 정신은 일장춘몽(一場春夢)이 되었다.

장개석의 반공(反共) 사냥은 동지(同志)의 가슴에 총을 겨누는 비정(非情)의 만행(蠻行)이었다. 그는 국민당 군대에게 홍군(紅軍)을 격퇴(擊退)하라는 엄명(嚴命)을 내렸다. 그러나 도처에서 국민당 군대와 홍군은 서로 싸우려고 하지 않았다. 싸워 봐야 피차(彼此) 피만 흘리고 손해만 날 일이었다. 특히 장학량의 동북군(東北軍)과 양호성의 서북군(西北軍)은 홍군과의 연합으로 항일할 것을 원하였지, 장개석의 명령에 따라 홍군과 싸우기를 원치 않았다. 비밀리에 동북군의 장학량이 홍군의 주은래를 만나 뜻을 같이 했다. 서북군 역시 마찬가지였다. 서로 대치(對峙)는 할망정 전투는 하지 않았다.

노기충천(怒氣衝天)한 장개석이 비행기를 타고 서안(西安)으로 직접 날아와 장학량과 양호성을 질타(叱咤)하며 총공격(總攻擊)을 명령하고 돌아갔다. 그래도 홍군과 동서북군은 싸우는 척만 하였고 실제로 싸우지는 않았다. 화가 난 장개석이 다시 비행기를 타고 서안으로 와서 홍군을 공격하든지 물러나든지 하라는 호령(虎令)을 내렸다. 장학량은 울면서 서로 싸우면 안 된다고 세 시간이나 장개석에게 화평(和平) 연공(聯共) 항일(抗日)을 간청했다. 장개석은 눈물의 호소를 뿌리쳤다. 마지못해 장학량과 양호성은 병간(兵諫)을 했다. 제 부하들과 제 병력들 속에 갇힌 신세가 된 장개석은 당중앙이 파견한 주은래의 도움으로 마지못해 '내전(內戰) 중지(中止)와 항일(抗日) 연합(聯合)'에 서명하고 풀려나 도망치다시피 남경으로 갔다. 남경으로 돌아간 장개석은 제 버릇을 개에게 주지 못하고 또다시 반공(反共)의 칼을 갈며 멸공(滅共)의 포탄(砲彈)을 날렸다.

일곱째 마당, 만리장정과 항일 봉화

이제 만리장정(萬里長征)에 대하여 말할 때이다. 한국인은 인물(人物)을 표출(表出)시키기를 좋아하는 반면에 중국인은 인물(人物)이 아니라 인민(人民)을 표출하는 경향이 있다. 장개석의 쿠데타 이후에 중국 역사에 있었던 파란만장(波瀾萬丈)한 중국 공산당의 장정(長征)을 한국인들은 '모택동(毛澤東)의 장정(長征)'이라고 하고, 중국인들은 '사회(社會) 장정(長征)'이라고 하는 것만 보아도 그렇다. 중국 근현대사(近現代史)의 일곱째 마당에 들어서는 이 대목에서 말하는 만리장정(萬里長征)이라는 타이틀은 한국인들이 말하는 '모택동(毛澤東)의 장정(長征)'이다.

장개석의 반공(反共) 사냥이 계속되자 당중앙위원회는 전적위원회(前敵委員會)를 구성했다. 전적위원회란 문자 그대로 적(敵)인 장개석 세력 앞에서 싸우는 공산당 최전선(最前線) 집단이다. 주은래(周恩來)가 서기(書記)로 임명되었다. 하룡이 20군을 이끌고 주덕이 군관교도단을 이끌고, 엽정이 철군(鐵軍)으로 알려진 21군을 인솔했다.

당은 곧 무장(武裝) 봉기(蜂起)를 결의했고, 주덕은 적군(敵軍) 3개 사단장을 유인하여 마작을 두고 있는 사이에 남창에서 총성(銃聲)이 울렸다. 적군은 계속 투항하고 노동자 농민들의 홍기(紅旗)는 계속 적의 지휘부(指揮部) 지붕 위에 휘날렸다. 모택동은 '정권(政權)은 총구(銃口)에서 나온다(槍杆子面出政權)'라는 유명한 말과 함께 농민들에게 토지(土地) 혁명(革命)과 추수(秋收) 무장(武裝) 폭동(暴動)을 선언한다.

호남(湖南) 강서(江西) 호북(湖北) 광주(廣州)에서 무장 폭동이 일어났다. 전세(戰勢)는 불리하였다. 모택동은 적을 직접 공격하는 전술(戰術) 대신에 농촌으로 숨어드는 전술을 채택하여 삼만(三灣)에서 인민군(人民軍)을 창설하였다. 광주의 노동자 농민들은 봉기하여 광주 노동자 농민 정권의 성립을 정식 선포하였으나 끝내 붕괴되고 말았다.

모택동의 추수 봉기 부대가 정강성에 도착하여 토호(土豪)들로부터 토지를 몰수(沒收)하여 농민들에게 나누어주고 혁명의 기지를 만들었으며, 주덕이 이끄는 남창 기의 부대가 정강성에 도착하여 모택동과 합류해서 승리의 해후(邂逅)를 하였다. 역시 이 지역에 당(黨)이 이끄는 노동자 농민 정부가 세워졌고, 중국 농공(農工) 홍군(紅軍)으로 개편되었다. 당대표는 모택동, 사령관(司令官)은 주덕이었다. 얼마 되지 않아 팽덕회가 이끄는 홍군도 정강산으로 왔다.

이어서 전국 각지에 노동자 농민 정부가 성립했다. 농민과 노동자, 당 간부와 군인이 따로 없었다. 누구 하나 빼지 않고 자기들이 필요한 물품을 자급(自給) 자족(自足)했다.

노동자 농민의 정부가 도처에서 성립되고 홍군에 대한 환영이 전국적으로 퍼지자 국민당의 장개석은 불안했다. 10만 대군(大軍)으로 혁명의 근거지를 공격했다. 홍군이 이겼다. 다음은 20만 대군을 끌고 왔다. 또 홍군이 이겼다. 장개석은 30만 대군을 이끌고 직접 공격에 참가했다. 그래도 이겼다. 이때의 중앙 홍군은 10만 명이 되었고, 각 지방의 홍군은 30만 명으로 불어났다. 전국의 토지 혁명도 최고조(最高潮)에 도달했다.

전국에 홍기(紅旗)가 나부끼자 장개석은 100만 병력(兵力)이라는 거대한 군사를 이끌고 공격해왔다. 전세(戰勢)는 역전(逆戰)되었다. 장개석 군대가 승승장구(乘勝長驅)하고 홍군이 고전(苦戰)했다. 홍군이 견딜 수 없었다. 중앙 홍군은 장정(長汀) 영화(寧化)를 출발하여 만리장정(萬里長征)이 시작되었다. 상강(湘江)에서 홍군의 손실(損失)은 대단히 심각했다. 귀주를 거쳐 존의(遵義)에 도착했다. 정치국 확대 회의를 열어 모택동이 당중앙의 대표임을 확인하고, 장정을 계속하여 간신히 적(敵)의 포위망(包圍網)을 벗어날 수 있었다. 험산(險山)과 대초원(大草原)을 거쳐 회녕(會寧)에서 홍(紅) 1·2·4군(軍)이 합류(合流)하여 혁명의 기세(氣勢)를 높였다.

글로는 너무 짧은 표현이다. 100만 대군(大軍)의 장개석에게 쫓기면서 온갖 희생(犧牲)을 무릅쓰고 불굴(不屈)의 의지(意志)로 단결(團結)하여 결행(決行)한 일대 서사시(敍事詩)였고, 쫓기면서도 승리(勝利)하고, 죽어도 죽지 않는 만리장정은 위대한 중국 현대사의 서막(序幕)이 되었다.

강서에서 섬북까지는 1만 2천 킬로미터이다. 이 길고 험한 길을 모택동(毛澤東) 일행과 홍군(紅軍)과 중국공산당(中國共産黨)이 한

줄로 서서 걸었다. 문자(文字) 그대로 장정(長征)이다. 처음에 선두(先頭)에서 맨 끝까지 걷자면 무려 1주일이 걸리는 길이였다.

피의 제전(祭典)이었다. 처음 한 달 동안에 잃은 홍군만 2만 5천여 명이었다. 상강(湘江) 도하(渡河) 작전(作戰)에만 3만여 명을 잃었다. 푸른 강물 빛이 피로 물들었고, 강둑에는 희생자(犧牲者)가 즐비했다. 광서(廣西)의 통도(通道)에 이르렀을 때는 그 많던 병력(兵力)이 불과 3만으로 줄었다.

대도하를 정복한 홍군이 티베트를 향하여 진군(進軍)할 때에는 해발 4천 미터가 넘는 대설산(大雪山)이 가로막고 있었다. 우기(雨期)에는 300킬로미터가 넘는 대초원이 늪지대로 변하였고, 주위는 동서남북(東西南北)을 분간할 수 없는 삼림(森林) 지대(地帶)였으나, 그들은 그 늪과 그 숲을 뚫고 나가야 했다. 장정을 마칠 때는 8천여 명의 홍군이 겨우 살아 남아 있었다.

그들은 산맥(山脈)을 여덟이나 넘었고, 강(江)을 일곱이나 건넜다. 열 두 개의 성(星)을 가로질렀고, 소수 민족 자치구를 여섯 곳이나 통과(通過)했다. 62개의 시(市)와 마을을 공략(攻略)하여 해방(解放)시켰다. 이루 말할 수 없는 고난(苦難)과 죽음의 역경(逆境)을 넘어온 이들이 소위 '연안시대'의 문을 열었고, 중화인민공화국(中華人民共和國)의 대문(大門)을 열 수 있는 힘을 충전(充塡)하는 하늘이 준 기회가 되었다.

여덟째 마당, 인민해방전쟁

1944년 10월 10일, 연안(燕安)에 각계(各界) 각층(各層)이 모여 쌍십절(雙十節) 행사를 했을 때다. 주은래(周恩來)는 장개석은 일당(一堂) 독재(獨裁)를 취소하고 국공(國共) 연합(聯合) 정부(政府)를 세울 것을 연설했으나 장개석은 거부(拒否)했다. 모택동이 '호랑이 굴'과 같은 중경(重京)에 가서 '독립(獨立) 자유(自由) 부강(富强)을 위한 국가(國家) 대사(大事)'를 함께 논의할 것을 제안했으나, 장개석의 교활(狡猾)한 화전(和戰) 양면(兩面) 정책(政策)으로 인민해방전쟁(人民解放戰爭)이 시작되었다.

장개석이 비밀리에 군사(軍事) 회의(會議)를 열고 해방구(解放區)에 대한 공격을 명령했으나, 산서(山西) 하북(河北) 하남(河南)에서 장개석 군대는 패배(敗北)했다. 상당 전투에서는 인민해방군이 장개석 군대 3만 병력을 물리쳤다.

장개석의 군대가 불리해지자 미국은 장개석에게 15만 명의 장교(將校)를 훈련시켜 무기(武器)를 지원했다. 1946년 장개석은 13만 군대로 중원의 해방구를 공격하여 전면(全面) 내전(內戰)이 발발(勃發)했다. 동북(東北)에 48만 병력을 집결시켰으나 동북 지구는 요지부동(搖之不動)이었고, 끝내 해방되었다.

국민당은 서주를 중심으로 80만 군대를 집결시켰다. 당중앙은 전적위원회를 구성하고 등소평(登小平)을 서기(書記)로 결정했다. 해방군의 사기(士氣)가 충천(沖天)했다. 장개석 군대의 사병(士兵)들은 지리멸렬(支離滅裂)하여 싸우지도 않고 투항(投降)만 해왔다. 어떤 적군(敵軍)의 사령관은 두건(頭巾)을 두르고 변장(變裝)하여 야반(夜半) 도주(逃走)하기도 하였다. 이른바 불명예(不名譽)의 극치(極致)인 '장개석 군대'였다.

1948년이 저물어가고 있는 섣달이었다. 화북(華北)과 동북(東北)의 야전군(野戰軍)은 합동 작전으로 화북 일대를 포위(包圍)하여 장개석 국민당 군대를 공격하고, 천진(天津)과 북경(北京)의 국민당 군대를 공격할 준비를 끝냈다. 천진을 공격하자 국민당 군대는 금방 혼란(混亂)에 빠졌다. 일격(一擊)에 천진을 접수했다. 북경은 이미 물도 전기도 없는 생지옥이었다. 12월 23일 국민당 군대 사령관이 모택동에게 평화를 원한다는 메시지를 보내왔다.

북경의 평화적 접수 협상이 진행되고 있었다. 남경에 있던 장개석이 1949년 1월 21일 하야(下野)를 선포하고 비행기를 타고 제 고향 절강성으로 떠났다. 2월 3일 4발의 신호탄(信號彈)과 함께 북경 진입(進入)이 시작되었다. 북경 시민들이 북을 치며 해방군(解放軍)의 입성(入城)을 환영했다. 그리고 3월 25일, 모택동(毛澤東), 주은래(周恩來), 주덕(周德)이 입성하여 역사적인 해방군을 사열(査閱)하여 북경이 접수되었다. 중국 공산당 중앙은 북경(北京)으로 천도(遷都)했다.

하야를 한 장개석은 고향에서 평화를 거부(拒否)하며 항전(抗戰)을 계속했다. 4월 21일, 결전(決戰)이 있었다. 이틀 후 남경을 접수하고, 총통부의 옥상에 홍기를 꽂았다. 남경이 함락되자 장개석은 고향을 떠나 상해(上海)로 와서 최후(最後)의 발악(發惡)을 했다. 도 결전이 있었다. 드디어 상해도 접수했다.

중국에 주둔하고 있던 제국주의자들의 선박들도 이미 다 떠나 바다는 공허(空虛) 바로 그것이었다. 장개석은 이 공허의 바다에서 외로이 군함을 타고 대만(臺灣)을 빠져나갔다. 이로써 평화(平和)와 국공(國共) 합작(合作)을 거부하던 장개석 왕국은 드디어 해가 지고 말았다.

9월 북경에서 각계(各界) 각층(各層) 각지(各地)의 대표들이 모여 국기(國旗)와 국가(國歌)를 결정하고, 중화인민공화국(中華人民共和國) 중앙인민정부조직법을 제정(制定)하여, 10월 1일 근정전(勤政殿)에서 취임을 선포했다. 같은 시간에 천안문 광장에는 개국(開國) 대전(大典)을 환영하는 수십만 명의 인파(人波)가 몰려 있었다. 오후 3시, 모택동은 동지들과 함께 천안문(天安門) 문루(門樓)에 올라 중화인민공화국을 선포하고, 오성기(五星旗)를 올렸다. 이리하여 중국은 100년간의 굴욕(屈辱)과 고난(苦難), 그리고 탐색(探索)과 투쟁(鬪爭)의 역정(歷程)은 지나고, 중국 역사의 신기원(新紀元)에 진입(進入)했다.

중국의 의식주

한 나라를 이해하기 위해서는 알아야 할 것이 많지만 그 중에서도 그 나라의 음식(飮食)과 의상(衣裳), 그리고 주거(住居) 환경(環境)이 어떻게 변해왔으며 어떠한가를 아는 것은 대단히 중요하다. 음식과 의상은 그 나라가 처해 있는 기후(氣候)와 풍토(風土), 그리고 길고 긴 역사(歷史)의 산물(産物)이기 때문이다.

에스키모는 얼음 땅에서 살아왔기 때문에 이그루라는 얼음집에서 늑대와 곰의 가죽으로 만든 옷을 입고 살며, 몽고인(蒙古人)은 초원(草原)을 누비며 유목(遊牧) 생활을 해왔기 때문에 빠오라는 천막(天幕) 집에서 살고 있다. 아프리카나 태평양과 같은 지역(地域)과 해양(海洋)의 적도(赤道) 지대(地帶)에 사는 사람들은 폭양(曝陽)과 함께 살아왔기 때문에 입지 않아도 더워 몸에 걸칠 옷이 별로 필요하지 않았고, 주거 환경 역시 비와 햇볕을 가리는 정도면 충분했다.

그와 대조적으로 봄 여름 가을 겨울의 4계절(季節)이 있는 지역에서는 봄과 여름, 그리고 가을과 겨울에 서로 다른 옷을 입어야 했고, 여름이면 시원한 음식을 먹고 겨울이며 뜨거운 음식을 먹어야 했으며, 여름에는 얇은 옷을 입고 겨울에는 두꺼운 옷을 입어야 했다. 주거 환경 역시 4계절을 견디고 즐기기에 알맞은 환경을 만들어야 했다.

중국의 흑룡강(黑龍江) 북부(北部)는 한대(寒帶)이고, 청장 고원은 적도(赤道)이며, 동북(東北) 평원은 아열대(亞熱帶)이고, 화북(華北) 평원은 온난대(溫暖帶)이다. 양자강 유역은 온대(溫帶)이고, 양자강 이남은 한온대(寒溫帶)이다. 연중(年中) 비가 25밀리미터밖에 오지 않는 건조(乾燥) 지대가 있는가 하면 4,000밀리미터 이상 오는 습윤(濕潤) 지대가 있다.

중국은 혹한(酷寒)과 혹서(酷暑), 그리고 온화(溫和)와 쾌적(快適)이 공존(共存)하는 우리나라의 45배나 되는 방대한 대륙이다. 중국을 한족(漢族)의 나라로 인식하는 경향이 있지만, 엄격히 말하면 중국은 한족이라는 혈연(血緣)의 나라가 아니라 '문화(文化)'라는 거대한 용광로(鎔鑛爐)에 모든 것이 응집(應集)하여 있는 나라라고 해야 옳다. 중국의 음식과 중국의 의상, 그리고 주거 환경도 전체적(全體的)으로는 세계 모든 것이 모여 있는 상태라고 해도 과언이 아니고, 그렇다고 지역적(地域的)으로 서로 다른 특성이 없는 것도 아니다.

중국인의 식생활

중국의 요리에는 지역적 특성 정도가 아니라 세계인들이 보면 눈을 크게 뜨고 한참 머리를 굴려야 알 수 있는 진귀(珍貴)한 음식들이 많다. 우선 몇 가지 흥미 있는 예를 들어보자. 다른 나라에서는 거들떠보지도 않는 해안(海岸) 절벽(絶壁)에 지어진 제비집을 뜯어 만든 제비집 수프가 그렇고, 다른 나라에서는 상상도 할 수 없는 살아 있는 원숭이의 골을 빼서 요리를 하여 먹었다는 것이 그러하며, 그 많은 살점을 마다하고 하잘 것 없어 보이는 상어의 지느러미를 잘라 삭스 핀이라는 요리를 해서 먹는 것이 그렇고, 그 큰 덩치의 곰을 잡아 발바닥 껍질로 만든 곰발바닥 요리를 만들어 먹는 것이 그렇다. 그리고 용호투(龍虎鬪)라는 유명한 요리가 또 하나 있다. 뱀과 고양이와 닭을 주재료로 만든 요리이다.

흔히 중국인들은 지상(地上)과 지하(地下), 해상(海上)과 해저(海底), 그리고 공중(空中)에 있는 모든 것을 음식의 재료로 사용한다는 말을 하고 있다. 위에서 예를 든 제비집 수프와 원숭이 골 요리, 곰 발바닥 요리와 삭스 핀, 그리고 뱀과 고양이와 닭을 혼합하여 만든 요리가 그렇다. 세계인들은 이러한 중국의 어떤 특정(特定) 음식을 보고 경이(驚異)와 감탄(感歎)과 편견(偏見)을 가질 수도 있다.

그러나 이러한 진귀(珍貴)한 음식이 있음에도 불구하고, 중국인들 스스로는 '고산끽산(靠山喫山) 고수끽수(靠水喫水)'라는 말을 하고 있다. 산에 사는 사람은 산에서 나는 것을 먹고, 물가에서 사는 사람은 물에서 나는 것을 먹는다는 뜻이다. 그러고 보면 중국인 역시 자기가 처해 있는 환경에 따라 그 환경의 산물(産物)을 먹고산다는 인류(人類)의 보편적(普遍的)인 음식에 관한 타당성(妥當性)에서 크게 벗어나지 않는다.

일반적으로 이야기하자면 중국인의 식성(食性)은 곡물(穀物)을 주식(主食)으로 하고, 채소(菜蔬)와 육류(肉類)는 부식(副食)으로 한다고 할 정도의 패턴을 가지고 있다. 고대(古代) 중국인(中國人)들의 식생활(食生活)을 유추(類推)해볼 수 있는 석기 시대의 출토품(出土品)에서 개(狗)와 돼지(豚)를 비롯하여 여러 가지 동물의 뼈가 발견되는데 이것은 중국인들이 일찍부터 육류(肉類)를 먹었다는 증거이며 특히 제사(祭祀) 음식으로 동물이 이용되었을 것을 추측할 수 있게 한다.

주(周) 나라의 제사법(祭祀法)을 보면, 임금님은 제물(祭物)로 소(牛)를 쓰고, 대부(大夫)는 돼지(豚)를 쓰며, 선비는 개(狗)를 쓴다하여, 소, 돼지, 개는 중국인에게 중요한 육류 음식이었다. 중국의 음식 역사에서 개, 고기(狗肉)는 특별한 의미를 갖는다. 『주례(周禮)』에 보면 '음력(陰曆) 7월에 천자(天子)는 개고기(狗肉)를 먹는다'고 쓰여 있고, 『논어(論語)』에도 '제사(祭祀)에는 반드시 개고기(狗肉)를 쓴다'고 되어 있다. 지금도 중국의 호남성(湖南省) 일부 지역과 중국의 조선족(朝鮮族)들은 개고기를 귀한 음식으로 알고 있고, 한국에서는 여름철이면 개고기(狗肉)가 서민(庶民) 대중(大衆)의 인기를 끌고 있으며, 특히 북한(北韓)에서는 개고기를 단고기(甘肉)이라 하여 보신육(補身肉)으로 높은 평가를 받고 있다.

세계(世界) 동물(動物) 애호가(愛好家) 단체(團體)들은 개를 잡아먹는 행위는 동물을 학대(虐待)하는 야만적(野蠻的)인 행위로 데모를 하며 지탄(指彈)하고 있다. 실제로 1999년 중복(中伏) 날에는 세계 20여 곳의 한국(韓國) 대사관(大使館) 앞에서 복(伏) 날에 개고기를 먹는 풍속(風俗)이 있는 한국인(韓國人)을 지탄하는 데모가 벌어진 일이 있다.

나는 이러한 사태는 문화적 편견(偏見)에서 발생한 것이라고 생각한다. 중국(中國)과 한국(韓國)에서는 같은 개라고 하더라도 견(犬)과 구(狗)를 구분(區分)한다. 견(犬)이란 서양 사람들이 말하는 것과 같이 '바둑이'와 같은 사랑스런 애견(愛犬)이고, 구(狗)란 '누렁이'이와 같이 살이 토실토실하게 찐 식용(食用)의 황구(黃狗)이다. 한국인들은 식용인 개(狗)는 잡아먹되, 사랑스런 개(犬)는 잡아먹지 않는다.

이런 면을 볼 때에 개(狗)와 개(犬)도 구분(區分)할 줄 모르는 풋내기 사이비 동물 애호가들이 한국인 욕되고 하고 있는 셈이다. 사실 따지고 본다면 개 사랑에 관한 한 한국만큼 대단한 나라는 이

지상(地上)에 없다. 개도 품위(品位)가 있으면 남의 집 개라도 그냥 '개'라 부르지 않고, '견공(犬公)'이라 불러 그런 개에게는 작위(爵位)를 주며, 주인에게 충성(忠誠)을 다한 개에게는 '충견(忠犬)'이라는 칭호(稱號)를 주고, 때에 따라서는 충견비(忠犬碑)라는 비석(碑石)까지 세워 준다. 한국의 전라북도 오수에 가면 개의 동상이 서 있고, 일본의 시부야 역 앞에도 커다란 개의 동상이 있다. 개의 동상을 세워 준 유래(由來)는 한국이나 일본이나 거의 비슷하다.

특히 옛날에는 중국이나 한국에서 재산 목록 제1호가 소였고, 도둑 중에서도 제일 큰 도둑이 소도둑이었다. 그런데 소를 잡아먹는 것은 문화인(文化人)이고, 개를 잡아먹는 것은 야만인(野蠻人)이란 말인가. 개고기를 먹느냐, 소고기를 먹느냐, 돼지고기를 먹느냐, 말고기를 먹느냐, 양고기를 먹느냐, 쥐고기를 먹느냐 하는 것은 문화(文化)와 풍습과 식생활 습관의 차이일 뿐이다.

이런 한국에 대하여 그 어떤 자가 한국을 동물 학대국이라고 한단 말인가. 실제로 로마의 교황청(教皇廳)에서 한국에 보냈던 조선시대(朝鮮時代)의 신부(神父)님들은 하나 같이 개고기(Dog Steak)를 즐겨 먹었고, 노기남 대주교(大主敎) 같은 분도 평생 개고기를 먹었으며, 지금도 한국의 신부님들 중에는 개고기를 즐겨 먹는 분이 많다. 실제로 1999년 중복 날, 그러니까 세계의 자칭 동물 애호가라는 자들이 개고기 먹는 한국을 규탄한답시고, 20여 곳의 한국 대사관 앞에서 데모를 하던 날도 한국의 개고기 보신탕(補身湯) 집들은 초만원(超滿員)이었고, 개고기를 먹는 것은 야만인이고, 닭고기에 인삼을 넣어 끓인 삼계탕(蔘鷄湯)을 먹는 것은 문화인(文化人)이냐고 빈정대는 사람들이 있었다.

농경사회였던 한국과 중국에서 소(牛)는 어떤 면에서는 논보다도, 사람보다도 한때 더 대우(待遇)를 받고 살았다. 소가 없으면 농사를 짓기 어렵고, 소가 사람보다 몇 배의 농사일을 하기 때문이었다. 그렇게 한국과 중국에서는 귀하게 생각하고, 때로는 '우공(牛公)'이라고 작위까지 내려 기르던 소를 잡아 비프 스테이크(beef steak)를 먹은 서양 사람들은 야만인(野蠻人)이 아니고, 그 하잘 것 없는 살덩이로 이루어진 토실토실한 식용(食用) 황구(黃狗)를 잡아 먹은 한국인과 중국인은 야만인이란 말인가. 말도 안 되는 편견(偏見)에 사로잡힌 음식(飮食) 문화(文化)의 맹인(盲人)들이다.

동물 애호가들이라는 서양 사람들이 매일 같이 잡아먹는 소는 농사에 중요한 일을 담당하는 동물이라 중국과 한국에서는 아무나 잡아 제사(祭祀)를 지내거나 먹을 수 없었다. 임금님이나 할 수 있는 일이었다. 중국의 명청시대(明淸時代)에 이르러서는 소 도살(屠殺) 금지령(禁止令)까지 내려 사람들은 쇠고기를 먹을 수 없었고, 그 대신 돼지와 양의 고기를 주로 먹게 되었다. 그래서 지금도 중국인이 먹는 육류는 세계 다대수 사람들이 즐기는 쇠고기보다 돼지고기와 양고기가 으뜸이다.

중국의 음식을 이해하기 위해서는 또 다른 중국의 속담(俗談)을 이해하여야 한다. 중국에는 귤이 '회수(淮水)를 넘으면 탱자가 된다'는 말이 있다. 회수(淮水)란 황하(黃河)와 양자강(揚子江) 사이에 있는 강이고, 이 강(江)이 중국 산물(産物)의 남북방(南北邦) 한계선(限界線)이다. 실제로 회수를 넘어 북쪽에 가면 귤이 생산되지 않고, 회수 이남(以南)에는 탱자가 없다.

쌀 역시 회수가 한계선이다. 회수 이남에는 쌀 농사가 잘되어 쌀을 주식(主食)으로 삼고, 회수 이북은 쌀이 생산되지 않아 밀, 보리, 조가 주생산품이라 밀가루 음식과 조를 재료로 한 음식이 주식이다. 중국에는 여관(旅館)을 의미하는 말에 반점(飯店), 반관(飯館), 채관(菜館), 주루(酒樓) 등과 같은 동의이어(同意異語)가 있는데, 지금도 중국의 북부 지방에서는 반점(飯店), 반관(飯館)이라는 말을 많이 쓰고, 남부 지방에서는 잘 쓰지 않고 있다. 중국의 북부 지방에는 쌀이 귀해 쌀밥을 드리며 귀한 사람을 모시는 곳이라고 해서 여관(旅館)을 반점(飯店), 반관(飯館)이라 한다.

중국 음식의 또 다른 특징의 하나는 중국의 음식이 남북(南北)뿐만 아니라, 동서(東西)로도 맛의 차이를 나타낸다는 점이다. 한마디로 중국인들을 이를 '동날서산남첨북함(東辣西酸南甛北鹹)'이라 한다. 이 말은 한국에서 경상도(慶尙道) 음식은 짜고 맵고, 전라도(全羅道) 음식은 정갈하고 기름져 혀를 잘잘 감고 돈다는 말과 같이, 중국 음식은 황하(黃河)를 중심으로 동쪽 음식은 맵고, 서쪽 음식은 시고, 남쪽 음식은 달며, 북쪽 음식은 짜다는 뜻이다. 오늘날 중국에는 동서남북(東西南北) 맵고 시고 달고 짠 4대 음식을 대표하는 4대 요리가 있다. 산동(山童) 요리와 사천(四川) 요리, 그리고 광동(廣東) 요리와 강소(江蘇) 요리가 바로 그것이다.

산동(山東) 지역은 공자(孔子)가 태어난 지역으로 중국에서 고대문화가 가장 먼저 형성된 곳이고, 황하(黃河)를 끼고 황해(黃海)와 접해 있어 교통이 발달하고 물산(物産)이 풍부한 지역이다. 겨울이 춥고 길어 하북(河北) 사람들처럼 배추를 많이 먹고 탕(蕩) 종류를 많이 만들어 먹으며, 파, 마늘, 양파와 같은 양념이 풍부하다.

산동 요리 중에 유명한 것은 바다와 강이 가깝기 때문에 당초어(糖醋魚)이다. 우리나라에서 먹는 탕수육(糖水肉)과 같은 형태의 요리로 고기 대신 생선이나 민물고기를 사용하고, 특히 잉어를 귀한 재료로 쓴다. 귀한 손님이 왔을 때는 항상 당초어(糖醋魚)를 준비하는데, 가장 귀한 좌중(座中)의 손님에게 고기의 머리를 향하게 하는 풍속이 지금도 이어지고 있다. 우리나라에서 먹는 자장면의 자장도 고향은 산동이고, 산동반도에서 인천으로 이주한 중국인 중 한 사람이 자기들이 산동에서 먹던 자장에 초콜릿을 가미(加味)하여 오늘의 자장을 만들었다.

강소(江蘇) 요리는 양자강 하류(下流) 일대의 요리를 말한다. 이 지역은 어미지향(魚米之鄕)이라고 할 만큼 생선과 쌀, 그리고 야채가 풍성(豊盛)하다. 생선, 새우, 게, 조개 등의 해산물(海産物)에 죽순(竹筍)을 많이 쓰고 조미료(調味料)를 별로 사용하지 않는 것이 특징이다.

사천(四川) 요리는 양자강의 중상류(中上流) 내륙(內陸) 지방에서 주로 만들어 먹는 요리이다. 이 지역은 강과 바다에 인접해 있지 않아 주로 육류를 음식 재료로 쓰고 다양(多樣)한 조미료를 사용하여 음식마다 서로 맛이 다르다. 사람들은 사천 요리 100가지면 맛도 100가지라는 말을 흔히 한다. 사천 지방은 분지(盆地)로 덥고 춥고 습기가 많아 습기를 이기는 데에 도움을 주는 매운 고추와 후추, 그리고 생강 등을 많이 넣어, 먹고 나면 입이 얼얼할 정도가 된다.

아열대 지방인 광동(廣東) 요리는 풍부한 동물(動物)과 식물(植物)을 바탕으로 수산물과 해산물, 그리고 육류가 좋은 요리의 재료이고, 일찍이 서양(西洋) 문물의 영향을 받아 서양 요리도 가미되어 있다. 홍콩이 미식가(美食家)들의 천국(天國)으로 알려져 있고, 거리에 침을 흘리게 하는 음식점이 많은 이유도 중국 요리와 서양 요리가 조화(調和)를 이룬 탓이고, 음식이 부드러운 것이 특징이다.

현대 중국인의 식생활은 아침 일찍 북경(北京)의 거리를 나가보면 알 수 있다. 이들은 거리 곳곳에 있는 유조(油條) 또는 유배(油拌)라 불리는 밀가루 음식과 조로 쑨 죽 또는 두장(豆醬)을 사서 먹거나 집으로 가지고 가서 먹는다. 점심 또한 마찬가지이고, 저녁은 집에서 음식을 장만해서 먹지만 현대 생활에 그럴 시간적 여유가 그리 많지 않을 것이 사실이다. 따라서 북경을 비롯한 중국의 대도시(大都市)에는 외식(外食) 산업(産業)이 성업중이다.

중국에는 수(水) 화(火) 목(木) 금(金) 토(土)의 음양오행(陰陽五行) 사상(思想)이 뿌리를 박고 있다. 음식 또한 예외(例外)가 아니다. 고기는 양(陽)으로 보고, 곡류(穀類)는 음(陰)으로 보면, 같은 곡류라고 하더라도 콩(豆)은 양으로, 녹두는 음으로 본다. 우리나라 역시 마찬가지이다.

음양오행설에 따라 중국은 오곡(五穀), 오축(五畜), 오미(五味)를 말한다. 문헌(文獻)마다 약간씩 다르기는 하나 『주례(周禮)』에 기장, 보리, 조, 콩, 마를 오곡(五穀)이라 기록하고 있고, 양, 닭, 돼지, 소, 개를 오축(五畜)으로 기록하고 있으며, 시고, 달고, 짜고, 쓰고, 매운 맛을 오미(五味)라 기록한다.

음식(飮食)이라는 단어의 음(飮) 자는 양(陽)을 뜻하고, 식(食) 자는 음(陰)을 뜻하는 것을 보면, 중국인들이 먹는 것에 있어서 음양을 얼마나 중요하게 생각하며, 음양을 골고루 배합해서 먹어야 한다는 식생활이 얼마나 생활화되어 있는가를 알게 된다. 그래서 중국인들 식생활 사상은 의식동원(醫食同源)에서 시작한다. 먹는 것이 바로 약(藥)이라는 뜻이다. 우리나라에서의 뭐니 뭐니 해도 식보(食補)가 가장 좋은 보약(補藥)이라는 말과 같이 중국인들 역시 음식을 가장 좋은 약으로 생각하고 있다.

중국 역사에서 미식가(美食家) 중의 으뜸은 서태후(西太后)였다. 그녀를 모셨던 여관(女官)이 쓴 기록에 의하면, 북경(北京)에서 봉천(奉川)까지 기차 여행을 갈 때에 주방(廚房) 차량(車輛)을 네 개나 달고 갔다. 화덕이 50개에 일류 주방장이 50명, 하급 요리사 50명을 대동(帶同)하였으며, 정식(正式) 요리(料理) 100개에 간식(間食) 100개로 200여 메뉴를 준비했고, 음식은 기차가 서 있는 상태에서 만들었기 때문에 서태후 음식을 만드는 동안에는 후속(後續) 열차(列車)들이 모조리 정차(停車)하여 식사가 끝날 때까지 기다려야 했다. 이쯤 되면 불로초(不老草)를 찾던 진시황(秦始皇)과는 또 다른 중국 황궁(皇宮) 음식 풍속(風俗)을 엿볼 수 있게 한다.

중국을 대표하는 또 다른 음식의 하나가 포자(包子) 또는 교자

(餃子)라고 하는 만두이다. 우리나라에서는 오랑캐들이 먹는 음식이라 하여 만두(饅頭)라고 하지만, 중국인들은 중국인의 지혜(知慧)와 예술(藝術)의 혼(魂)이 들어 있는 음식으로 가지 각종(各種) 각색(各色)의 만두를 만들어 먹고, 만두 자랑이 대단하다.

만두와 비슷한 음식이 서양에도 있다. 서양인들이 즐기는 소시지가 무엇인가? 만드는 방법과 재료가 틀릴 뿐이지, 중국의 포자나 교자와 같은 것이고 한국의 만두와 같은 것이다. 한국에는 만두보다 서양의 소시지와 더욱 비슷한 음식이 있다. 바로 순대라는 것이다. 육류와 야채, 그리고 곡류를 소나 돼지의 창자, 또는 오징어 속에 넣어 찌거나 삶아 먹는 순대는 더 없이 좋은 영양식이다.

설 때에 주로 먹는 소병(燒餠)과 유병(油餠), 그리고 탕병(湯餠)과 함병도 훌륭한 중국의 먹거리이다. 소병이란 밀가루를 반죽하여 구운 것이고, 유병이란 기름에 튀긴 것이다. 탕병이란 물에 끓인 것이고, 함병이란 밀가루 반죽에 속을 채운 것을 말한다. 함병 중에는 추석(秋夕) 때에 보름달을 연상(聯想)하며 먹는 월병(月餠)이 유명하다.

중국인의 육류(肉類) 소비량은 엄청나게 늘어나고 있다. 1977년에 770만 톤의 육류를 소비하던 것이 15년 후인 1992년도에는 4천만 톤을 소비하여 무려 다섯 배가 증가되었다는 통계가 있다. 그러고 보면 중국의 현대화(現代化)와 육류 소비가 얼마나 빠른 속도로 전진(前進)하고 있는지를 알게 된다. 어떤 미래 학자는 이러한 통계를 보고 21세기에 16억(億) 중국인이 육식 생활로 변하는 날, 세계는 육류(肉類)를 기르기 위한 사료(飼料) 곡물(穀物) 전쟁(戰爭)이 일어나지 않을지 의문이라는 농담(弄談)을 할 정도이다.

참고로 육류(肉類)를 길러 내기 위한 사료가 얼마나 들어가는지를 비교해보자. 일본 영양(營養) 학자의 말을 빌리면, 소고기 1킬로그램을 생산하려면 7킬로그램의 사료가 소비되고, 돼지고기는 1킬로그램을 생산하려면 4킬로그램의 사료가 소비해야 한다고 한다. 우리가 무심(無心)히 먹는 육류를 생산하기 위하여 얼마나 많은 곡물이 소비되고 있는가를 알고 보면 놀라지 않을 수 없다. 이러한 비교는 일찍이 일본(日本)에서 육류의 소비를 줄여야 한다는 운동의 일환으로 지적된 일이 있다.

애주가(愛酒家)들이 관심을 가질 중국의 술은 단연 1976년 미국의 닉슨 대통령이 북경에 가서 대접을 받을 때에 마신 귀주(貴州)의 마오타이가 중국 특산(特産)임은 말할 것도 없다. 이때에 나온 안주(按酒)가 중국 황실에서 100년 후에 올 귀빈(貴賓)을 위하여 잿더미 속에 묻어 보관(保管)하였던 그 유명한 오리알이었다. 중국에는 귀주의 마오타이 주(酒)와 함께 산서(山西)의 분주(汾酒)와 섬서의 서봉주(西鳳酒), 사천(四川) 여주의 노교주와 사천(四川)의 의빈(宜賓)의 오랑액(五狼液)을 5대(五大) 명주(名酒)라 한다.

물론 중국인들이 즐겨 마시는 술은 이런 명주(名酒)보다 우리가 백알이라고 하는 백주(白酒)이다. 중국에서는 술을 색깔에 따라 백주(白酒)와 황주(黃酒)로 구분하는 일이 있다. 백주란 백알과 같이 색깔이 없는 흰색의 술이고, 황주란 오가피 술이나 죽엽청주(竹葉淸酒)처럼 색깔이 있는 술들이다.

중국의 의생활과 주거 환경

중국은 지역이 방대(厖大)할 뿐만 아니라 중국인의 다대수(多大數)를 구성하고 있는 한족(漢族)을 비롯하여 다수(多數)의 소수(小數) 민족(民族)으로 구성된 국가이다. 이들 소수 민족들은 음식에서도 그렇지만 의상(衣裳)에서도 고유(固有) 전통(傳統) 의상(衣裳)을 고스란히 간직해오고 있고, 특히 벽지(僻地)나 오지(奧地)를 근거지(根據地)로 삼고 있는 소수 민족들의 전통 의상의 색상(色相)과 디자인은 다양하기 그지없다.

그럼에도 불구하고 오늘의 중국인(中國人)을 상징(象徵)하는 의상은 중산복(中山服)과 인민해방군복(人民解放軍服), 그리고 주로 여자들이 입는 치파오(旗袍)이다. 중산복과 치파오가 나타나기 전의 중국은 비단의 나라였고, 목면(木棉)의 나라였다. 일반 백성들은 주로 목화(木花) 섬유(纖維) 옷을 입어 왔고, 통치자의 권위의 상징이었던 황포(黃袍)는 비단 옷의 극치(極致)였다.

그러던 것이 1911년 신해혁명(辛亥革命)으로 2000년간 이어오던 황제(皇帝) 통치(統治) 제도(制度)가 무너지면서 신해혁명을 성공으로 이끈 손중산은 중국식과 서양식을 혼합(混合)한 형태의 독특한 옷을 입었고, 이를 시민들이 따라 입어 통칭(通稱) 중산복(中山服)이라는 새로운 스타일의 복장(服裝)이 중국에서 통용하게 되었다.

손문은 중화민국(中華民國)이 성립된 뒤에 일종(一種)의 국민복(國民服) 같은 의상을 생각했다. 베트남에 거주하던 화교(華僑) 거부(巨富) 황융생(黃隆生)에게 디자인을 부탁하고, 이 옷을 국민당(國民黨)이 헌법을 제정하던 1929년에 국가의 공식(公式) 예복(禮服)으로 채택(採擇) 지정(指定)했다.

앞에 단추가 다섯 개가 있는데, 이는 손문이 주장한 입법권(立法權), 사법권(司法權), 행정권(行政權)의 3권(權)에 감찰권(監察權)과 고시권(考試權)의 국가권력 오권분립(五權分立)을 상징하고, 소매에 달린 세 개의 단추는 민생(民生), 민권(民權), 민족(民族)의 삼민주의(三民主義)를 상징한다. 목에 꼭 맞는 칼라로 머리와 몸을 구분하여 행동(行動)과 사상(思想)을 올바르게 한다. 이외에도 중산복에는 앞에 달린 네 개의 주머니와 정중앙에 있는 앞섶 등에도 독특한 의미(意味)를 부여하고 있다.

중국인들이 너나 없이 유니폼처럼 입던 인민해방군 군복 역시 계급(階級)을 없애고 평등(平等) 사회를 건설(建設)하려 했던 사회주의(社會主義) 중국(中國)을 표현(表現)하려는 의도(意圖)가 깊이 담겨 있다. 인민해방군 군복이 아니라도 중국인은 흑색과 희색, 그리고 남색으로 된 단순한 복장이 주를 이루었다.

중화(中華)란 영어로 세계(世界)의 중심(中心)이라는 월드 센터(World Center)를 의미한다. 그렇게 세계의 중심임을 자처(自處)하던 중국인에게 1940년 아편전쟁(阿片戰爭)에서의 패배(敗北)는 충격이 아닐 수 없었다. 아편전쟁 후에 중국의 제2의 도시인 상해(上海)에는 서양인(西洋人)과 서양 문물(文物)이 밀물처럼 들어왔고, 그때에 중국의 호텔이나 요식(料食) 업소(業所)에 몸에 꼭 맞고 옆이 길게 트인 긴 원피스를 입고 시중을 드는 여성들의 모습이 이목(耳目)을 끌기 시작했다.

이 여성 옷은 원래 만주족(滿洲族)이 입던 치파오(旗袍)라는 옷이었다. 1930년대를 전후하여 한족(漢族) 여성들도 입어 중국 전체에 퍼졌고, 일부 동남아(東南亞) 국가들의 여성들도 즐겨 입는 옷이 되었다. 1920년 초에 한 무리의 상해 여학생들이 치파오를 입고 거리에 나가자, 상해 여성들은 다투어 치파오를 입게 되었고, 특히 한 은행장(銀行長)이 결혼할 때에 신부(新婦)가 입은, 허리가 잘록하고 목이 깊게 파인 치파오는 금방 상해 여성들에게 선풍적(旋風的)인 인기를 얻어 곧 일반화되었다.

1980년대에 이르러 중국인의 의상(衣裳)은 급속히 서구화되어 가고 있다. 세계를 주름잡는 블루진이 상륙(上陸)하고, 패션 모델이 등장하는가 하면 거리에는 미니 스커트를 입은 여성들이 인파(人波)를 헤치고 있다. 특히 재미있는 것은 중국인들이 미니 스커트를 입은 여성들을 '미니군(謎你裙)'이라고 한자(漢字)로 표기(表記)하고 있는 점이다. 미니군에서 군(裙) 자는 중국 말로 '치마'를 나타내는 말이고, 미니(謎你)란 '홀린다'는 말이다. 그러고 보면 서양 말인 미니 스커트나 중국어인 미니군(謎你裙)은 둘 다 짧은치마를 입고 남자를 홀리는 여성 옷이라는 동의어(同義語)가 된 듯하여 웃음이 절로 나온다.

중국인의 주거 환경 역시 지리(地理)와 풍토(風土), 그리고 민족(民族)과 역사(歷史)에 따라 움막에서 고대광실(高臺廣室)에 이르기까지 다양(多樣)하기는 하지만, 중국을 대표하는 주거(住居) 환경의 모습은 역시 중국의 고궁(古宮)인 자금성(紫禁城)에서 그 전형(典型)을 찾을 수 있고, 일반 시민 주거 역시 중국의 심장부(心臟部)인 북경(北京)에서 찾을 수 있다.

자금성(紫禁城)의 구조(構造)는 중화(中華) 사상(思想)의 극치이고, 북경은 천자(天子)의 도성(都城)으로 중앙(中央)에 왕궁(王宮)이 있고, 동쪽에는 종묘(宗廟)가, 서쪽에는 사직(社稷)이, 앞에는 정부(政府) 관서(官署)가, 뒤에는 시장(市場)을 배치(配置)하고 있다. 도시(都市) 전체를 성(城)으로 둘러싸고, 성 안에 동서(東西) 방향과 남북(南北) 방향으로 각각 아홉 개의 간선(幹線) 도로를 건설한 구조이다. 황제의 거주지를 축(軸)으로 좌우(左右) 대칭(對稱)으로 건물을 배치하는 것도 역시 중국의 황제가 세계의 중심이라는 사상을 반영한 모습이다.

고궁(古宮)과 중국 중앙 정부가 들어 있는 북경은 원래 한족(漢族)이 세운 도시가 아니고, 몽고의 쿠빌라이가 세운 세계적으로 아름답고 기능적인 도시이다. 몽고족이 세운 원 나라를 멸망(滅亡)시키고 명 나라를 세운 주원장이 처음에 도읍한 곳은 북경(北京)이 아니라 남경(南京)이었다. 그러던 것이 명 나라 세번째 황제인 영락제(永樂帝)가 북경을 명 나라의 수도(首都)로 재건(再建)하고 천도(遷都)한 도시이다.

이런 도시와 건물의 구조와 사상은 일반 가옥에서도 답습(踏襲)되어 왔다. 조상(祖上)의 사당(祠堂)을 한가운데에 두고, 중정(中庭)이라고 하는 중앙의 뜰을 중심으로 전후 좌우에 건물을 배치한다. 이러한 일반 가옥의 건물 배치와 구조는 도시(都市)는 황제를 중심으로, 일반 가정은 조상(祖上)을 중심으로 하는 위계(位階) 질서(秩序)를 의미한다.

　규모가 크지 않은 가옥의 경우에는 사합원(四合源)이라는 중국의 전형적인 모습을 보여주고 있다. 사합원은 정원을 중심으로 남쪽에 주건물이 들어서 집주인이나 웃어른이 기거한다. 주건물의 양쪽에는 두 개의 건물이 마주 보고 지어져 있는데 이곳에서는 자녀들이나 아랫사람들이 기거한다. 그리고 주건물과 마주보는 곳에 손님을 접대하거나 하인(下人)들이 기거하는 건물이 있다. 주건물과 양쪽에서 마주 보고 있는 두 부속 건물, 그리고 주건물과 마주 본 건물, 이 넷을 합하여 사합원(四合源)이라 하고, 주건물과 마주보는 손님과 하인의 기거 건물이 없는 경우는 삼합원이라 한다.

　이러한 중국의 전통적인 사합원의 아름다운 가옥 구조는 사회주의 중국을 추구하면서 많이 파괴되었고, 여러 사람들에게 공동(公同) 주택(住宅)으로 분배되었으며, 최근에는 서양 어느 도시와 마찬가지로 아파트 형태의 주거 환경으로 바뀌고 있다. 역시 2000년대 21세기에는 인류 보편적(普遍的)적인 의식주(衣食住) 생활 문화가 대두(擡頭)하여, 지구촌(地球村)의 사람들이 거의 비슷한 식생활과 의생활, 그리고 주생활을 하게 될 것이라고 하여도 과히 틀리는 말은 아닐 것 같다.

유령과 괴물과 전쟁

60억 세계 인구가 작건 크건 간에 지구촌에서 매일 같이 만들고 있는 회사라는 명칭으로 문을 여는 사업체는 하루에 수천만 개에 달하고, 흔적 없이 문을 닫고 있는 회사도 하루에 수천만 개가 넘는다. 대개의 경제학자들은 주식회사의 경우 평균(平均) 수명(壽命)은 약 30년으로 보고 있다.

그런 중에도 창업 20년, 30년, 50년을 넘기고 창업 100년, 200년을 맞는 회사들이 지구촌에 있어 사람들을 놀라게 하고 있다. 특히 인간의 수명이 현재로서는 100년 이내(以內)라는 점을 감안해 볼 때에 일생을 통하여 세계적인 기업을 일구어 놓는 사람 중에 나이가 든 사람들은 그런 기업(企業)의 장수(長壽) 비결(秘訣)이 무엇인가에 대하여 큰 관심을 보여오고 있다.

인생은 공수래공수거(空手來空手去)이다. 빈손으로 와서 빈손으로 간다. 그가 세상에 남기는 것으로 명예(名譽)와 이름, 기업(企業)과 재산(財産), 그리고 자식(子息) 같은 것이 있겠지만, 그 자신과 죽음까지 동반(同伴)할 사람은 한 사람도 없고, 결국 자기 자신은 혼자 세상을 떠나기 마련이다. 그렇기 때문에 성공한 사람들은 자신의 자식과 기업과 재산, 그리고 명예가 영원하기를 바라며 갖가지 일을 하지만, 부자(富者) 3대(代) 가는 일이 많지 않고, 아버지가 모아 놓은 재산은 자식이 탕진(蕩盡)하는 경우가 많다.

그래서 사람들은 창업(創業)은 쉬우나 수성(守成)은 어렵다는 말을 한다. 매년(每年) 세계적인 경제지(經濟紙)들 중에 세계 100대(大) 회사나 500대(大) 회사 중에 창업 3대에 이르고 연륜 100년이 넘는 회사가 그리 많지 않은 것을 보면 성공(成功)한 기업(企業)의 수성(守成)이 매일 같이 문을 열었다가 닫는 창업(創業)보다 얼마나 어려운가를 알게 된다.

특히 장자(長子) 우선(優先) 사상에 젖어 있는 한국의 경우에는 창업 3대를 잇는 유수(有數)한 기업들이 몇몇 있기는 하지만, 이들이 창업 100년을 넘어 창업 150년을 향하여 선대(先代)와 같은 성공의 걸음을 할 기업이 몇이나 될지 의문이다. 그럼에도 불구하고 일본의 경우에는 100년 연륜(年輪)을 자랑하는 세계 굴지(屈指)의 기업들이 있어서, 세계 기업가들과 경제학자들의 주목(注目)을 받고 있다. 이들이야말로 20세기와 21세기에 걸쳐 200년의 기업 마라톤을 계속하는 세계적인 기업들이다.

이에 비하여 창업의 세월은 일잔(日殘)하지만 세계인(世界人)의 주목을 받고 있는 기업들이 있다. 그 중에 대표적인 기업은 누가 무어라고 해도 20세기 전야(前夜)에 태어나 21세기가 자기(自己)의 시대(時代)라고 자신의 고속도로(高速道路)를 깔아 놓고 쾌속(快速) 질주(疾走)하고 있는 빌 게이츠의 마이크로 소프트 사이다. 컴퓨터는 본래 빌게이츠가 발명한 도구가 아니다. 1940년대 중반에 이미 미국에는 집채만한 컴퓨터가 있었다. 이 컴퓨터 거인(巨人)의 덩치가 작아지고 개인용으로 변하면서, 컴퓨터가 먹고 살아야 할 소프트웨어를 제공하는 마이크로 소프트 사를 만들면서, 이제 빌게이츠는 21세기에 가장 유망(有望)한 세계적인 기업의 운영자가 되었다.

21세기 전야에 떠오른 빌 게이츠의 마이크로 소프트 사에 비견(比肩)되는 기업이 1955년 10월 잿더미로 변한 일본 도쿄의 타다 남은 한 작은 건물 2층에 있는 단칸방에서 탄생했다. 현재 도쿄 백화점이 있는 건물이다. 이름하여 도쿄통신연구소였다. 젊음과 의욕에 불타는 젊은이들이 라디오의 수리(修理)와 개조(改造)를 주업(主業)으로 이렇게 만든 소니는 창업(創業) 반세기(半世紀)도 되지 않아 21세기의 여명(黎明)에 세계 도처에서 '소리와 영상(映像)'을 내품으며, 세계 전자(電子) 산업(産業)의 선두(先頭) 주자(走者)로 뛰고 있다. 일본국의 영문 이름인 재팬(Japan)은 몰라도 소니(Sony)라는 일본 제품을 모르는 지구촌 사람은 그리 많지 않을 정도이다.

그들의 걸음은 성공의 걸음이었다. 그러나 그 걸음 속에 달콤한 성공만 있었던 것은 아니다. 이들이 처음 손을 댄 것은 전기 밥솥이었다. 일본인들이 모방(模倣)과 모방을 기초로 한 창조(創造)의 천재(天才)들이란 말이 있는 것과 같이 이들이 처음 만든 전기 밥솥의 아이디어를 얻은 것은 서양인들이 매일 같이 사용하는 식빵을 굽는 토스터에서였다. 서양인이 빵을 주식으로 먹으므로 토스터가 필요한 것처럼 일본인은 밥을 주로 먹으므로 전기 밥솥이 필요할 것이라는 생각에서였다.

실패였다. 지금은 다양한 기능을 가지고 있는 일본의 전기 밥솥들이 일본과 한국에서 인기를 누리고 있지만 그때만 해도 단순한 알루미늄 전극을 붙인 전기 밥솥은 불을 때어 지은 밥과 같이 맛이 있는 밥을 지을 수가 없었다.

실패(失敗)는 성공(成功)의 어머니라는 말이 있다. 그들은 비록 전기 밥솥 장사에서 실패는 하였지만, 그들에게는 귀중한 경험이었다. 이 세상에 없는 물건을 만들었다는 독창성(獨創性) 바로 그

것이었다. 소니의 젊은이들은 이를 계기로 유령(幽靈)과의 전쟁(戰爭)을 시작했다. 유령이란 현실적으로는 없다. 그 없는 물건을, 이 세상 그 누구도 만들어내지 않은 물건을 만들어내는 작업이 바로 소니의 정신이고 힘이었다.

전기 밥솥에서 실패한 그들은 이번에는 전기 장판을 만들기 시작했다. 그때까지만 해도 전기 장판이란 상상을 해본 사람들이 없었다. 소니 친구들의 독창성이었다. 지금은 전 세계에 아주 좋은 전기 장판들이 팔리고 있지만, 그때 소니 친구들이 만들어낸 전기 장판이란 니크롬 선(線)을 미농지(美濃紙)로 싸서 단순하게 절연(絶緣)만 시킨 것이었다.

제품이 나오자 폭발적인 인기가 있었다. 대(大)히트였다. 난방 설비가 없던 사무실과 가정에서 너도나도 찾는 인기 품목이 되었다. 이어서 이들이 만들어 낸 물건이 진공관(眞空管) 전압계(電壓計)였고, 그 뒤를 이어 만들어 낸 물건이 테이프 레코드였다. 있을 법하기는 하나 현실적(現實的)으로는 있지 않은 유령과 같은 공상(空想)의 물건을 만들어내겠다는 전쟁에서 그들은 실제로 인간 누구에게나 필요한 물건들을 만들어내고 있었다. 유령에게 전자(電子)공학(工學)을 접목(接木)시켜 만들어 낸 전기 장판과 테이프 레코드의 성공은 소니를 완벽한 기업으로 부상시켜 놓았다.

나는 일본에 있으면서 소니의 스토리를 많이 들었고, 소니의 제품을 많이 보았고, 소니의 제품을 많이 샀다. 소니가 만들어낸 워크맨(walkman)은 또 한 차례 지구촌 젊은이들을 놀라게 하였다. 언제 어디서든지 듣고 싶은 스테레오 음악이 귓전을 울려주는 워크맨은 한때 모든 젊은이들이 갖고 싶은 선망의 상품이었다. 소니의 워크맨은 세계의 주목을 받고 젊은 층을 중심으로 유행의 한복판에 서 있게 되었다. 역시 소니만이 착안(着眼)할 수 있는 유령과 같은 상품이었다.

나는 그래서 소니를 유령과의 싸움을 계속해서 승리를 거둔 20세기의 위대한 전자 제품 생산 회사라는 말을 자주 한다. 거기다가 나는 한 가지 말을 더 한다. 소니는 유령과 싸워서 이긴 회사일 뿐만 아니라 괴물(怪物)과도 싸워서 이긴 회사라는 점이다.

그렇다면 내가 말하는 소니가 싸워서 이긴 괴물은 무엇인가. 그것은 바로 품질(品質)이라는 괴물이었다. 아무리 좋은 물건을 만들고 아무리 새로운 물건을 만들어도 그 물건의 품질에 결함(缺陷)이 있으면 소비자는 외면(外面)하고, 품질이 좋으면 잠재적(潛在的) 소비자는 기하급수적(幾何級數的)으로 늘어난다. 회사의 흥망(興亡)이 품질에 달려 있다. 품질이란 정말 괴력(怪力)을 가지고 있는 괴물이다.

소니는 이 괴물과 싸우기 위하여 JAT(Joint Audit)라는 자체 감사 기관을 가지고 있다. 소니의 제품은 세계의 표준(標準)이라는 명성을 얻고 있던 1980년대 중반에 JAT는 스스로 자기들의 제품이 세계의 표준이 될 정도로 정확(正確)하고 정밀(精密)하고 완벽한 제품이 아니다, 다시 말하여 결함(缺陷)이 있는 제품들이라는 자체(自體) 평가(評價)를 내놓았다. 그 예로 그들은 일본 시장 내에서 자사(自社) 제품의 AS(After Service)에 연간(年間) 수억 엔을 투입하고 있다는 사실을 들었다.

이 사실을 놓고 소니맨들이나 소니를 보고 있는 사람들은 놀라지 않을 수 없었다. 세계의 소비자들이 다 좋다하고, 세계의 모든 사람들이 소니 제품이 세계의 표준이라고 칭찬하고 있는 시대에 '아니다!'라는 말을 스스로 하고 있었기 때문이다.

소니는 곧 바로 품질이라는 괴물과의 전쟁을 선포했다. 결함이 없는 물건을 만들어 소비자에게 공급하자는 ZD(Zero Defect) 운동이었다. 1987년의 일이었다. 그들은 결함의 요소를 제조(製造)와 부품(部品), 그리고 설계(設計)와 시장(市場)의 네 곳에서 발견하였다. 이 네 곳 어느 곳에서도 결함이 없는 물건을 만들어야 한다는 것이 소니의 목표였고, 그렇게 해야 세계의 표준과 같은 완벽한 제품이 된다는 생각이었다. 톱 매니저에서부터 중간 매니저, 그리고 각 필드에 있는 모든 소니와 관련이 있는 제조, 부품 생산, 설계, 유통에 종사라는 모든 소니맨들의 가슴에는 24시간 ZD 운동이 파동쳤다.

그러면 우리는 소니가 전 사적(全社的)으로 벌인 ZD 운동의 목표는 무엇이었느냐는 점을 생각해보아야 한다. 옛날부터 정치인(政治人)들에게 주는 교훈(敎訓)의 말에 '민심(民心)은 천심(天心)'이라는 말이 있다. 백성의 마음이 하늘의 마음이고, 백성의 명령이 하늘의 명령이라는 뜻이다. 민심을 하늘 같이 모시라는 말이다.

소니의 ZD 운동도 목표는 같다. 소니는 정치 회사가 아니고 경제 회사이므로 백성이라는 말은 고객(顧客, customer)라는 말로 바꿔야 하고, 하늘의 마음이나 명령이라는 말은 만족(satisfaction)이라는 말로 바꿔야 한다. 다시 말하여 고객의 말과 마음을 하늘같이 모시고, 고객이 만족하는 상품을 만들어낸다는 것이 소니의 ZD 운동의 핵심(核心)이다. 만족하지 않는 상품을 살 고객은 없기 때문이다.

이를 달성하기 위하여 소니는 고객(顧客) 만족(滿足)(CS) 1.0.0 운동을 벌이고 있다. 1이란 Best Care for Everyone이고, 0.0란 Zero Complaints, Zero Defects이다. 소니 제품의 고객이면 누구 하나 예외(例外) 없이 한 사람 한 사람이 모두 만족하는 제품이어서 불만이 제로이어야 하고, 시장에서는 불량률(不良率)이 제로여야 한다는 점이다. 유령과 괴물과 싸워 소니라는 세계(世界)의 성(城)을 쌓은 회사만이 세울 수 있는 목표인지도 모른다.

아직 세계에서 소니와 같은 명성을 얻고 있는 것은 아니지만, 아마도 21세기 어느 날에는 지구촌 도처에서 소니에 버금가는 지명도(地名度)가 있을지도 모를 일본의 기업들은 많다. 그 중에서 나는 나의 비즈니스와 관련이 있는 세가(Sega)와 닌텐도(Nitento), 그리고 최근에 상장(上場) 회사로 발돋움하고 있는 SK Japan을 면밀히 보고 있다. 세가와 닌텐도는 아동(兒童) 시장(市場)의 고급화 추세(趨勢)에 힘입어 급성장 한 게임기 메이커이다. 닌텐도는 종업원이 5만 명이나 넘는 일본의 대재벌(大財閥)인 마쓰시다 전기와 맞먹는 수익을 불과 800명의 직원으로 창출(創出)해내고 있어 일본 상장(上場) 기업 중에서도 이목(耳目)을 집중(集中)하는 기업이다.

세가는 일본 어뮤즈먼트 계(界)의 최고임과 동시에 세계 제일이다. 1951년 일본오락물산(日本娛樂物産)으로 시작하여 게임기를 만들었고, UFO 캣처와 벽돌 깨는 게임기를 발매하여 급성장하였고, 그 후 가정용 게임기도 만들어 선풍(旋風)을 일으켰다. 상장(上場) 후에 미국(美國)에 진출하여 현지 법인(法人)을 설립하고 통신 가라오케업을 시작하였고, 소위 세가 뮤직 시스템을 구축하였다. 직영 게임장이 일본 내에 3,000여 개가 있고, 이곳에서 매일 같이 쏟아져 나오는 이익의 상당액을 연구비로 재투자(再投資)하고, 현재 곳곳에 3,000 내지 5,000평 규모의 세가 테마 파크를 구축하여 건전 게임의 신기원(新紀元)을 목표로 하고 있다.

SK Japan은 졸저(拙著) 『무역을 안고 세계를 향하여』에서도 소개한 바 있지만, 사장(社長) 구보(久保敏志) 씨가 영업사원(營業社員)이라는 명찰(名札)을 달고 거래처(去來處) 개발을 할 정도로 저돌적인 경영(經營) 방식으로 성공한 최근에 상장한 게임계의 총아(寵兒)이다. 1979년에 창업하여 10여 년만에 오사카와 도쿄, 후쿠오카, 나고야에 자사(自社) 건물을 지을 정도로 급성장한 신예(新銳)이다. SK Japan의 특이한 점은 게임기계 등이 아닌 유통상품 판매로써 일본 어무즈멘트 상장 1호로서 업계를 놀라게 한 것이다. 일본 경마(競馬) 팬들이 좋아하는 오꾸리캬프라는 말을 캐릭터화하여 성공하였고, 일본인들이 모두 알고 있는 도라에몽을 저작권 계약하여 엄청난 숫자를 팔아 스타덤에 올랐다. 헬로 키티와 포켓 몬스터가 상징적인 상품이고, 현재는 디즈니 관련 캐릭터 상품으로 히트를 치고 있다.

이들 또한 유령과의 전쟁에서 승리를 거둔 사람들이며, 회사들이다. 일본뿐만 아니라 세계 어느 나라에서도 유령과의 싸움에서 승리하지 않은 인간과 승리하지 않은 기업은 자국(自國)뿐만 아니라 국제 시장에서 우뚝 설 수 없다는 것을 우리는 일본의 성공한 기업과 성공한 기업인들을 보고 배우게 된다.

이 책의 주제(主題)를 한국(韓國), 중국(中國), 일본(日本)으로 잡았지만, 한국에 대해서는 별편(別編)으로 글을 쓰지 않았다. 그 이유는 여러 편(編)의 중국과 일본에 관한 글들의 틈새에 한국의 이야기가 간간(間間)이 들어가 있기 때문에 구태여 많은 지면(紙面)을 할애(割愛)하여 별도(別途)로 거론(擧論)할 필요를 느끼지 않았기 때문이다.

그러나 중국인(中國人)이나 일본인(日本人)들 중에 한국을 잘 모르는 사람들을 위하여 한국이 어떤 곳인가를 개략적(槪略的)으로라도 거론할 필요가 있고, 한국인(韓國人) 스스로도 중국인이나 일본인과 비교하여 다시 한 번 자신의 얼굴을 비추어보아야 하며, 자신의 뒤를 돌아보아야 할 필요가 있기 때문에 이 테마를 잡았다. 타산지석(他山之石), 온고지신(溫故知新), 격세지감(隔世之感)의 심정으로 한국인(韓國人), 중국인(中國人), 일본인(日本人)이 다같이 한국을 이해하고 되돌아보는 계기가 되었으면 좋겠다.

한국은 언필칭(言必稱) 반만년(半萬年)의 유구(悠久)한 역사(歷史)

를 자랑하는 나라이다. '아침이 조용한 나라(朝鮮, The Land of Morning Calm)'이며, 한때는 '동방예의지국(東方禮義之國),' '동방(東邦)의 등불,' '은자(隱者)의 나라'라고 일컬어져 왔다. 지금도 이러한 말들이 타당(妥當)한지는 한국 태생(胎生)으로 한국에서 성장(成長)하여 일본과 중국과 한국에서 무역인(貿易人)으로 살고 있는 한국인(韓國人)인 나 자신(自身)도 고개를 갸우뚱하게 한다.

한국은 아시아 대륙의 동쪽 끝인 극동(極東)에 자리잡은 한반도(韓半島)의 22만 평방킬로미터에 자리잡은 조그마한 나라이다. 현재 이 반도(半島)에는 7천여 만 명의 인구가 살고 있다.

기원(紀元) 초(初) 한반도에는 신라(新羅), 백제(百濟), 고구려(高句麗)라는 세 나라가 있었다. 고구려는 반도의 북쪽에 자리잡고, 신라는 반도의 동남쪽에 위치해 있었으며, 백제는 반도의 중간(中間) 지대(地帶)에 있었다. 세 나라는 서로 아옹다옹하다가 신라가 고구려와 백제를 통합(統合)하여 소위 통일(統一)신라시대가 되었다. 이때부터 한반도는 백의민족(白衣民族)이라는 한민족(韓民族)이 세운 단일민족(單一民族), 단일국가(單一國家)로 고려(高麗)시대와 조선(朝鮮)시대를 거쳐 제2차 세계대전 전(前)까지 살아 왔다.

제2차 세계대전이 끝나고 일본 제국주의(帝國主義)의 식민지(植民地)에서 해방되면서 한반도는 미소(美蘇) 양대(兩大) 세력권(勢力圈)에서 극심(極甚)한 냉전(冷戰) 체제(體制)의 제물(祭物)이 되어, 1948년 남쪽에는 미국의 영향을 받아 민주주의(民主主義)와 자본주의(資本主義)를 기본으로 하는 대한민국(大韓民國, Republic of Korea)이 건국(建國)되고, 북쪽에는 소련의 영향을 받아 공산주의(共産主義)를 기본으로 하는 소위 '조선민주주의인민공화국(朝鮮民主主義人民共和國, Democratic Peoples Republic of Korea)'이 세워져, 반도의 허리가 두 동강난 채 오늘에 이르고 있다. 이로 인하여 신라, 백제, 고구려의 삼국시대(三國時代) 이래 수천 년 동안 단일

민족(單一民族), 단일국가(單一國家) 체제(體制)를 유지(維持)해오던 한반도(韓半島)는 양분(兩分)되어 단일민족(單一民族) 두 국가라는 비애(悲哀)가 시작되었다.

제2차 세계대전 후에 한반도(韓半島)가 두 동강이 난 것은 역사(歷史)의 아이러니이다. 전쟁(戰爭)에는 전승국(戰勝國)이 있고, 패전국(敗戰國)이 있다. 제2차 세계대전에서 미소영중불(美蘇英中佛)은 전승국이었다. 전승국에서는 영웅(英雄)을 탄생하고, 개선곡(凱旋曲)을 부르며, 축포(祝砲)를 쏜다. 미국의 맥아더 장군(將軍)과 아이젠하워 장군, 그리고 영국의 윈스턴 처칠은 제2차 세계대전을 연합국(聯合國)의 승리(勝利)로 이끈 영웅이었다.

그러나 전쟁은 무자비(無慈悲)한 것이다. 전승국은 패전국을 난자(亂刺)한다. 일본(日本)이 원자탄(原子彈)으로 초토화(焦土化)되고, 히틀러의 독일(獨逸)은 동독(東獨)과 서독(西獨)으로 양분(兩分)되었다. 전승국(戰勝國) 마음대로였다. 이때에 패전국(敗戰國)이었던 일본(日本)과 패전국의 침략(侵略)에 의하여 식민지(植民地)가 되어 신음(呻吟)하다가 해방(解放)을 맞은 한반도는 어떻게 되었는가.

내가 제2차 세계대전 후에 한반도가 양분된 것은 역사의 아이러니라고 하는 이유가 여기에 있다. 한반도(韓半島) 한국(韓國)은 아무런 죄(罪)가 없는 곳이었다. 그런데 전쟁이 끝나고 패전국인 일본은 그대로 있는데 일본의 고통(苦痛)을 받던 약소민족(弱小民族)이 살고 있는 한반도는 남북(南北)으로 양분되었다. 죄는 일본에게 있었다. 한국은 아무런 죄가 없었다.

그렇다면 내가 하고 싶은 말을 할 때가 왔다. 일본인(日本人)들에게는 대단히 미안한 말이지만, 만일 이때에 역사(歷史)의 정의(正義)가 있었다면, 연합국 지도자들이 승리(勝利)에 도취(陶醉)되어 정신을 잃지 않았다면, 아무런 죄가 없는 한국을 남북(南北)으로 분단(分斷)할 것이 아니라, 일본을 독일을 동서로 가르듯이 남북으로 갈라야 했을 것이다. 독일과 일본은 패전국이었기 때문이다.

단일민족(單一民族)의 단일국가(單一國家)가 분단(分斷)된 고통은 인체(人體)를 반(半)으로 잘라 놓은 것보다 더 심한 고통을 동반(同伴)한다. 분단된 한반도가 그랬다. 연합국의 승리가 1945년에 있었고, 대한민국의 건국이 1948년에 있었으며, 조선민주주의인민공화국은 1949년에 세워졌고, 이어서 1년도 되지 못한 1950년 6월 25일에 한반도에서는 남북전쟁(南北戰爭, Korean War)이 발생(發生)했다. 연합국들이 승리(勝利)의 축배(祝杯)의 잔(盞)을 내려놓기도 전에 한국에서는 전쟁이 터진 것이다. 이 전쟁은 한국사(韓國史)에서 삼국통일(三國統一) 이래 동족(同族) 간에 싸운 최초(最初)의 전쟁(戰爭)이고, 최대(最大)의 전쟁이었다.

내가 앞에서 전쟁에는 전승국이 있고 패전국이 있다고 했지만, 전쟁이란 늘 그런 것만은 아니다. 인간들이 피를 흘리고 싸웠지만 쥐꼬리만한 영토(領土)의 변경(變更)은 있을지언정 패자(敗者)도 없고 승자(勝者)도 없는 경우는 많다. 3년간에 걸쳐 한반도를 피로 물들이고 잿더미로 변하게 한 한국의 남북 전쟁에서도 패자와 승자가 없었지만, 그보다 더욱 기가 막힌 일은 한반도는 전쟁(戰爭)을 하다가 휴전(休戰)을 했다는 사실이다.

도대체 휴전이란 무엇인가. 우리가 일을 하다가 어려우면 휴식(休息)을 취할 수도 있고, 책을 보다가 졸음이 오면 휴면(休眠) 시간을 가질 수는 있다. 그러나 전쟁은 죽고 사는 일이다. 죽고 사는 일을 하다가는 휴식(休息)이나 휴면(休眠)을 즐길 틈이 없다. 쉬기만 하면 금방 죽기 때문이다.

그런데 한반도에서는 이 어처구니없는 일이 벌어졌다. 전쟁을 하다가 '쉬었다가 또 여차(如此)하면 할 셈으로' 휴전(休戰)을 한 것이다. 이 휴전(休戰) 사태(事態)는 한반도에 두고두고 불씨가 되었고, 한반도에 살고 있는 남북의 사람들을 잠시도 상대편(相對便)

의 동정(動靜)을 수수방관(袖手傍觀)할 수 없는 긴장(緊張)의 연속(連續) 선상(線上)에서 반세기(半世紀)를 살게 하였다.

현대 의학(醫學)에서 가장 무서운 병이 스트레스이다. 동물(動物) 실험(實驗) 결과, 쥐에게 연속적인 스트레스를 가하면 그 쥐는 얼마 가지 않아 죽고 만다는 것이 밝혀졌다. 한반도에서 현재 살고 있는 7천만 한민족(韓民族)은 이렇게 무서운 스트레스를 50년이 넘도록 받아오고 있는 지상(地上)에서 둘도 없는 사람들이다. 이 얼마나 비극(悲劇)의 땅인가. 이러한 장기적인 스트레스를 받고도 궤멸(潰滅)하지 않고 살아 있다는 것이 어찌 보면 현대 의학의 기적(奇蹟)이 아닐 수 없다.

나는 20세기의 전야(前夜)에 일본인과 중국인에게 한국인을 이해해야 한다는 심정(心情)을 피력(披瀝)하고 싶다. 만일 제2차 세계대전 후에 일본이 남북으로 갈리거나, 중국이 동서 또는 남북으로 갈려 지금까지 내려온다면 그 일본인들과 중국인들이 받는 고통은 얼마나 심할까. 한국의 남북 분단이 우리의 이웃인 일본인이나 중국인에게 남의 일이 아니다. 정치적(政治的)인 이해(利害) 관계(關係)를 떠나서라도 다같이 고통을 느껴야 할 인간(人間) 본연(本然)의 문제(問題)이다.

중국은 한반도의 분단에 대하여 책임(責任)이 없기 때문에 그렇지 않아도 좋지만, 일본인은 한반도의 분단(分斷)에 관한 시원(始原)을 제공한 사람들로 더욱 한반도의 분단 고통에 대하여 아픔을 느껴야 한다는 고언(苦言)을 하지 않을 수 없다. 역사(歷史)에는 가정(假定)이 없다지만, 만일 일본(日本) 군국(軍國) 제국주의자(帝國主義者)들이 1905년 소위 을사보호조약(乙巳保護條約)으로 한국에 올가미를 씌우지 않고, 1910년 소위 조일합방(조일(朝日合邦)이라는 한반도(韓半島) 강점(强占) 조치를 취하여 한반도를 일본의 식민지(植民地)로 만들지만 않았다면, 오늘의 한반도는 남북으로 분단

되어야 할 이유가 없었고, 남북이 갈려 동족(同族) 간에 전쟁을 할 이유도 없었으며, 지금처럼 부모형제(父母兄弟), 일가(一家) 친척(親戚), 친지(親知)들이 만나지도 못하고 50년간을 살아야 할 이유가 없었다.

제2차 세계대전 후에 한반도의 아이러니는 계속되었다. 남북 분단의 아이러니 뒤에 남북 전쟁이라는 아이러니가 뒤따랐고, 한반도의 남북 전쟁이 폐허(廢墟)가 되었던 패전국인 일본이 또다시 부흥(復興)하는 계기(契機)가 되었다는 것 또한 역사의 아이러니이다.

전승국인 미국은 일본땅을 점령(占領)하여 일본의 헌법을 고치게 하고, 일본의 재벌(財閥)들에게 해체(解體) 명령(命令)을 내렸다. 정치와 경제를 미국식(美國式)으로 개조(改造)하기 위함이었고, 일본의 정치와 경제가 미국식으로 접근하자 일본의 사회와 문화는 급격하게 미국화(美國化)하였다. 이때에 터진 것이 한반도의 남북 전쟁이다.

한국은 지정학적(地政學的)으로 아시아 대륙의 세력(勢力)이 태평양으로 진출하는 요지(要地)이고, 미국의 입장에서 보면 태평양을 건너 아시아 대륙(大陸)으로 상륙(上陸)하는 발판이다. 이 땅에 남북 전쟁이 나자 미소(美蘇) 양국(兩國)은 한치도 양보할 수 없는 입장이었다. 전쟁이 터지면 군수(軍需) 물자(物資)가 풍부해야 승전(勝戰)의 기틀을 잡는다. 이때에 미국은 한반도의 전쟁에 필요한 군수 물자를 일본에서 조달(調達)하는 전략(戰略)을 세웠고, 그 결과로 일본은 한국 전쟁에 필요한 각종 군수 물자를 생산 공급하여 경제(經濟) 재건(再建)과 부흥(復興)의 기틀을 잡았다.

한국인은 이러한 역사의 아이러니 속에서 지금까지 남북(南北) 분단(分斷) 휴전(休戰)이라는 아리송한 상태가 계속되면서 긴장의 고저(高低) 속에 살고 있다. 어떤 면에서는 20세기의 가장 슬픈 국가(國家)이고 민족(民族)이며, 21세기의 전야에 이 지구상에 남아 있는 단 하나의 분단(分斷) 국가(國家)라는 오욕(汚辱) 속에 살고 있다. 남북(南北) 이산(離散) 가족(家族)이 1천만 명이 넘는 나라이며, 서로 편지 한 장, 전화 한 통, 선물 하나를 보내지 못하고, 서로 그리워만 하다가 세상을 떠나 구천(九天)을 헤매고 있는 원혼(冤魂)이 너무나 많은 나라이고, 이러한 나라는 이 지상에서 한반도를 빼고는 존재하지 않는다.

이 역사의 아이러니를 겪은 한반도의 남쪽 나라인 대한민국이 한때 세계(世界)의 이목(耳目)을 집중시킨 바 있고, 개발도상(開發途上) 국가(國家)들의 발전(發展) 모델로 떠오른 일이 있다. 특히 중국은 개방(開放) 정치를 표명(表明)한 이후에 한국을 모델로 현대화(現代化)에 박차(拍車)를 가(加)한 좋은 예의 나라이다. 그러면 1990년대(年代) 중반(中半)까지의 그 작은 한반도(韓半島)의 반토막에 불과(不過)한 한국(韓國)의 경제(經濟)가 어떻게 세계적인 경제로 떠오를 수 있었으며, 한국의 경제는 세계 속에서 어떠한 위치(位置)에 있었는가.

1945년 한반도에 진주했던 미군들은 한국을 '머디 랜드(Muddy Land)'라 했다. 진흙탕 같은 나라라는 말이다. 그 만큼 미개(未開)한 나라였다. 그러나 지금의 한국은 문명(文明)의 구석에 파묻힌 진흙탕의 나라가 아니다. 지금의 한국은 '세계 속의 한국'이 되어 지구상에 있는 200여 개의 나라 중에 10위(位) 권(圈)을 마크하는 기록을 수두룩하게 가진 나라였다.

20년 전만 해도 자가용(自家用)을 타는 사람을 선망(羨望)의 눈으로 바라보고, 30년 전만 해도 전화기(電話機) 놓고 사는 집을 보고 부러워하던 한국이다. 그런데 지금은 어떤가. 자가용을 가지지 않으면 평균인 축에도 끼지 못할 나라가 되었고, 한 집에 두 대 이상의 자가용을 가지고 사는 집이 수없이 많다. 전화 정도는 없는 집이 오히려 이상(異狀)한 집이고, 청소년(靑少年)에서부터 중장년

(中壯年)에 이르기까지 휴대(携帶) 폰을 가지지 않은 사람이 없을 정도이다. 텔레비전, 냉장고(冷藏庫), 전자(電子) 렌지 역시 그렇다.

'포니(Pony)'라는 조그마한 자동차를 생산하기 시작한 이래 한국의 자동차 총 생산대수는 1985년에 38만 대로 세계 16위, 1990년에 132만 대로 세계 10위, 1995년에는 253만 대로 세계 5위를 기록하고 있으며, 자동차 수출은 1995년에 98만 대를 기록하여 세계 8위를 차지하고 있다. 타이어 생산 역시 급격히 발전하여 세계 5위를 기록한다. 현재 자동차 생산의 1위는 1,199만 대를 생산하는 미국이 부동의 위치를 점유하고 있고, 2위는 1,020만 대를 생산하는 일본이다.

조강(粗鋼) 생산은 1995년 현재 세계 6위이고, 선박 수주(受注)와 건조(建造)는 세계 2위를 차지하고 있다. 석유 한 방울 나지 않는 나라이지만 1인당 원유(原油) 소비량(消費量)은 세계 평균 1인당 소비량의 3배를 넘고 있다. 1994년을 기준으로 발전(發電) 능력은 세계 17위이고, 총(總) 발전량(發電量)으로 보면 세계 13위이며, 원자력(原子力) 발전량(發電量)은 세계 10위이다.

무역(貿易) 지수(指數)도 만만치 않다. 교역량(交易量)으로 보면 세계 11위이고, 수출(輸出)이 11위, 수입(輸入)은 10위인 나라로 등장했다. 세계 속의 한국을 실감케 하는 통계이다. 이를 더 자세히 들여다보면 1994년 총 교역량 1,984억 달러 중 수출이 960억 달러, 수입이 1,023억 달러이다. 1995년 총 교역량 2,602억 달러 중 수출은 1,251억 달러로 세계 11위이고, 수입은 1,351억 달러로 세계 10위의 국가이다.

수출이 세계 11위라는 것은 자랑스러운 기록이나, 1990년대 중반(中半)의 외채(外債)에 관한 통계(統計)를 보면 숨막히는 나라였다. 1994년에는 568억 달러이던 외채가 1995년에는 784억 달러로 증가했고, 1996년에는 1,045억 달러로 2년만에 거의 두 배로 증가

하고 있다. 외채를 본다면 빚쟁이 나라가 아닐 수 없고, 급기야 1997년 말(末)에는 IMF에 긴급(緊急) 구조(救助) 금융(金融)을 요청하여 탄탄대로(坦坦大路)와 같던 한국의 경제는 하루아침에 폭삭 망(亡)하여 현재 빨간 경고등(警告燈)이 켜져 있다.

국민총생산(GDP)은 세계 10위를 기록하고 있지만, 1인당 GDP는 29위인 나라로 되어 있다. 1인당 GDP는 1994년에 8,537달러로 세계 31위, 최초로 1만 달러 시대의 문을 연 1995년에는 10,124달러, 그리고 1996년에는 10,640달러를 달성하여 세계 29위의 나라가 되었다. 그러나 외환(外換) 고갈(枯渴)로 인한 1997년 IMF 구조금융 사태를 맞은 직후(直後)의 1인당 국민 소득(所得)은 반(半)으로 곤두박질쳤다.

지난날의 통계를 보자. 한국은 개발 도상 국가에도 끼지 못하는 후진국(後進國)이었다. 1953년 남북 전쟁이 끝난 때의 1인당 GNP는 불과 67달러였고, 4·19 학생혁명이 일어난 1960년에는 79달러로 1950년대까지 한국은 1인당 국민 소득이 100달러도 되지 않는 나라였다. 그러던 것이 1960년대를 거쳐 1970년에 234달러, 1986년에 1,592달러, 그리고 1990년에는 5,883달러였다. 6·25사변이 끝난 1953년과 1996년의 1인당 GNP를 비교해보면 43년만에 무려 160여 배가 증가하였다. 그래서 한국은 세계 개발도상 국가들의 발전 모델이 되었었다.

그래도 역사(歷史)가 깊은 나라라서 외국인의 입장에서 보면 볼 곳도 많고 볼 것도 많다. 도시로는 600년이라는 수도(首都)의 역사를 가지고 있는 한국의 서울을 비롯하여 2000여 년의 수도 역사를 가지고 있는 북한(北韓)의 평양(平壤)과 같은 고도(古都)가 많다. 고구려(高句麗) 시대 이후의 역사적 유물(遺物)과 유적(遺蹟)이 많은 평양은 나 자신도 남북이 분단되어 가보지 못하였으나, 서울은 중국인이나 일본인이 볼 만한 것이 많다.

경복궁의 향원정과 경주 불국사

　　대표적인 곳이 경복궁(景福宮)과 비원(秘苑, Secret Garden)이다. 서울의 경복궁은 북경(北京)의 자금성(紫禁城)의 축소판(縮小版)과 같고, 특히 한복판에 있는 연못 속의 경회루(慶會樓)는 볼 만하다. 비원은 1,000만 명 이상의 인구가 밀집(密集)하여 살고 있는 서울의 도심(都心) 속에 있는 옛 왕궁(王宮)으로 1천 년 수목(樹木)이 우거진 아름다운 궁중(宮中) 정원(庭園)으로 옛 모습을 고스란히 간직하고 있어 한때의 산책(散策) 장소로 더 없이 좋다.

　　서울에서 한 시간 반 정도 떨어져 있는 백제(百濟)의 고도(古都) 부여는 특히 일본인들이 자주 찾는 곳이다. 일본과 한국의 고대사(古代史)에 한국의 백제에서 일본으로 문물(文物)을 전해준 사실은 이미 잘 알려진 사실이라, 일본인들이 부여를 방문하면 현재 일본 문화의 원형(原型)이 부여에 있는 듯하여 감회가 어린 곳이다.

　　서울에서 네댓 시간 가면 도달하는 신라(新羅)의 고도(古都)인 경주(慶州)는 고대 왕릉(王陵)과 고대 불교(佛敎) 건축(建築)의 찬란(燦爛)한 진수(眞髓)를 볼 수 있는 곳이다. 불국사(佛國寺), 석굴암(石窟庵), 다보탑(多寶塔) 등이 우아(優雅)한 신라인(新羅人)의 얼과 넋, 그리고 체취(體臭)를 풍겨 준다.

　　그러나 뭐니 뭐니 해도 한국의 가장 큰 자랑거리 중의 하나는 '한글'이라는 한국의 고유(固有)한 문자(文字)이며, 다른 하나는 16

세기(世紀) 임진왜란(壬辰倭亂) 때에 사용한 '거북선(船)'이라는 전
함(戰艦)이다. 한글과 거북선은 세계 어느 나라 어느 민족에도 그
유례(類例)를 찾아 볼 수 없는 한국의 독창적(獨創的)이고 독보적
(獨步的) 문화 유산으로 세계 전문가들의 관심이 고조되고 있다.

세계의 모든 문자는 표음문자(表音文字)와 표의문자(表意文字)로
나뉜다. 로마 자(字)가 표음문자의 대표로 소리를 문자로 나열(羅
列)한 것이고, 한자(漢字)가 표의문자의 대표로 형상(形象)을 문자
로 조합(組合)해놓은 것이다. 한국이 세계에 자랑하고 있는 한글은
소리를 문자로 나타내는 표음문자임에도 불구하고, 소리를 단순히
나열하는 로마 자와는 달리 소리를 조합하여 표시하는 문자로 유
명하며, 이에 관해서는 세계 문자를 연구하는 학자들도 찬탄(讚嘆)
하고 있다.

거북선은 한국의 넬슨 제독(提督)이라는 한국의 성웅(聖雄) 이순
신이 왜군(倭軍)을 무찌를 때에 사용한 전함이다. 아직 원형(原型)
을 찾지 못하여 복원(復元)에 한계가 있지만 외형(外形)이 거북선과
같고, 거북이의 입에서는 불을 품으며, 거북이의 등에는 무수한 쇠
창이 꽂혀, 적군(敵軍)이 배에 기어오르지 못하게 되어 있고, 병력
(兵力)은 거북이의 몸 속에 들어가 각종 전투(戰鬪)를 자유자재(自
由自在)로 하는 형태의 전함(戰艦)이다. 500여 년이 지난 지금까지
세계의 전함 연구가(研究家)들이 끊임없이 관심을 갖는 배이다.

이쯤되면 한국의 어제와 오늘을 약간 거론한 셈이다. 비록 21
세기 2000년대의 문턱에서 외환 고갈로 인해 IMF의 구제 금융을
받는 환란(換亂)을 겪으며 경제가 곤두박질치고 있지만 그래도 한
국은 저력(底力)이 있는 나라이다. 지금은 어려움을 당하여 잠시
허덕이고 있으나, 다시 기운을 차리면 세계 10위권 내에 드는 고
도(高度) 성장(成長)과 고속(高速) 질주(疾走)를 거듭할 나라임이 분
명하다.

일본은 무엇이 다른가

세계에서 일본의 근세(近世)와 현대(現代)를 보면서 놀라는 사람들이 많다. 일본의 국토는 전 지구 면적의 0.3%밖에 되지 않는 왜소국(矮小國)이며, 그것도 인류의 대(大)터전인 육지(陸地)와는 격리된 조그마한 섬이다. 이 티끌만한 나라가 세계 GNP의 15%를 지배하고 있다. 영국처럼 일찍이 왕권(王權)이 발달하였던 것도 아니고, 산업혁명이 일어났던 곳도 아니며, 오대양(五大洋)을 누비는 무적(無敵) 함대(艦隊)가 있었던 것도 아니다.

그런데 그들이 어떻게 하여 세계를 자기 손아귀에 넣으려고 한 제2차 세계대전의 주축이 되어 세계를 제패(制覇)하려는 정치적(政治的) 군사적(軍事的) 강국(强國)이 되었던가, 그러한 사상(思想)과 의욕(意慾)과 야망(野望)은 도대체 어디에서 나온 것이었나 하는 것이 첫번째의 놀라움이다. 두번째의 놀라움은 제2차 세계대전에서 패배(敗北)하여 세계인의 안목에서 침략자라는 손가락질을 받고, 실의(失意)에 빠져 허덕이던 일본이 어떻게 해서 패전 4반세기(半世紀)도 못되어 이번에는 정치적이나 군사적인 면에서가 아니라 경제적인 면에서 세계 최강국이 되었는가 하는 점이다.

나는 이 문제를 풀기 위한 키워드로 '일본은 무엇인가 다르다'는 말을 상기(想起)하고자 한다. 원자탄(原子彈)이 가공(可恐)할 무기(武器)이기는 하였으나 그것도 일본군(日本軍)의 입장에서 보면 시간(時間)의 차이(差異)였을 뿐이다. 미국이 원자탄을 개발하고 있을 때에 일본도 이미 개발하고 있었고, 미국이 일본 땅에 원자탄을 투하(投下)하기 직전에 일본 역시 원자탄 실험(實驗)의 막바지에 있었다. 다만 미국에 비하여 실용(?)에 한발 늦었을 뿐이었다. 다른 말로 표현하면 일본과 미국의 원자탄 개발은 시차(時差)가 있었을 뿐 대동소이(大同小異)했다.

그럼에도 불구하고 패자가 된 일본은 승자(勝者)가 된 미국의 군정(軍政) 시대를 맞아 별로 항거(抗拒)하는 모습을 보이지 않았다. 이 점은 세계를 제패하던 징기스칸의 몽고족(蒙古族)이 조선반도(朝鮮半島)를 침략하였을 때에 조정(朝廷)은 무릎을 꿇었으나 삼별초 집단은 제주도까지 내려가면서 결전(決戰)을 했던 한국과는 전혀 다른 일이다.

맥아더의 군화(軍靴) 발 아래에서 헌법(憲法)을 만들어 신일본(新日本)을 세웠으나 그들은 국기(國旗)도 국가(國歌)도 제정하지 못했다. 전쟁(戰爭)은 아예 포기하는 소위 평화(平和) 헌법(憲法)이라는 헌법을 제정했다. 세계대전 때의 일본이 천하(天下)를 호령(虎令)하는 호랑이였다면, 패전 후에 새로운 헌법을 만든 일본은 평화라는 미명 아래 국토 방위의 핵(核)인 전쟁마저 포기했으니, '이빨 빠진 호랑이' 모습이 되었다.

미군의 군화를 뒤따라 미국의 문화(文化)가 밀려 왔다. 일본은 미국의 문화도 거부(拒否)하지 않았다. 미국이 가르쳐주는 기술(技術)과 그들이 제시하는 방법(方法)에 따라 일본의 미국화(美國化)가 급격하게 진행되었다. 그때를 회상하는 어느 미국인은 일본이 어찌나 말을 잘 듣는지, 일본은 미국의 실험대(實驗臺)와 같았다고 말한 일이 있다.

그 당시 미국은 미국에서도 실천하지 못하는 가지 각종(各種)의 새로운 이론(理論)과 방법을 전화(戰火)를 복구(復舊)하려는 일본에 제시하였고, 일본인들은 그것이 바로 세계 최강 최신의 기술을 자랑하는 산업 국가 미국의 기본인 것으로 알고 비판이나 저항 없이 받아들였다. 그 결과 일본은 단기간(短期間) 미국에도 없는 새로운 기술들이 만개(滿開)하는 나라가 되었고, 얼마 가지 않아 여러 분야에서 미국은 일본에 뒤떨어지는 현상이 나타나기 시작했다. 전화위복(轉禍爲福)이란 바로 이런 경우를 말한다.

그리하여 오늘의 일본은 세계 문화와 문명의 용광로(鎔鑛爐)임과 동시에 실험대(實驗臺)이고, 새로운 인류 문화 문명의 창시지(創始地)와 같은 나라가 되었는지도 모른다. 일본은 모든 것을 거부 없이 받아들여 자기화(自己化)하는 천재성(天才性)이 있다. 중국의 한자(漢字)를 받아들여 자기 나라의 글자로 만들어 쓰는 것은 옛날의 일이고, 음력(陰曆)과 양력(陽曆)을 날짜 하나 바꾸지 않고 그대로 소화(消化)하는 나라가 일본이다.

원래 일본도 설날은 음력 정월 초하루였다. 양력이 보급되면서 양력 정월 초하루를 설날로 한 것까지는 쉽게 이해할 수 있다. 그러나 음력 팔월 보름날에 있던 추석(秋夕)을 양력 8월 15일에 세는 것을 보면 신기(神奇)하다는 생각마저 든다. 이러한 일은 무엇이든지 일본이라는 용광로에 들어오면 녹아서 일본 식(式)으로 일본화 된다는 흐름을 읽지 않은 사람들의 눈에는 경이(驚異)로운 일이 아닐 수 없다.

그들은 추석(秋夕)이라는 명절(名節)보다 8월 15일이라는 날짜에 더 큰 뜻을 두고, 음력이나 양력이라는 세력(歲曆)보다 1월 1일이라는 날짜에 더욱 의미를 두기 때문에 이러한 묘(妙)한 일들이 벌어진다. 일본은 확실히 무엇인가 다른 점이 있는 나라임이 분명하다. 세계 최고의 소화력(消化力)이 있는 나라라고 표현하면 너무 과장된 말일까. 그들은 명절도, 날짜도, 글자도, 문화도, 문명도, 기술도, 방법도, 미국도 모두 먹어 치워 자신의 피와 살이 되게 하는 굉장한 소화력을 가지고 있다.

이러한 일본의 마력(魔力)은 실용화(實用化)라는 말로 바꾸어 표현할 수 있다. 무엇이든지 자기들이, 아니 세계인(世界人)들이 실용(實用)할 수 있는 가장 좋은 것으로 변화시키는 힘이 기질화(氣質化)되어 있고, 풍토화(風土化)되어 있는 곳이 일본이다. 경제 부국이 된 밑거름이 일본 특유의 눈으로 보고 개척한 각종 산업 과학 기술(技術)들의 세계 보편(普遍) 타당(妥當)한 실용화나, 최첨단(最尖端)의 실용화였다. 몇 가지 예를 들어 그 실상(實像)을 알아보고, 중국이나 한국이 무엇을 일본에서 배워야 하는가를 짚어보자.

제1차 세계대전에서 일본은 태평양의 남양군도(南洋群島)를 자기 영토(領土)로 만들었다. 새로운 영토가 생기자 일본 본토 사람들이 다투어 남양군도로 갔다. 그 중에 구두 회사의 두 영업 사원이 있었다.

남양군도를 다녀온 두 영업 사원의 보고는 서로 달랐다. 한 사람은 남양군도 주민들은 구두를 신지 않고 맨발로 살고 있으므로 구두 장사는 되지 않을 것이라는 리포트를 냈고, 다른 한 사람은 남양군도에는 구두가 없으므로 만들어서 보내기만 하면 잘 팔릴 것이라는 보고서를 제출했다. 이 두 가지 보고서를 접한 회사에서는 목표(目標)를 상실(喪失)한 보고자를 크게 꾸짖었다. 구두 장사가 구두를 팔 시장을 개척하러 갔으면 구두를 팔 궁리를 해서 와야지, 안 된다는 결론을 가지고 오려면 무엇을 하려고 갔단 말인가.

알래스카에 가서 냉장고를 팔고, 아라비아 사막에 가서 히터를 파는 것이 일본이다. 지구촌 어느 구석에서 전쟁이 나면 전쟁이 터졌다는 소리가 들리기 무섭게 군수 물자를 팔러 가고, 전쟁이 끝나면 곧 바로 전후 복구 사업에 뛰어 들어 장사를 하는 것이 일본이다. 전쟁(戰爭)도, 사막(沙漠)도, 동토(凍土)도 일본에게는 경제(經濟)의 터전이 된다. 모든 상황에 대한 경제적 소화력, 경제적 개척이라는 잣대가 주어져 있다.

이제 본격적으로 일본인들의 기술 실용화 이야기를 해보자. 노벨상을 받은 레이저의 발견은 40년 전의 일이다. 레이저를 이용하여 태양과 지구의 거리를 센티미터 단위로 잴 수 있다든지, 레이저 광선을 이용하여 수술을 한다든지 하는 것은 레이저가 발견되면서부터 해오던 이야기이다.

그러나 레이저를 발견하고 한동안 하나도 실용화된 것이 없었다. 이론상 기술상으로는 가능하나, 실용화하기 위해서는 너무나 돈이 많이 들기 때문이었다. 그러던 것이 LP 시대를 지나 CD 시대가 도래(到來)하면서 레이저는 폭발적인 수요를 창조했다. 그것은 일반 대중들이 누구나 사용할 수 있는 저렴한 CD 플레어를 일본에서 개발하면서부터이다.

일본은 수십 년 전에 발견한 레이저를 실용화하고 세계화한 나라이다. 그때까지 걸린 시간은 레이저를 발견하고 나서부터 근 30년이 경과되었다. 일본은 너무나 값이 비싸 쓸 수 없다고 세계 기술자들이 방치(放置)해두었던 헌 레이저 기술에서 황금의 맥을 캐냈다. 일본은 무엇인가 확실히 달랐다.

지금은 일반화되고 있는 현상의 하나이지만 액정(液晶), 즉 액체(液體)의 결정(結晶)은 무려 100년 전에 발견되었다. 시계나 전자 계산기, 그리고 휴대폰이나 하이비전 같은 것에 흔히 사용되고 액정 역시 100년 동안 방치되었던 것을 일본이 세계 시장에 각종의 상품으로 일반화시켜 놓았다.

탄소 섬유에 얽힌 일본의 일화는 우리에게 예시해주는 바가 크

다. 탄소 섬유는 강철보다 3배가 강한 섬유이다. 이 탄소 섬유가
발견되었을 때에 유럽의 과학자와 기술자들은 탄소 섬유로 비행기
를 만들면 가볍고 강해 훌륭한 비행기가 될 것이라는 생각을 했다.
그러나 값이 많이 들어 문제였다.

일본은 탄소 섬유를 놓고 비행기와 같은 거대한 물건을 생각하
지 않았다. 일본은 낚싯대와 골프채를 생각했다. 유럽 사람들이 가
격 타령을 하며 만들지도 못하는 비행기를 붙들고 있을 때에 일본
은 비행기에 비하면 비교도 되지 않는 낚싯대나 골프채와 같은 하
찮은 물품에 매달렸고, 차자 가격이 저렴해지자 비행기 소재로 개
발하기 시작하여, 현재는 전 세계 비행기 탄소 섬유 제품의 60%를
공급하고 있다. 놀라운 사실이 아닐 수 없다.

세계 최강국인 미국이 사용하고 있는 우주선(宇宙船)이나 비행
기, 그리고 첨단 무기에는 하나 같이 일본의 핵심적(核心的)인 부
품(部品)들이 들어 있다. 일본이 아니고는 만들 기술이 없기 때문
이다. 차세대(次世代) 전투기(戰鬪機)라는 FSX에도 일본 특유의 기
술이 들어 있다. FSX에 설치된 사각(死角)이 없는 레이더는 일본밖
에 만드는 나라가 없고, 문제가 되었던 주날개 역시 낚싯대나 골프
채의 연장선에서 일본이 해결하였다.

화학 섬유는 레이온에서 폴리에스터, 플레에스터에서 폴리프로
필렌으로 발달하였다. 폴리프로필렌은 신소재로 일컬어질 만큼 획
기적인 화학 섬유였다. 그러나 일본은 거기에서 멈추지 않았다. 불
과 6그램이면 도쿄에서 오사카까지 닿게 할 수 있는 초극세(超極
細) 섬유를 만들어냈다. 이 섬유는 때가 잘 타고 부드러운 것이 특
징이었다. 일본은 이 점에 착안하여 안경과 같은 렌즈를 닦는 천과
여성들이 즐겨 입는 부드러운 혼방(混紡) 섬유를 계속 개발해냈다.
일본은 기술에 기술을 더한 셈이다.

LSI도 마찬가지이다. 조그마한 실리콘 칩에 트랜지스터를 몇 천

개씩 얹을 수 있는 혁명적인 기술이다. 한 개에 10만 엔 정도 하는 신기술이었다. 이 기술을 놓고 미국은 항공기를 생각했다. 그러나 일본은 그렇지 않았다. 조그마한 휴대용 전자 계산기를 생각했다. 다량 생산이므로 한 개에 1만 엔 정도에 생산 판매할 수 있었고, 지금은 더욱 많은 제품의 수요와 공급이 이루어져 단 돈 100엔 내지 200엔밖에 나가지 않는다.

우리가 매일 같이 사용하고 있는 VTR은 미국의 암펙스 사가 완성한 제품이다. 처음에 나왔을 때는 2,000만 엔이나 했다. 도저히 일반 가정에서는 쓸 수 없는 문명(文明)의 이기(利器)였다. 그러나 일본은 이 비싼 VTR의 가격을 100분의 1로 다운 시켜 일반 소비자들에게 공급했다. 일본이 달라도 보통 다른 것이 아니다.

한국 속담에 돼지에 진주 목걸이라는 말이 있다. 아무리 귀한 것이라도 돼지에게 주어야 쓸모가 없다는 소리이다. LSI, 이 얼마나 소중한 존재인가. 그것을 정말 진주와 같이 인간에게 실용화의 길을 튼 곳이 일본이다.

텔레비전 무비 카메라 역시 그렇다. 1964년 도쿄 올림픽 때만 해도 무비 카메라라고 하면 방송국에서나 쓰는 기구(機具)였다. 그 당시에 그 크고 무겁고 비싼 무비 카메라를 지금처럼 일반 가정에서 사용하고 손바닥 안으로 들어갈 정도로 작고 값싸게 사서 생활 필수품화시킬 것이라고 상상한 사람은 없다. 그러나 일본이 그것을 해냈다. 누구든지 쓸 수 있는, 누구든지 살 수 있는 작고 값싼 카메라를 대중화시킨 것이다.

심지어 지금은 촛불 아래에서도 밝고 선명한 화질(畵質)을 보장하는 소형 무비 카메라들이 전자 상가(商街)를 메우고 있다. 어두운 곳에서도 찍을 수 있는 무비 카메라를 개발한다는 소리를 들은 미국이나 유럽 국가들의 전자 제품 메이커들은 상품성이 없다고 고개를 가로저었다. 그러나 일본은 그렇지 않았다. 일본은 촛불을 켜놓고 결혼식을 하기 때문에 촛불을 켜놓은 곳에서도 찍히는 무비 카메라 시장이 있을 것으로 보았고, 그 아이디어는 적중(的中)하였다. 지금은 세계 도처에서 밤낮을 가리지 않고 메이드 인 재팬의 무비 카메라가 돌아가고 있다.

일본에는 세계 시장의 절반(折半) 혹은 그 이상, 그리고 거의 100%를 대는 굉장한 회사들이 많다. 통상성(通商省)이 이들 기업의 특징이 무엇인가를 조사해본 일이 있다. 결과는 아주 재미있는 일이었다.

첫째로 대부분이 중소기업이었고, 대기업이 아니었다. 놀라운 사실이었다. 둘째로 본사나 공장이 도쿄나 오사카에 있는 기업이 아니었다. 모두가 지방 소재 산업이었다. 이 또한 놀라운 일이었다. 셋째로 유명한 기업이 아니었다. 대개는 일본인들조차 알지 못하는 무명(無名)의 기업들이 세계를 석권(席捲)하고 있었다. 상식(常識)을 뛰어넘는 일이었다. 넷째로 제품은 대체로 생산재였고, 대중 소비재는 없었다. 다섯째로 공장은 철저하게 자동화되어 있어 다른 곳에서 모방할 수 없었다. 바로 이 다섯 가지가 일본의 세계 독점 기업들의 특징이었다. 이쯤 되면 일본은 우리가 일반적으로 생각하는 것과 달라도 보통 다른 곳이 아니다.

그 예를 들어보자. 비행기에 쓰는 리튬알루미늄을 깎는 기계는 후꾸이(福井)에 있는 마쯔우라(松浦機械製作所)가 세계 독점 업체이다. 보통 절삭기(切削機)는 1분에 약 1만 번 정도 회전(回轉)하는 데 비하여 이 회사의 절삭기는 1분에 무려 7만 5천 회전을 하며, 가속이 붙으면 보통 기계의 60배에 가까운 강도(强度)가 붙는다. 이런 기계를 만드는 회사는 세계에서 마쯔우라밖에 없다. NASA를 비롯하여 세계 모든 곳에서 제품 생산 의뢰가 밀려들고, 기계 제작 수출 상담이 몰려온다. 값이 싸고 비싸고의 문제가 아니다. 이 회사가 아니면 만들 수 없는 기술이 있기 때문이다.

지바(千葉)에는 세계적으로 유명한 마부찌 모터 사가 있다. 현재는 생산 공장을 동남아로 이전했지만 하루에 무려 250만 개나 생산하고 있으므로 세계 어느 회사도 이 회사와 가격 경쟁을 해서 이길 회사가 없다. 즉석(卽席) 칼라 사진(寫眞) 현상(現像) 기술 역시 와카야마(和歌山)의 노리끼강기사(鋼機社) 제품으로 세계를 독점하고 있다.

사이타마현(埼玉縣)에는 리올자동기계사(自動機械社)가 있다. 밀가루를 반죽하는 기술을 리올로지라고 하는데 거기에서 리을을 따서 회사 이름을 지었다. 이 회사는 회사 이름과 같이 밀가루를 반죽하여, 그 속에 고물과 잼, 그리고 슈크림 같은 것을 자동으로 넣어 빵을 만들어내는 기계를 만드는 회사이다. 빵을 만드는 기계는 세계 어느 곳에나 있지만, 속에 고물과 슈크림 등이 들어 있는 빵이나 과자를 자동으로 만들어내는 기계를 만드는 곳은 이곳밖에 없다. 당연히 세계의 수많은 과자 빵 제조 회사에서 가지 각종의 기계를 이 회사에 와서 만들어간다.

야마나시현(山梨縣) 고후(甲府)라는 곳은 옛날에 수정(水晶) 도장(圖章)이 유명하던 지방이다. 지금은 수정 도장을 수치 제어 장치로 사람의 손을 빌리지 않고 만들기 때문에 정교(精巧)한 수정 도장을 파는 기술을 가지고 있는 사람들은 보석(寶石) 세공(細工)에 여념이 없다. 이들이 깎아내는 다이아몬드와 에메랄드로 만든 반지와 목걸이들이 현란(眩亂)하다. 세계 도처의 보석상(寶石商)들이 몰려와 자기 마음에 드는 디자인을 골라 자기 상표를 붙여 가는 OEM으로 해가 지고 날이 샌다.

니카타현(新瀉縣)의 쯔마메시(燕市)는 옛날부터 스테인레스 용접 기술이 집약되어 있는 지역이었다. 이들은 건축용 스테인레스 용접 기술에서 인테리어 자재 용접으로 생산 제품을 바꾸면서 경기(景氣)에 관계없이 호황을 누리고 있다. 물론 이들도 내수(內需)보다 수출(輸出)이 주류를 이룬다.

위에서 지적한 회사들은 모두 그 회사가 아니면 만들 수 없는 독창적인 기술을 가지고 있기 때문에 세계를 제패하고 있는 회사들이다. 그렇다고 일본 회사들이 폐쇄성이 있어서 이런 일들이 가능하냐 하면 그것도 아니다. 한때 일본도 자기들이 가지고 있는 기술을 다른 나라에 수출하면, 나중에는 다른 나라에서 생산하는 값싼 물건이 들어와 일본을 망치는 부메랑 효과를 당하지 않느냐고 걱정한 일이었다.

일본은 의연(毅然)히 노(NO)!라는 대답을 한다. 세계(世界) 제패(制覇)와 세계(世界) 제일(第一)이라는 것이 그렇게 쉬운 일이 아니다. 일본이 세계를 제패하는 있는 아이템들은 대개는 기술을 이전(移轉)해주려고 해도 다른 곳에서는 이전받을 지적(知的) 수준(水準)을 형성하지 못하고 있거나, 설령 이전해준다고 해도 이전받은 사람들이 일본을 답습(踏襲)하고 있는 동안에 일본은 더 멀리 앞으로 전진해 있다. 당연히 던지면 던진 곳으로 돌아오는 부메랑은 당하지 않는다.

이런 점으로 미루어볼 때에 조금은 역설적(逆說的)인 말이기는 하지만 일본은 천연(天然) 자원(資源) 같은 것은 아예 갖지 않은 것이 천만 다행인지 모른다. 미국은 천연 자원이 풍부한 나라이다. 공장을 세운다면 땅은 공짜로 준다. 기술도 세계적인 기술을 가지고 있다. 임금도 일본과 비슷하다. 에너지 비용은 일본의 절반이다. 그런데도 왜 미국은 일본을 따라 잡지 못하는 분야가 있는가?

일본의 가공 기술 때문이다. 없는 것을 들여와 가공하여 전혀 새로운 것으로 만들어내는 가공 기술 말이다. 일본도 미국처럼 천연 자원이 풍부한 나라였다면 지금과 같이 가공(加工) 기술이 발달하지 않았을 것이다. 이 세상에는 아무리 천연 자원을 가지고 있는 나라라고 해도, 일본 이외에서는 가공할 재주가 없는 제품이 허다

하다.

우리가 쓰고 있는 철강재(鐵鋼材)는 100년 전부터 쓰여온 것이다. 물론 미국이 세계 최고 최대의 철강국(鐵鋼國)이었다. 그러나 일본은 미국을 두려워하지 않는다. 미국이 단순한 철강재 생산에 전념(專念)하고 있을 때에 일본은 얇은 철강재 두 장 사이에 플라스틱을 끼워서 진동(振動)을 방지하는 새로운 제진(制振) 철강재를 개발하였고, 이런 철강재로 세탁기를 만들어 세탁기에서 소리가 나지 않게 하였다.

냉장고(冷藏庫)라면 한때 미국의 제너럴 일레트릭의 냉장고를 최고로 생각했다. 그러나 일본은 그렇지 않았다. 일본의 냉장고 회사들은 GE의 냉장고가 좋기는 하지만, 전기(電氣)가 너무 많이 들어 전기세가 많이 나온다는 점에 착안(着眼)하였다. 에어컨은 여름 한철만 쓰지만 냉장고는 사시사철 써야 한다. 냉장고는 이미 일반 가정의 필수품이 되어서 없어서는 안될 생활 용품이 되었다.

전력(電力) 생산에 많은 돈이 드는 나라에서는 전기가 많이 드는 냉장고(冷藏庫)란 냉장고가 아니라 금장고(金藏庫)나 다름이 없다. 일본이 그런 냉장고를 두고 가만히 있을 리가 없었다. 지금은 석유 파동 당시에 판매하던 냉장고에 비하여 3분의 1도 전기가 들지 않은 절전형(節電型) 냉장고를 개발해서 공급하고 있다.

언제가 일본 여행사의 버스를 타고 오곡(五穀)이 무르익은 황금(黃金) 들판을 달리고 있을 때의 일이다. 가이드가 세계에서 가장 먼저 로봇을 만든 나라는 일본이라고 익살을 부리며, 들판에 서 있는 허수아비를 가리키고 있었다. 들판의 허수아비가 일본에서 먼저 생겼는지, 중국에서 먼저 생겼는지, 아니면 한국에서 먼저 생겼는지를 따질 일이 아니다. 지금 세계 시장에서 필요한 로봇은 일본에서 80%를 공급하고 있다는 사실을 알아야 한다.

흑백 텔레비전에서부터 컬러 텔레비전, 그리고 스트레오 카메라는 미국의 RCA의 전 회장인 데이비드 사노프가 만들었다. 한때는 RCA 사원들은 로열티로 들어오는 돈만 가지고도 놀면서 급료를 받을 수 있다는 소리가 있었다. 그러나 전 회장이 죽고 나서 아들이 회사를 운영하면서 RCA는 쥐잡기를 잊은 고양이가 되었다.

돈이 남아 돌았기 때문이다. 한눈을 판 때문이다. 돈이 풍성하자 아들은 자동차 리즈 회사를 인수하고, 증권 회사를 인수하고, 돈이 되는 것은 무엇이든지 인수하려 들었다. 송충이가 솔잎을 파먹지 않고 배추 잎과 무 잎을 갉아먹으려고 대든 것이나 마찬가지였다.

우리가 아는 바와 같이 컬러 시대 다음에는 비디오 시대가 되었지만 RCA는 한 대의 가정용 비디오도 만들지 못하는 회사로 전락(轉落)하고 말았다. 그렇게 명성이 자자하던 RCA는 하루아침에 언덕에서 굴러 떨어지는 자동차 신세가 되었다. 그리하여 지상(地上)에 텔레비전 시대의 문을 열었던 RCA는 지상에서 사라지고 말았다.

일본의 기업들이 만일 RCA처럼 했더라면 오늘의 일본의 기업들은 지금처럼 세계 제일이라는 위치를 견고하게 지킬 수 있을 수 있었을까? 아니다. 그렇다면 그 이유는 무엇인가? 일본의 기업은 망한 RCA와는 정신적(精神的) 지주(支柱)가 다르다. 그들은 기술에서 앞서 가지 않으면 존재 가치가 없다는 것을 알고 있으며, 새로운 기술을 개발하는 개발 팀의 방에는 밤이 없다.

여기에 일본은 독특한 교육(敎育) 철학(哲學)을 가지고 있다. 바로 교육(敎育)의 생산성(生産性)이라는 테마이다. 같은 기술, 같은 이론, 같은 학문이라도 한 시간이면 알아들을 수 있게 교육하는 것이 열 시간을 가르쳐서 알게 하는 것보다 생산성이 있는 교육이다.

아예 일본인들은 교육의 생산성이라는 테마와 비교하여 교육(敎育)의 고문(拷問)이라는 말까지 하고 있다. 30분에 가르쳐 줄 것을 한 시간에 가르친다면 한 시간 중 30분은 교육을 받는 것이 아니라 고문을 당하고 있다는 생각이다. 일본은 달라도 보통 다른 것이 아니다. 교육이라는 개념 하나만 보더라도 그들은 교육과 고문이라는 도저히 비교도 되지 않을 서로 다른 개념(槪念)을 같은 책상 위에 올려놓고 생산성을 따지고 있다.

이런 일본이 어떻게 세계 제일의 경제 대국(大國)이 되지 않고, 세계 제일의 기술국(技術國)이 되지 않는단 말인가. 오히려 그렇게 노력하고도 세계 제일이 되지 않는다면 그 자체가 이상한 세상이다.

수풍댐과 정로환

산악(山嶽) 등반(登攀)을 좋아하는 젊은이가 있었다. 세계 8,000 미터 고봉(高峰)을 오를 정도로 등반 열애가(熱愛家)였다. 처음에 하나의 고봉을 오를 후에 또 다른 고봉의 등정(登頂)을 시도했다. 두번째 시도에서 불행한 일인지 다행한 일인지 그로서는 일생 일대의 사건이 발생하였다.

베이스 캠프를 떠나 세 개의 중간 캠프를 지나서 마지막 정상을 향한 캠프에 몸을 눕혔다. 유난히 쾌청(快晴)하고 조용한 산과 하늘이 그를 반기고 있었다. 꿈이었다. 잠에서 깨어난 산과 하늘은 먹구름과 폭풍이었다.

"오를 수 있을까?"

젊은이는 망설였다. 셸파가 가능하다고 했다. 두 사람은 악전고투(惡戰苦鬪) 속에 정상을 향했고, 드디어 정상을 밟았다. 그런데 문제는 더욱 악화된 기상(氣象)이었다. 고산 등반에 대하여 아는 사람들은 다하는 말이지만 고산 등반은 오르기보다 내려오기가 더 어렵다. 마치 후진국(後進國)에서 통치자(統治者)가 되는 것과 같이 말이다.

후진국에서는 통치자가 되기도 어렵지만, 한 번 통치자의 자리에 오르면 권력의 정상에서 내려올 생각을 못하고 장기 집권을 하다가 불행을 맞는 예가 많다. 한국의 박정희(朴正熙)가 그 대표적인 예이다. 박정희는 군사 쿠데타를 일으켜 정권을 잡은 후에 18년 동안 혼자 통치자 자리에 있다가 끝내는 총격(銃擊)에 의하여 세상을 떠났다. 권력에 대한 과욕(過慾)이 그런 불행한 사태를 자초(自初)하였겠지만 박정희 역시 권력의 정상에서 내려오려고 생각해보니, 하산(下山) 과정과 하산 후의 두려움 때문에 내려올 수 없었을 것이다.

정상을 밟았다는 환희(歡喜)와 희열(喜悅)을 맛보기도 전에 젊은이는 사나워진 기상으로 하산(下山)할 걱정이 태산(泰山)과 같았다. 대기(大氣) 중에 산소(酸素)가 희박하고, 휴대(携帶)한 산소통도 바닥이 날 지경에 이르렀을 때에 아차! 하는 순간이 있었다. 추락(墜落)이었다. 불행한 일이었다.

고산 등반에서 추락이란 생사(生死)의 갈림길이다. 다행히 행운(幸運)의 여신(女神)이 제동(制動)을 걸어 주어 셀파와 함께 살아남았지만, 그 뒤에 또 한 차례 일어난 눈사태(沙汰)에 묻히고 말았다. 하루가 지난 다음에 행운의 여신은 또 이들에게 손짓했다. 바람이 불어 묻혔던 눈더미가 날아간 것이다.

이어서 동료(同僚)들에 의하여 구출되어 베이스 캠프로 돌아온 젊은이는 눈 속에 갇혀 있을 때의 동상(凍傷)으로 귀국(歸國) 후에 두 발을 잃어야 했다. 다시는 산을 오를 수 없는 몸이 된 후의 젊은이는 늘 산악(山嶽) 지도(地圖)를 읽는 것으로 자신의 등산(登山) 취미 활동을 대신해야 했다.

1920~30년대(年代)에 지도 읽기 취미를 가진 구보다 유타카(久保田豊)라는 일본인(日本人)이 있었다. 그때는 일본이 조선(朝鮮)과

만주(滿洲)를 일본의 새 영토(領土)로 만들었을 때였으므로 일본 본토가 아닌 새로운 점령지(占領地)마다 지도 읽기가 퍽 재미가 있었다. 그의 손에 한반도와 만주를 가르고 있는 압록강(鴨綠江)과 두만강, 그리고 백두산(白頭山) 일대의 지도가 들어왔다. 험산(險山) 준령(峻嶺)에 이어 서쪽에는 황해(黃海)가 있고 동쪽에는 동해(東海)가 있었다.

같은 지도 읽기 취미를 가진 친구 모리다 가즈오(森田一雄)에게 지도를 넘겨주었다. 얼마 후에 지도를 가지고 친구가 왔다.

"야, 이곳은 참 좋은 곳이다. 현재 압록강은 황해로 흘러 들어가고 있으나, 그 지류(支流)인 장전강과 부전강에 댐을 건설하여 발전(發電)을 하면, 전력도 얻고, 압록강 물을 일본해(日本海)에 끌어올 수 있다."

호기(豪氣)에 찬 젊은 독도(讀圖) 취미(趣味) 소지자(所持者)들이었다. 뜻이 있으면 길이 있고, 뜻이 있는 자의 가상(假想)은 현실(現實)로 둔갑(遁甲)한다. 구보다 유타카는 친구의 말에 한술 더 떠 만주와 조선반도를 흐르고 있는 압록강 하류(下流)를 통채로 막아 당시로는 동양(東洋) 최대(最大)의 수력(水力) 발전소를 건설하기로 하고, 이름은 '물이 풍부하다'는 의미로 수풍(水豊)댐이라 지었다.

어찌 보면 동화(童話)와 같은 이야기이다. 그러나 동화가 아니다. 실제로 수풍댐 발전소가 건설되어 10만 kW 발전기 7대가 돌아 총 설비 용량 64만 kW, 최대 출력 54만 kW의 전력(電力)을 1차로 발전하였고, 부전강에 댐을 쌓아 부전호(湖)를 만들어 황해로 흘러 들어가던 물길을 동해의 성천강으로 흐르게 하여 이곳에 부전발전소를 건설하고 20만 kW의 전력을 생산하였으며, 장전강 역시 같은 방법으로 35만 kW의 발전을 했다.

지금 생각하면 꿈과 같은 이야기이다. 당시 일본 본토의 송전(送電) 전압(電壓)은 15만 볼트에 불과했다. 그런데 이들 지도 읽기 취미자들의 착상(着想)과 건설 공사로 조선반도와 만주 일대에는 22만 볼트의 송전선(送電線)이 깔려 '어둠의 대지'를 '태양처럼 밝은 대지'로 변하게 하였다. 이와 연관된 사업으로는 흥남에 비료공장을 설립하여 값싼 비료의 생산은 한국의 단위 면적 당 쌀 생산량을 일거에 1.5배 증산시켰고, 생활이 풍족해져 강도 사건이 10분의 1로 줄었다는 통계가 남아 있을 정도이다.

수풍발전소와 부전발전소, 그리고 장전발전소는 이렇게 하여 조선반도와 만주에 일대 혁명을 이끌고 온 쾌거였다. 그렇다면 지금까지 일본과 한국에서 배만 아프면 찾는 명약(名藥)으로 지명도가 높은 정로환(正露丸, 세이로강)은 어떻게 해서 생겨났는가. 알고 보면 이 약(藥)에도 잊지 못할 일화(逸話)가 숨어 있다.

100년 역사를 가지고 있는 약이다. 러일전쟁(露日戰爭) 때의 일이었다. 전쟁터는 만주였다. 일본군 수십만 명이 주둔(駐屯)하고 있었다. 그런데 전쟁터에서는 전사(戰死)하는 병사(兵士)보다 병사(病死)하는 병사가 많다고 할 정도로 복통(腹痛)을 동반(同伴)한 배앓이 병으로 죽는 사람이 많았다.

일본 육군이 연구를 시작했다. 수인성(水因性) 질병이었다. 소독 성분과 위장 치료 성분을 복합하여 '러시아를 정복하는 약'이라는 의미로 정로환(征露丸)을 만들었다. 신통(神通)한 약효(藥效)가 있었다.

전쟁이 끝난 후에 전선(戰線)에서 돌아온 사람들의 무용담(武勇談)과 함께 정로환(征露丸) 소식이 전국에 퍼졌다. 이 약이 현재의 다이꼬약품(大幸藥品)의 전신(前身)인 사바다제약소(柴田製藥所)에서 제조 판매권을 얻어 '정(征)' 자(字)를 '정(正)' 자로 바꾸어 정로환(正露丸)이라 개명(改名)하여 팔렸고, 지금은 이 약의 명성이 한국에까지 전해져서 한국에서도 인기 품목으로 팔리고 있다.

일본인 그들은 옛날이나 지금이나 참으로 많은 일화를 세계 도

처에서 만들어 내고 있는 사람들이다. 독도(讀圖) 취미를 살리다가
수력 발전소를 만들고, 황해 물을 동해물로 끌고 들어가며, 러시아
를 정벌(征伐)한다고 정로환(征露丸)을 만들었다가 연합군(聯合軍)
의 일원이 된 러시아 군대(軍隊)에 패망한 후에는 정벌한다는 의미
의 글자를 바르다는 의미의 글자로 살짝 바꾸어 지금까지 쓰고 있
으니 말이다.

동물의 애사

원래 지구(地球)는 인간의 것이 아니었다. 지구촌을 날고 뛰고 기고 달리는 무수한 동물(動物)의 것이었다. 그러던 것이 영장류(靈長類)라는 동물이 나타나고, 그 중에서도 지구촌의 독재자(獨裁者)요 전제자(專制者)로 인간이 나타나 만물(萬物)의 영장(靈長)으로 자처(自處)하고 나서부터 지구촌은 인간의 땅이 되었고, 모든 동물들을 쫓아내어 지금은 인간의 독무대(獨舞臺)로 변하고 말았다.

동물의 세계는 본디 약육강식(弱肉强食) 세계이다. 한 마리의 호랑이가 지구촌에 살자면 토끼와 여우를 비롯하여 호랑이가 먹고 살 수 있는 수많은 짐승이 필요한 것이 동물 세계의 먹이사슬이다. 이 먹이사슬의 아래층에 있는 작은 동물들이 지구촌에서 사라짐에 따라 먹이사슬의 최상층 부에 군림하고 있는 사자나 호랑이는 자연적으로 먹을 것이 없어 이제는 아프리카와 같은 지구촌 일부 지역에서 간신히 종족(種族)의 씨를 이어 가고 있다.

지구촌에서 각종의 동물들이 없어지면서 가장 심심하게 된 것이 바로 인간이다. 그래서 인간들은 도처에 소위 동물원(動物園)이라는 것을 만들어 놓고 관람하며 즐거워한다. 야생(野生)의 세계에서 자유를 만끽하며 살아야 할 동물들이 제 터전을 잃고 자연(自然) 도태(淘汰) 되는 것도 서러운데, 인간들이 잡아다가 우리에 가두어 놓고 구경하고 놀려대고 있으니, 우리에 갇힌 동물들의 입장에서는 기가 막힌 일이 아닐 수 없을 것이다.

어디 그뿐인가. 인간들은 무엇이 잘 났는지 서로 전쟁(戰爭)이라는 놀음을 벌여 동물들의 터전인 숲과 정글을 동물들에게는 예고(豫告)도 없이 하루아침에 불바다로 만든다. 도망치지 못한 모든 동물들이 불덩이 속에서 타죽는 것은 말할 것도 없다. 그런 의미에서 전쟁이란 인간 사회뿐만 아니라 동물의 세계에서도 없어야 할 인간의 만행(蠻行)이다.

그것까지는 참을 수 있다고 하자. 그런데 동물원에 가두어놓는 것으로도 부족하여 동물원마다 갇혀 있는 짐승들을 무자비하게 죽였다면 인간에 의하여 잡혀오고 갇히고 죽임을 당한 그 동물들의 애사(哀史)는 누가 써줄 것인가.

1943년의 일이다. 싱가포르에서 근무하던 사람이 도쿄의 시장(市長)으로 왔다. 그는 싱가포르에 있을 때에 이미 대동아전쟁(大東亞戰爭)의 전세(戰勢)가 일본측에 대단히 불리(不利)하게 돌아가고 있다는 것을 알고 귀국하였으나, 도쿄의 시민(市民)들은 너무나 태평(泰平)하게 살고 있었다. 그가 도쿄의 시장이 되어 가장 염려한 것이 바로 동물원의 맹수(猛獸)들이었다. 도쿄에 연합군의 폭격이 있을 경우, 동물원에서 맹수들이 시내로 뛰쳐나온다면 도쿄는 삽시간에 아비규환(阿鼻叫喚) 속으로 빠져 들어갈 것이라는 것이 그의 생각이었다.

생각만 해도 끔찍한 일이었다. 우선 우에노(上野) 동물원의 맹수를 처분하기로 했다. 소화(小和) 18년 8월 17일, 북만주에서 온 큰 곰 한 마리와 보통 곰 한 마리를 죽였다. 북만주 곰은 일본군(日本軍)들이 전리품(戰利品)으로 가지고 곰들이었다. 18일, 에티오피아 황제(皇帝)가 일본 천황(天皇)에게 선사한 사자(獅子) 한 마리에 초산(硝酸) 스티리크닌을 먹여 죽이려 하였으나, 약을 먹고도 죽지 않아 담당자가 약을 먹고 눈을 부릅뜬 사자에게 접근하여 눈물을 머금고 창으로 찔러 죽였다. 비단구렁이는 목을 잘라 죽였으나, 동체(胴體)가 살아 꿈틀거려 심장(心腸)을 갈라내었지만, 심장은 두 시간이나 살아 움직이고 있었다.

우에노 동물원에서 가장 가련한 동물은 꼬마들의 사랑을 가장 많이 받던 세 마리의 코끼리였다. 코끼리는 너무나 민감(敏感)하여 독약을 탄 음식을 주면 먹지 않을 것이므로 굶어 죽이는 방법을 택했다. 아사(餓死) 직전의 코끼리들은 관중(觀衆) 앞에서 재롱을 부리면 어린이들이 과자와 같은 먹을 것을 던져 주는 것을 알고 있었다. 배가 고픈 코끼리는 비실거리면서도 쓰러지지 않으려고 그 큰 몸집을 움직여 꼬마 관중들에게 과자를 달라고 발로 땅을 쾅쾅 밟고 있었다. 사육사(飼育士)나 꼬마 관중들이나 눈물 없이는 볼 수 없는 광경이었다.

우에노 동물원뿐만이 아니었다. 전국에 있는 20여 개의 동물원에서 1943년부터 1944년 사이에 기록에 남은 것만 보아도 122마리의 동물들이 사살(射殺) 또는 약살(藥殺)되었다. 기록에 남지 않은 동물들을 생각할 때에 실제로 전쟁(戰爭)의 제물(祭物)로 죽임을 당한 맹수의 수는 이보다 더욱 많을 것으로 추정된다.

교토 동물원의 업무일지를 보면 1944년 3월 12일부터 2주간에 걸쳐 곰 다섯 마리, 사자 네 마리, 호랑이 두 마리, 그리고 표범 세 마리를 총살했다. 사수(射手)들이 사격을 하였지만, 급소(急所)를 맞지 않은 사하린산 곰은 총을 맞고도 그 다음 날까지 죽지 않아, 사육사들이 굵은 철사로 목을 졸라 죽였다고 기록되어 있다. 이리하여 교토 동물원에 있던 209종 965마리의 동물 중에 1945년 9월 전쟁이 끝난 다음까지 살아 남은 동물은 72종 274마리에 불과했다. 1944년 오사카의 천왕사(天王寺) 동물원에 있던 사자, 표범, 호랑이 등 맹수 26마리가 독살(毒殺)되었다.

군량(軍糧)이 모자라 동물원의 동물을 죽인 경우도 있다. 구와모도의 수전사(水前寺) 동물원에 있던 코끼리에게는 주둔군(駐屯軍)이 군량(軍糧)으로 먹겠다며 잡아오라는 엄명이 내려졌다. 사육사가 풀장에 전극(電極)을 넣어 전류(電流)를 흘려놓고 코끼리를 밀었으나 눈치를 챈 코끼리는 한사코 풀장에 들어가지 않았다. 하는 수 없이 사육사들이 전극을 코끼리의 입어 넣어 죽였다.

눈물 없이는 볼 수 없던 참혹(慘酷)한 광경이었고, 눈물 없이는 읽을 수 없는 기록들이다. 아무런 죄가 없는 동물마저 만물의 영장들은 전쟁 놀음을 하면서 이렇게 죽여 슬픈 역사를 만들었다. 그 동물들의 원혼(冤魂)을 달래기 위하여 동물원에 비목(碑木)이라도 세워 줄 수는 없을까.

도쿄 시장과 일본 정부에서 동물원의 동물들을 염려하였던 도쿄를 비롯한 대도시의 공습(空襲)과 폭격(爆擊)은 실제로 있었다. 1942년 4월 18일, B-25 폭격기가 도쿄와 가와사키, 요코스카와 나고야, 그리고 고베를 공격한 일이 있고, 1944년 11월 24일에는 무려 70대의 B-29가 도쿄를 공습했다.

공습은 거기에서 그치지 않았다. 1945년 3월 10일에는 무려 300대의 B-29에 의한 소위 도쿄 대공습이 있었다. 30분 동안에 투하(投下)된 네이팜 폭탄(爆彈)만 해도 1,783톤이었고, M69 소이탄과 황린(黃燐) 성분의 소이탄이 전국 도시에 떨어졌고, 도쿄는 불바다가 되었다. 거기에다가 저공(低空)의 무차별(無差別) 융단 폭격이 이어졌다. 연이은 도쿄의 공습과 소개(疏開) 명령에 따라 1945년 도쿄의 인구는 평시(平時)의 3분의 1로 감소(減少)하여 동공화(洞空

化)되고, 폐허(廢墟)로 변했다.

 이 세상에서 끔찍한 것이 있다면, 그 중에서 가장 끔찍한 것이 전쟁(戰爭)이다. 다시는 이런 끔찍한 전쟁이 이 지상에서 벌어져 무고(誣告)한 슬픈 동물들의 애사(哀史)나 인간의 애사(哀史)는 쓰지 않아야 한다. 글쎄, 인간이 만물의 영장이라고는 하지만 그런 영리한 일을 할 수 있을지 21세기를 지켜본다.

이토오 히로부미와 도조 히데끼

일본인들에게 일본의 근대사(現代史)에서 가장 위대한 사람이 누구냐고 물어보면, 이토오 히로부미(伊藤博文)를 꼽는 사람이 많다. 일본의 영광과 근대화의 문을 연 사람이기 때문이다. 그러나 이러한 현상을 보고 일본의 식민지(植民地) 통치(統治)를 경험한 한국의 기성세대(旣成世代)들은 놀라움을 감추지 못한다. 한국인의 눈에는 이토오 히로부미가 한낱 침략자(侵略者)에 불과하기 때문이다.

중국인들에게 중국의 현대사(現代史)에서 가장 위대한 사람이 누구냐고 물으면, 그것은 물을 것도 없이 모택동(毛澤東)이라고 한다. 중국에 사회주의(社會主義) 국가의 문을 열고 토양(土壤)을 가꾸고 지킨 사람이기 때문이다. 그러나 한국의 남북 전쟁을 경험한 기성세대들은 이 또한 인정(認定)은 하지만 심정적(心情的)으로 거부감(拒否感)을 표시한다. 한국의 남북 전쟁에 개입(介入)한 모택동 정책 때문이다.

말하자면 일본에서 이토오 히로부미와 중국에서 모택동은 그들

나라의 영광이고 자랑이지만, 한국인의 입장에서 보면 피해자(被害者)인 셈이다. 그래서 인물(人物) 평가(評價)는 늘 동전(銅錢)의 양면처럼 음양(陰陽)이 있고, 찬반(贊反)이 있고, 공과(功過)가 있고, 비판(批判)이 있기 마련이다. 이러한 인물들에 대한 공정한 평가는 결국 후세(後世)의 사가(史家)들이나 할 수 있는 일이고, 한 세대를 같이 산 사람들에게는 애증(愛憎)의 상반(相反)된 대상이 되기 마련이다.

이토오 히로부미는 대일본제국의 초대(初代) 내각(內閣) 총리(總理) 대신(大臣)이다. 이토오 히로부미 이래 현재까지 일본에서 내각 총리 대신에 오른 사람은 약 60여 명이다. 재직(在職) 평균(平均) 수명(壽命)은 1년 6개월이고, 일본에서는 천황(天皇) 이외의 자리로는 인간이 오를 수 있는 가장 높은 권력의 자리로 일인지하(一人之下) 만인지상(萬人之上)의 자리이다.

이토오 히로부미는 이 자리를 네 차례나 올랐고, 재임 기간도 통산(通算) 7년 6개월로 일본 내각 총리 대신 역사상 세번째의 장수(長壽) 총리이나, 1909년 만주(滿洲) 벌판에서 조선(朝鮮)의 청년(靑年) 안중근(安重根)의 저격(狙擊)으로 세상을 떠났다. 이토오 히로부미는 권력의 정상에 서서 때로는 조정자(調停者)로, 때로는 협박자(脅迫者)로, 때로는 찬탈자(簒奪者)로 권력을 가진 인간으로서는 다이나믹한 삶을 산 사람이다.

일본 초주번(長州藩) 꾸마께(能毛)의 빈농(貧農)의 아들로 1841년 세상에 태어났다. 스물 두 살에 영국 유학을 떠나고, 미영불란(美英佛蘭) 4개국 연합함대의 초주번 공격 계획을 탐지(探知)하고 곧바로 귀국하여 정책 전환을 역설(力說)하였지만 누구도 그의 말을 듣는 사람이 없었다. 이를 계기로 그는 번정(藩政) 번벌(藩閥) 개혁 운동에 참여한다. 메이지유신 후에 외교 담당 부서에 입문하여 효고현(兵庫縣) 지사를 하고, 이때에 정치(政治) 개혁(改革) 건백서(建

白書)를 제출하여 세인(世人)의 눈을 끌게 된다.

나이 서른에 구미(歐美) 시찰단의 일원이 되어 국제 정세에 대한 정치 감각을 익히고, 서른 일곱에 내무경(內務卿)이 된다. 마흔 한 살에 대일본제국(大日本帝國)의 헌법(憲法)을 기초하기 위한 자료를 수집하기 위하여 유럽에 가 프로이센헌법을 연구하고 귀국하여 마흔 셋에 제도조사국 장관이 되고, 다음 해에 정부 기구 개편으로 초대 내각 수상이 되며, 마흔 일곱에 추밀원(樞密院) 의장(議長)으로 취임하여 1889년에 제정(制定) 공포(公布)된 대일본제국 헌법의 제정에 주도적(主導的) 역할을 했다. 대일본제국의 헌법이 공포된 후에는 신설(新設) 귀족원(貴族院)의 의장이 되고, 그 뒤에 2, 3, 4차의 내각을 조직하여 청일전쟁(淸日戰爭)을 수행한다.

이러한 경력을 쌓은 이토오 히로부미는 문자 그대로 일본 정계(政界)의 원로(元老)가 되었다. 러일전쟁(露日戰爭)의 수행과 전후(戰後)의 조선문제 처리에 중요한 역할을 하고, 초대(初代) 조선(朝鮮) 통감(統監)이 되어 조선의 내정(內政)과 외교(外交)를 장악(掌握)하고, 한일합방(韓日合邦)의 터를 닦는다. 나이 쉰 여덟에 조선에서 떠나 일본으로 간 다음, 러시아의 정상(頂相)을 만나러 만주에 갔다가 하얼빈 역두(驛頭)에서 사살(射殺) 당한다.

그 날이 1909년 10월 26일이었다. 그로부터 꼭 70년이 지난 1979년 10월 26일에는 쿠데타를 일으켜 18년간 장기(長期) 군사(軍事) 독재(獨裁) 정치(政治)를 해오던 한국 근대화(近代化)의 기수(旗手) 박정희가, 궁정동(宮庭洞) 술집에서 아가씨들과 술을 먹다가 부하(府下)이며 동창생(同窓生)인 중앙정보부장(中央情報部長) 김재규에 의하여 암살(暗殺)을 당한다.

세상은 변하고 사람은 가도 이토오 히로부미가 주도(主導)하여 만든 대일본제국헌법은 1947년 새 헌법이 만들어질 때까지 60여 년간 단 한 차례도 개정된 일이 없는 헌법이다. 여기에서 우리는 일본인들의 헌법관(憲法觀)을 엿볼 수 있다. 한국의 경우에는 건국 반세기(半世紀)에 수차례의 헌법을 개정하고도 모자라서 2000년 전야에 내각제 개헌 문제가 최대의 정치 이슈로 떠오르고 있고, 박정희는 정권을 잡아 3차에 걸쳐 스스로 만든 헌법을 스스로 고쳐 영구 집권의 길을 열었고, 박정희가 죽자마자 박정희가 만든 헌법은 곧 바로 폐기(廢棄) 처분(處分)되어 개정(改正)하였지만, 일본의 경우에는 그렇지 않았다. 이토오 히로부미가 죽고도 30여 년이 존속(存續)되었다.

왜 이런 현상이 나타나고 있을까. 일본과 한국은 정치관(政治觀)이 서로 다르기 때문이다. 일본은 정치 권력을 개인의 것으로 생각하지 않는다. 권력은 국민의 것이요 천황의 것이다. 나머지 사람들은 실무자(實務者)에 불과하다. 잠시 동안 임무가 주어지면 그 임무에 충실하고, 그 직(職)에서 떠나면 홀연(忽然)히 국가 원로로서 또 다른 일에 충실한다. 내각 총리 대신을 네 차례나 하였던 이토오 히로부미 역시 총리 내각 대신의 자리에서 내려온 후에는 조선 땅에 가서 일을 하고, 조선땅을 떠나서는 만주 벌판을 찾았다.

그러나 한국은 그렇지 않다. 1000년 신라(新羅) 역사와 500년 조선(朝鮮) 역사가 있기는 하지만, 1000년 사직(社稷)과 500년 사직(社稷)은 잔해(殘骸)마저 남지 않고 고스란히 없어지고, 민주주의가 무엇인지 민주(民主)의 토양(土壤)이 척박(瘠薄)한 땅에 서구(西歐), 특히 미국식 대통령(大統領) 중심제(中心制) 헌법을 심어놓은 탓에, 걸핏하면 헌법을 개정하여 정치 권력(權力)을 장기적(長期的)으로 독식(獨食)하고, 사유(私有)하는 악습(惡習)이 풍토병(風土病)이 되었기 때문이다.

도요토미 히데요시 이후에 일본과 동북아, 그리고 동남아를 비롯하여 북태평양 일대를 석권한 일본의 정치가는 도조 히데끼이다. 제2차 세계대전의 주축국(主軸國)이었던 독일(獨逸)의 히틀러나 이탈리아의 무솔리니에 비하여 세계적인 지명도(知名度)는 그리 많지 않지만, 지구(地球)의 한 부분을 뒤흔든 사람이고, 히틀러나 무솔리니와는 달리 대동아전쟁(大東亞戰爭)의 총책임자로 지목(指目)되어, 유일(唯一)하게 전범(戰犯)으로 재판을 받은 사람이다.

도조 히데끼는 종전(終戰) 직전에 일본 내의 반도조 운동에 의하여 이미 권좌(權座)에서 쫓겨나 있었다. 당시 반도조 운동이 얼마나 극심했던지, 도조의 가족에게는 음식을 팔지 않는다는 상점이 많았으며, 도조의 손자가 전학(轉學)해가는 학교마다 담임(擔任)을 맡지 않겠다는 선생들이 속출(續出)했다.

연합군이 그를 체포하러 오자 도조는 권총(拳銃) 자살(自殺)을 기도했으나 미수(未遂)에 그쳤다. 연합군에 체포되어 병원으로 이송(移送)된 도조는 아이로니컬하게도 미군(美軍) 장병(將兵)들이 뽑아 놓은 피를 수혈(輸血)하며 생명을 잇고 있었다. 일찍이 일본이 조선을 합병할 때에 항일(抗日) 선비로 일본으로 잡혀간 최익현(崔益鉉)은 '일본인이 주는 음식은 먹지 않는다'고 단식(斷食) 투쟁으로 유명(遺命)을 달리했다. 최익현과 도조를 오버랩 해보면 나라를 위하여 일했다는 사람들의 생명에 대한 생각이 어떻게 달랐던가를 비교해볼 수 있다.

최익현은 여러 차례 도끼를 들고 대궐(大闕) 문전(門前)에 엎드려 임금님에게 드리는 상소문(上疏文)을 올렸다. 잘못이 있으면 자기의 목을 도끼로 치라는 뜻이었다. 이에 비하여 도조는 영국인과 미국인, 일본 동포와 국민, 그리고 일본 청년에게 남기는 글을 구술(口述) 대필(代筆)시켜 놓고 법정(法廷)에 섰다. 1952년 ≪중앙공론(中央公論)≫ 5월호에 공개된 내용은 다음과 같다.

"영국인 미국인들이여! 우리는 패자(敗者)가 되고 그대들은 승자(勝者)가 되었다. 그러나 그대들의 승리는 힘의 승리이지, 정리

(正理) 공도(公道)는 아니다. 우리는 힘이 약한 탓으로 유린(蹂躪)당하였다. 원자탄(原子彈)의 오살(鏖殺)은 폭역비도(暴逆非道)이다. 그런 일이 계속된다면 세계는 제3차, 제4차, 제5차의 전쟁이 일어날 것이다.”

“일본 동포 국민 제군이여! 대동아전쟁(大東亞戰爭)은 저들이 일으켰고, 우리는 국가(國家) 생존(生存) 자위(自衛)뿐이었다. 전쟁 책임이 있다면 저들에 있고, 우리에게 있지 않다. 대국(大國) 국민의 아량으로 정도(正道)가 사악(邪惡)을 물리치는 날을 기다려야 한다. 일본(日本)은 신국(神國)이다. 영구(永久) 불멸(不滅)의 국가이다.”

“일본(日本) 청년(靑年) 제군(諸君)에게 고(告)함! 일본은 신국(神國)이다. 우리 황국(皇國)은 지금 비경(悲境)의 밑바닥에서 허우적거리고 있다. 일본 민족(民族)으로서 자신감(自信感)과 긍지(矜持)를 지니라. 일본 남자(男子)의 진면목(眞面目)을 굳게 지켜라.”

한국의 속담(俗談)에 패장(敗將)은 말이 없다는 속담이 있고, 처녀(處女)가 아기를 낳아도 할 말이 있다는 속담도 있다. 도요토미 히데요시, 그는 한순간에 세상을 떠났으므로 유언(遺言)이나 유서(遺書)가 남아 있지만, 재판을 받으며 오욕(汚辱)으로 세상을 떠난 도조 히데끼는 전쟁을 일으켜놓고도 그래도 할 말이 있었던 모양이다. 차라리 비서(秘書)이며 애인(愛人)이며 이 세상에서 마지막 사랑을 나누었던 여인과 함께 자결(自決)한 히틀러가 ‘깨끗해’ 보이지 않을까. 어떤 면에서는 다른 무사(武士) 무인(武人)들에 비하여 일본인(日本人)답지 않은 마지막 모습이었다.

Mrs. & Mr. 노기 마레스께

전 쟁(戰爭)이라는 대도박(大賭博)을 빼고 나면 사랑을 위하여 목숨을 바치는 사람은 많지만 나라를 위하여 목숨을 받치는 사람은 그리 많지 않다. 모시던 상관(上官)을 향하여 삿대질을 하는 사람은 있지만, 목숨보다 귀한 은혜를 베풀어진 상관과 함께 세상을 하직하는 사람은 더욱 없다. 다만 임금을 따라 순장(殉葬)을 자처(自處)하거나 임금을 따라 순사(殉死)한 사람은 가끔 있다.

그러나 그것도 옛날의 일이다. 20세기의 아침이 밝아오면서 인간은 인간(人間) 그 자체(自體)보다 산업(産業)을 앞세우게 되었고, 자본주의(資本主義)가 발달함에 따라 인간 위에 돈을 놓게 되는 상하(上下) 전후(前後) 도치(倒置)의 삶을 계속하고 있다. 그런 세상에, 그것도 20세기(世紀)의 문이 열린 1912년 9월 청명(淸明)한 가을날에 순사(殉死)의 길을 택해 천황(天皇)을 따라간 부부(夫婦)가 있어 일본인의 심금(心琴)을 오래도록 울려주고 있으며, 일본인의 천황(天皇) 숭상(崇尙) 사상(思想)이 얼마나 깊은가를 후세(後世)에 전해주고 있다.

그로부터 14년 전 섣달 그믐날이었다. 날씨가 사나워 눈보라가 휘날렸다. 한 여인이 그 눈을 맞으며 금창사(金倉寺) 경내(境內)의 커다란 소나무 밑에 서 있었다. 그녀가 바로 러일전쟁(露日戰爭)의 일본 명장(名將)인 노기 마레스께(乃木希典) 장군(將軍)의 아내 시즈꼬(靜子) 여사였고, '메이지 시대의 마지막 열부(烈婦)'로 일본인들의 추앙(推仰)을 받고 있는 여성이었다.

사단장(師團長)이었던 노기 장군(將軍)이 홀로 임지(任地)에 부임하여 금창사를 숙소(宿所)로 쓰고 있었기 때문에 새해를 맞아 아내가 찾아왔던 것이다. 얼마나 보고 싶던 남편이었을까. 얼마나 그리웠던 아내였을까. 그러나 노기 장군은 '사전(事前) 연락(連絡) 없는 돌연(突然) 방문(訪問)'이라는 이유로 아내를 맞이하지 않았다.

여인은 하는 수 없이 인근 마을까지 그 눈보라 속을 헤치고 걸어가 조그마한 여관에 홀로 몸을 눕혔다. 그래서 당시 금창사의 큰 소나무에는 지금도 '아내를 돌려보낸 소나무'라는 목명(木銘)과 함께 부부의 일화를 전하는 비문(碑文)이 남아 있다. 일본에서는 군신(君臣)과 열부(烈婦)의 원앙새 한 쌍으로 인구(人口)에 회자(膾炙)하는 부부이다.

노기는 사족(士族)의 아들로 에도(江戶)에서 태어났다. 메이지유신 후에 프랑스식의 군사 훈련을 받고 육군 소좌(少佐)로 임명되었다. 독일에 유학하고 귀국 후에는 러일전쟁(露日戰爭) 터인 만주 벌판에서 사단장을 하다가 3군사령관(司令官)으로 대장(大將)에 승진(昇進)한 덕장(德將)이었고, 전후(戰後)에는 대만(臺灣) 총독(總督)이 되었다. 슬하(膝下)에 있던 두 아들을 모두 러일전쟁(露日戰爭)에서 잃었다.

1912년 9월 13일, 천황(天皇)의 대장식(大葬式) 날이었다. 오후 여덟 시, 해가 지고 멀리에서 천황의 얼과 넋을 기리는 은은한 조포(弔砲) 소리가 울려왔다. 마레스께는 예순 셋, 시즈꼬는 쉰 셋이었다.

노기 대장(大將)은 군복(軍服)을 입고, 남아 있는 유품(遺品)의 상의(上衣)에는 훈장(勳章)을 달고 소매를 가지런히 접어 서방(西方)으로 놓고, 동쪽 방에서 어진영(御眞影)을 향하여 공손히 앉아 군도(軍刀)로 할복(割腹)했다. 그리고 할복한 군도로 다시 경부를 관통(貫通)시켜 숨을 끊고 어진영 쪽으로 비스듬히 쓰러져 세상을 하직했다.

시즈꼬는 칠엽수 빛의 삼베 상복(喪服)과 주황색 하까마를 입고 흰 버선을 신고, 소반(小盤)을 사이에 두고 남편과 마주 앉은 자세로 호신용(護身用) 칼로 예복을 찔러 심장(心臟)을 멎게 했다. 하얀 칼집이 옆에 떨어져 있었다. 머리는 남편 쪽으로 향하여 누워 있었고, 죽은 시신(屍身)에 흐트러진 모습이 없었다.

노기 대장의 양복에는 여덟 통의 유서(遺書)가 있었다. 대개 이런 내용이었다.

"세이난(西南) 전투(戰鬪)에서 군기(軍旗)를 빼앗겼음에도 아무런 문책(問責)을 받지 않았고, 만주 벌판 여순 공략 때는 두 아들을 비롯하여 많은 병사를 잃었음에도 이렇게 오늘까지 살아, 나이만 먹고 말았다. 황은(皇恩)을 되돌아볼 때에 더 이상 노구(老軀)를 이끌고 살아 있을 가치가 없어 선제(先帝)의 뒤를 따라 내세(來世)까지 동반(同伴)하고자 한다."

노기는 그래서 죽었다. 그러나 눈보라 속에 새해를 맞아 섣달 그믐날에 찾아가도 만나주지도 않던 남편을 따라 이 세상을 하직한 시즈꼬 여인은 왜 또 남편을 따라 순사(殉死)하였을까. 거기에 대한 기록은 없다. 다만 후세에 이 사실을 아는 모든 사람들이 그 여인의 죽음에 대한 숭고함과 순결함을 두고두고 잊지 말일이다.

일본인들의 죽음은 유별(有別)난 점도 있다. 제2차 세계대전중에 비행기(飛行機) 조종사들이 맨몸으로 비기(飛機)를 날려 적함(敵艦)에 돌진(突進)하여 산화(散華)한 일은 너무나 유명한 이야기이다. 세계 모든 나라의 군인들이 용감(勇敢)하고 조국(祖國)을 향한 열정(熱情)은 많지만, 이렇게 일본 조종사들처럼 몸을 날려 조국의 방패(防牌)가 된 드라마틱한 예는 그리 많지 않다. 그것도 한두 사람이 아니다. 수많은 사람들이 그렇게 죽어갔다. 그들은 하나같이 대일본(大日本) 제국(帝國)과 천황(天皇) 폐하(陛下)의 만세(萬歲)를 외치며 죽었다.

제2차 세계대전이 끝났을 때에도 중국(中國)의 봉천(奉川)에서 인간의 심금을 울려주는 한 일본 장군(將軍)의 죽음이 있었다. 일본 천황이 연합군(聯合軍)에게 무조건(無條件) 항복(降伏)을 하자, 봉천의 조그마한 비행장에 남아 있던 일본군 장교(將校)들이 자신들은 중국에 남아서 마적(馬賊)은 될지언정 죽어도 항복은 하지 않겠다고 끝까지 버티고 있었다.

도쿄의 대본영(大本營)에서 아무리 설득하여도 그들은 말을 듣지 않고 끝까지 항전(抗戰)하고 있었다. 보다 못해 대본영의 한 장군이 이들을 설득하기 위하여 봉천으로 갔다. 항복하라고 했다. 그러나 그들은 막무가내(莫無可奈)였다.

하는 수가 없었다. 장군은 비행기를 타고 하늘로 올라가 비행장을 돌면서 항전 병사들에게 외쳤다. "이것이 마지막 명령이다. 천황(天皇)의 명령이니 항복하라!"

그래도 장교와 병사들은 항복하지 않았다. 다른 방법이 없었다. 장군은 조종사에게 명하여 병사들이 보는 앞에서 비행기를 급강하(急降下)시켜 곤두박질쳐 세상을 하직하였다.

나는 이런 이야기들을 듣고 일본에서 제국주의(帝國主義) 시대에 천황(天皇)의 얼마나 일본인들의 가슴 속 깊이 있었는가는 생각해보았다. 노기 마레스끼 장군의 천황에 대한 충정(忠情)과 남편을 따라간 부인, 그리고 천황의 명령이고 해도 항복을 하지 않자 자신의 몸을 날려 스스로 죽음의 길을 택한 장군, 그리고 그 장군을 따라 영혼(靈魂)의 길동무가 되어 세상을 떠난 조정사의 마음속에는 무엇이 있었을까를 이해하지 못한다면, 일본인의 죽음에 대한 미학(美學)을 이해하지 못한다.

일본인, 그들은 죽음마저도 명분(名分)과 미학(美學) 속에서 스스로 택한다. 그 예는 너무 많다. 유명한 소설가인 나쯔메 소세끼와 가와바다 야스니리가 택한 죽음이나, 재일(在日) 교포(僑胞)로 중의원(衆議院) 대변인(代辯人)으로서 정치를 하던 사람이 택한 죽음은 세상을 놀라게 하였다. 하나같이 자신의 신념(信念)을 죽음으로써 마지막 표상(表象)으로 만들어놓고 홀홀(忽忽)히 떠나는 일본인의 전통적인 마음속에는 보통 사람들이 헤아리기 어려운 삶과 죽음, 그리고 고뇌(苦惱)와 해방(解放)의 철학(哲學)이 담겨 있다.

지금 중국은 몇 시인가

호　주(濠洲)는 21세기의 전야에 여전히 광대(廣大)한 대륙으로 남아 있다. 지구상에서 현재 방식으로 인간의 삶을 영위할 수 있는 땅으로 그래도 쓸만한 땅은 호주이다. 비록 광대한 땅이라고 할지라도 북극(北極)이나 남극(南極), 그리고 캐나다와 러시아의 툰드라 지대(地帶)는 너무나 춥고 얼어붙은 땅이라 현재의 방식으로는 인간이 살기에는 한계(限界)가 있고, 아프리카나 아라비아, 그리고 중국의 서부(西部) 일부 사막(砂漠) 지대(地帶)는 너무나 덥고 열사(熱砂)의 땅이라 역시 인간이 정착(定着)하기는 상당한 어려움이 있는 땅이다.

그러고 보면 남북 아메리카 대륙과 유럽, 그리고 아시아 대륙은 인류의 시발(始發)이래 인간의 삶을 이끌어오고 있는 중요한 지역이다. 그 중에서도 아시아 대륙의 거대한 땅을 거의 다 선점(先占)하고 있는 중국은 유구(悠久)한 역사(歷史)와 거대(巨大)한 인구(人口)를 자랑하는 인류 문명의 시발지(始發地)이며, 미래(未來)의 세계(世界)가 주목(注目)하지 않을 수 없는 땅이다.

20세기 중반까지 중국의 인구를 정확히 말하는 사람은 없었다. 20세기 후반기에 와서야 비로소 중국의 인구가 몇 억이라는 말이 나왔고, 그 수치(數値)는 아직까지도 정확성이 없어 지금 이 순간에도 중국인(中國人)의 수가 얼마라고 정확히 말하는 사람은 없다. 비록 중국 정부가 최근에 와서 중국인은 몇 억 명이라고 발표하고는 있지만, 그 역시 많은 사람들이 여러 가지 이유로 그 정확성에 대하여는 의문을 품고 있다.

아무리 중국 정부가 중국의 인구 통계를 발표한다고 하더라도 그 통계에는 아직까지도 몇 가지 의문을 자아내는 요소들이 있다. 특히 출생(出生) 신고와 사망(死亡) 신고에 대한 의구심(疑懼心)이다.

일부 한족(漢族) 중에는 딸을 낳으면 호적에 잘 올리지 않는 풍습(風習)이 있어 왔고, 그러한 풍속은 지금도 남아 있다고 한다. 거기다가 정부의 강력한 산아(産兒) 제한(制限) 조치의 부작용으로 출생 신고가 제대로 되지 않고 있는 경우도 있다는 점이 지적되고 있다. 사망 신고 역시 사회주의(社會主義) 배급(配給) 제도와 같은 여러 가지 제도적(制度的) 특성(特性)으로 인하여 제대로 신고되지 않고 있는 경우도 있는 것으로 알려지고 있다.

중국의 인구 통계가 정확하지 않다는 것은 조금도 이상한 일이 아니다. 중국에 비교할 수 없이 작은 한국(韓國)의 경우만 보더라도 인구의 통계가 얼마나 어려운 것인가를 알 수 있다. 한국인은 1945년 일본의 식민지(植民地)에서 해방(解放)되면서 남북(南北)을 통틀어 '3천만 동포(同胞)'라 했다.

이 숫자(數字)는 산간(山間) 벽지(僻地)와 오지(奧地), 그리고 일부 도서(島嶼) 지방에 살며 호적에 올리지 않은 사람들을 어림잡아 말한 것이고, 실제로 1960년대 초까지 일부 벽오지(僻奧地)와 도서 지방에는 호적이 없는 사람이 있었다. 한국과 같이 작은 나라에서도 정확한 인구 통계가 나오기 시작한 것은 수차례의 인구 선세스를 실시한 1970년대 이후이고, 그래서 지금은 남한(南韓) 인구는 4,500만 명 정도는 정확한 인구 숫자가 나오고 있으며, 북한(北韓)의 2,500만을 포함하여 '7천만 한민족(韓民族)'이라는 말을 하고 있다.

그러면 중국인들은 자기 나라의 인구가 얼마나 된다고 말하여 왔는가를 살펴보자. 제2차 세계대전 때에 중국인들은 '4억'이라고 했다. 1949년 중화인민공화국(中華人民共和國)이 탄생하면서 '5억 4천만 명'이라 했고, 1950년대 말에 '6억'이라 했다. 1960년 후반의 문화혁명(文化革命) 때는 '7억의 중국인'이라 했고, 1972년 중일(中日) 국교(國交) 정상화 때에는 '8억 중국 인민'이라고 했다. 1978년 제2차 중일평화우호조약(中日平和友好條約)을 체결할 때는 '9억의 중국 인민과 1억의 일본 국민'이 자자손손(子子孫孫) 우호(友好)를 도모한다고 했고, 1980년대에 들어와서 중국은 '10억 인민'을 말했다.

위에서 말한 중국인의 숫자들은 시대에 따라 중국이 대내외적(對內外的)으로 해온 말이고, 이를 좀 더 조명하기 위해서는 중국의 국가(國家) 통계(統計)를 살펴볼 필요가 있다. 1979년 중국은 대만을 포함하여 '9억 7,523만 명'이라고 발표하였고, 1982년의 발표에 의하면 '10억 3,200만 명'이고, 1985년에는 대만, 홍콩, 마카오를 제외한 순수 중국 대륙 인구를 '10억 3,818만 명'이라고 발표하였다. 이때에 이미 세계 인구 학자들은 중국의 인구가 '13억' 또는 '15억'이 될 것이라는 추산(推算)을 했다.

1982년 통계를 근거로 2000년에 중국의 인구가 얼마나 될 것인가를 추산해보자. 인구 증가율을 0.95% 미만으로 잡을 때에 2000년의 중국 인구는 12억 400만 명이다. 만일 인구 증가율을 1.15%로 본다면 2000년의 중국 인구는 12억 4,800만이다. 그리고 인구 증가율을 1.34%로 본다면 12억 8,000만 명이다. 어떤 기준으로 보아도 2000년의 중국인의 수는 약 13억에 달하고 있다.

실로 엄청난 숫자가 아닐 수 없다. 중국의 인구 통계가 어찌 되었든 간에 중국인의 수(數)는 지구에 사는 전 세계(全世界) 인구(人口) 네 사람 중에 한 사람 정도 되는 것은 사실이다. 중국인이 지구에 미치는 영향이 얼마나 큰가를 인간폭탄학적(人間爆彈學的)으로 계산하여 ≪타임≫ 지에 발표한 일이 있었다.

사람들은 지상(地上)에서 핵무기(核武器)가 가장 무서운 무기인 줄 알지만 사실 알고 보면 가상적(假想的)이기는 하지만 중국인(中國人)의 인간폭탄(人間爆彈)이 가장 무서운 무기이다. 만일 15억 중국인 전체(全體)가 일시(一時)에 지상(地上)에서 높이 뛰어 올랐다가 동시(同時)에 지상(地上)에 떨어진다면 지구는 그 충격(衝擊)에 의하여 박살(撲殺)이 나고 만다. 그렇게 위대한 위력(威力)을 가지고 있는 것이 바로 중국인의 숫자이고, 중국의 인구이다.

이렇게 엄청나게 많은 인구가 살고 있는 중국에 세계 선진 국가 사람들이 가서 보면 아직도 많은 문제를 가지고 있는 땅으로 보인다. 중국의 제1의 도시인 북경(北京)이나 제2의 도시인 상해(上海)의 뒷골목과 변두리를 보면 중국인들이 아직도 중진국(中進國)에조차 끼지 못할 삶을 영위하고 있는 것을 보고 놀란다.

도시 지역보다 삶의 질이 떨어지고 있는 중국의 농업 종사 인구는 약 8억으로 알려져 있다. 중국의 농업은 일본의 농업과 함께 단위(單位) 생산량(生産量)이 세계 최고 수준이다. 그럼에도 불구하고 중국 농업이 가지고 있는 문제점은 실제 인구에 비하여 농업 경작 면적이 적다는 점이다. 중국의 면적은 일본의 26배나 되지만, 현실적으로 경작이 가능한 면적은 일본의 3배밖에 되지 않는다. 일본 경작 면적의 3배에 일본 인구의 10배 이상의 인구를 가지고 있다는 것은 일본에 비하여 상대적으로 중국이 얼마나 심각한 농업 문제를 가지고 있는가를 알 수 있다.

농업과 상업은 협상(鋏狀) 가격(價格) 차(差)가 있다는 말과 같이 농업 생산은 다른 산업에 비하여 효율적인 산업은 아니다. 필연적으로 농업사회는 산업사회로 이전(移轉)한다. 어떤 학자는 이러한 현실을 보고 현재 농업에 매달리고 있는 8억 인구를 어떻게 하면 공업화 인구로 전환(轉換)할 수 있느냐는 것이 금세기(今世紀)의 가장 큰 문제라고 지적하고 있다. 맞는 말이다. 그러나 나는 관점(觀點)이 조금 다르다. 나는 그보다 어떻게 하면 그 많은 중국인의 '삶의 질(質)'이 향상하느냐가 가장 큰 문제라고 본다.

인간은 대개는 자기가 태어난 곳에서 자라고 성장하고 그 터전에서 농업에 종사하며 살다가 세상을 떠나는 단순 아메바 식의 생애를 살아왔다. 인간의 눈이 농업에서 다른 산업으로, 그리고 자기가 태어난 곳에서 다른 지방으로 눈을 돌린 것은 그리 오래된 일이 아니다.

그러한 일은 19세기에 시작되어 20세기에 들어와서 교통(交通)과 통신(通信)이 발달하고 인간(人間)의 지식(知識)이 발달하면서 전 세계적으로 일반화되고 있다. 오늘의 세계에서 선진국(先進國)은 물론이고, 중진국(中進國)만 되어도 세계를 1일 생활권(生活圈)과 동시(同時) 생활권으로 살고 있다. 그렇지만 그런 것도 그리 오래된 일이 아니다. 20세기 후반에서야 그러한 일들이 가능해졌다.

1960년대 초에 중국의 섬서성(陝西省)의 유림(柳林)이라는 마을의 주민 2,000명을 대상으로 북경(北京)에 가본 사람이 몇 명인가를 조사한 통계가 있다. 북경에 가본 사람이 한 사람도 없었다. 인근 지역이라고 할 수 있는 성도(星都)인 서안(西安)에 가본 사람조차 단 두 사람밖에 없었다. 이런 통계를 보고 놀라는 사람들이 많을 것이다.

그러나 이러한 통계를 놓고 중국이 미개한 곳이라고 판단을 하는 것은 옳지 않고 성급한 일이다. 한국의 경우 그보다 10년 빠른 1950년대에 이 좁은 땅에서 살면서 서울을 가본 산간 벽오지와 도서 지방 사람들이 몇 명이나 될까. 1960년대의 섬서성 유림 마을 사람들처럼 단 한 사람도 없는 마을이 수두룩했고, 서울 구경과 기차 구경을 한 사람이 한두 사람 있을 정도였다.

인간은 맹목(盲目)의 동물(動物)이 아니다. 세상에 대하여 한 번 개안(開眼)을 하면, 그 개안에 박차(拍車)를 가하게 되고, 개안에 박차를 가하기 시작하면 눈 깜짝할 사이에 후진국(後進國)이 도약(跳躍)하여 중진국(中進國)이 되고, 중진국이 도약하여 선진국(先進國) 대열(隊列)에 어깨를 나란히 한다. 그것이 바로 인간의 지혜(知慧)이고, 인간이 다른 동물 사회와 다른 '발전(發展)을 추구(追求)'하며 사는 사회를 이루는 원동력(原動力)이다.

중국은 약 35% 전후가 여전히 문맹(文盲)인 사회(社會)로 알려져 있다. 1960년대의 통계에 의하면 반문맹(半文盲)이 54%이다. 반문맹이란 1,500자(字) 이하의 문자(文字)를 해독(解讀)하는 사람이다. 놀라운 것은 중국을 이끌고 있는 중국의 엘리트인 중국공산당(中國共産黨) 당원(黨員) 중에도 10%가 문맹이라는 사실이다.

1985년 중국의 ≪인민일보(人民日報)≫ 3월 15일자를 보면 중국 공산당 당원은 약 4,000만 명이며, 이 중에 대학(大學) 정도의 학력(學歷)이 있는 사람이 4%, 중·고등학교 학력 정도가 14%, 그리고 태반(太半)은 소학교 정도이다. 현재 중국의 대학생은 1,000만 명으로 추산되고 있는데, 이는 중국인의 1%, 그러니까 100명 중에 한 사람도 제대로 되지 않는 숫자이다.

그러나 이것도 인지(人知)의 눈으로 보면 그리 놀랄 일이 아니다. 1945년 한국인의 문맹률은 80%나 되었다. 1950년에 한국에서 남북 전쟁이 터졌을 때에 전선(戰線)에 나간 형제(兄弟)나 고향에 두고 온 부모(父母)에게 제 손으로 편지(便紙)를 쓸 수 있는 사람이

3분의 1도 되지 않았다. 그로부터 50년도 지나지 않은 지금이다. 지금의 한국은 문맹 제로의 나라이다. 중국 역시 현재 문맹률이 많다고는 하지만 정부에서 문맹(文盲) 퇴치(退治) 운동(運動)을 제대로만 주도(主導)하면 머지않아 중국도 문맹 제로 시대가 도래(到來)한다.

비록 21세기를 맞는 오늘의 중국이 낙후(落後) 되었다고는 하지만 중국과 중국인은 그렇게 오늘의 세계에서 선진국들이나 중진국들의 능멸(凌蔑)을 받을 땅도 아니고, 국가도 아니며, 인간도 아니다. 중국(中國)은 위대(偉大)하다. 예전에도 그랬고, 지금도 그렇고, 미래도 그렇다.

오늘날 세계의 정치(政治)와 경제(經濟)와 군사(軍事)를 제패하고 있는 미국(美國)이란 불과 200년 역사밖에 없는 나라이다. 뿌리가 없이 무성하게 자란 나무와 같다. 강력하고 최첨단 무기(武器)를 배경으로 문명(文明)의 질소(質素)를 과대(誇大)하게 섭취(攝取)하여 갑자기 우뚝 솟아 오른 대국(大國)이다.

이러한 미국을 보면서 한국(韓國) 고전(古典) 중의 하나인『용비어천가(龍飛御天歌)』의 한 대목(臺木)을 상기해볼 필요가 있다.『용비어천가』는 조선(朝鮮) 왕조(王朝)를 개국(開國)하면서 지은 찬가(讚歌)이다. 그 속에 '뿌리가 깊은 나무는 바람에 움직이지 않고, 샘이 깊은 물은 마르지 않는다'는 말이 있지 않은가. 미국이 뿌리가 깊지 않고 샘이 깊지 않은 나라라면, 중국은 뿌리가 깊고 샘이 깊은 나라이다. 적어도 미국의 열 배 스무 배는 깊은 역사(歷史)의 뿌리와 지혜(知慧)의 숲을 가지고 있는 나라이다.

1950년대(年代)에 '잠자는 사자(獅子)' 또는 '죽(竹)의 장막(帳幕)'으로 알려져 있던 중국은 이제 경제(經濟)의 눈을 뜨고 세계(世界)를 향하여 장막을 거두었다. 최근 20년 동안에 중국은 가장 짧은 기간에 가장 많이 성장(成長)한 나라로 세계에 부상(浮上)하였고,

21세기의 전야에 이미 세계(世界) 최대(最大) 경제(經濟) 대국(大國)의 일원으로 떠올랐다.

최근까지 연평균(年平均) 12%의 경제성장률을 지속적(持續的)으로 보여주고 있으며, 2010년까지 8~9%, 2020년까지 8%의 성장을 지속한다면 2020년의 중국은 국민총생산(國民總生産, GNP)이 미국을 능가(凌駕)하여 세계 제일(第一)의 경제 대국이 될 것으로 전망된다. 불과 앞으로 20년이면 미국을 능가(凌駕)할 것으로 추정(推定)되는 오늘의 중국을 누가 능멸(凌蔑)할 것인가.

모택동(毛澤東)은 중국을 단일(單一) 사회주의(社會主義) 국가로 통일(統一)한 인물로 위대하지만, 등소평(登小平)은 중국을 부국(富國)을 향한 시장경제(市場經濟) 사회(社會)로 개방(開放)한 인물로서 위대하다. 1980년 이후 등소평이 제시(提示)한 중국의 3단계(段階) 발전전략(發展戰略)은 주효(奏效)했다. 첫 단계로 1980년부터 1990년까지는 GNP를 2배로 성장하여 의식주(衣食住)를 해결하고, 두 번째 단계로 1991년부터 2000년까지는 GNP를 두 배로 늘려 개발(開發) 도상(途上) 국가(國家)의 중간(中間) 정도로 끌어올리며, 마지막 단계로 21세기의 중엽(中葉)까지는 중국을 현대화(現代化)한다는 것이 등소평이 미국 기자들에게 한 말이었다.

키도 작고 서방(西方) 경제(經濟)에 그리 해박(該博)해 보이지도 않는 부도옹(不倒翁) 등소평이 이런 구상(構想)을 발표하면서 중국의 GNP를 4배로 성장하여 1인당 GNP 1,000달러인 제2단계를 2000년에 마무리짓겠다고 할 때에 믿는 사람들이 없었다. 그러나 중국은 이 등소평의 구상을 5년이나 앞당겨 1995년에 달성하여 세계 7위의 경제 대국이 된 위대한 나라, 위대한 국민이다.

10년이면 강산(江山)도 변한다는 한국의 속담이 있다. 정말 중국은 10년 동안에 1인당 국민 소득을 2배로 올린 세계의 유일(唯一)한 국가이다. 미국은 50년이 걸렸고, 일본은 35년이 걸렸으며, 한국은 17년이나 걸린 이 기록을 중국은 단 10년에 달성하는 쾌거(快擧)를 보여준 위대한 국가이다.

이 기간에 보여준 중국의 변화(變化)는 전광석화(電光石火)였다. 등소평의 개혁(改革) 이전(以前)의 중국은 전형적(典型的)인 계획경제(計劃經濟) 국가였다. 상품(商品) 소매(小賣) 가격(價格)의 97%를 국가가 결정(決定)했고, 공업용(工業用) 원자재(原資材) 출고(出庫) 가격(價格)의 100%를 국가가 결정했다.

그러나 등소평의 개혁 정책 추진 이후(以後) 1994년 현재 중국 상품 소비 가격의 국가 결정론은 7.2%로 줄어들었고, 국가가 가격을 지도(指導)하는 부분이 2.4%로, 중국이 시장경제(市場經濟)에 가격을 자유화(自由化)시킨 비율은 무려 90.4%가 되었다. 공업용 원자재도 국가가 가격을 결정하는 부분은 14.7%, 국가가 가격을 지도하는 부분은 5.3%로 시장에서 자유롭게 가격이 결정되는 부분이 80%로 늘어났다. 이쯤 되면 완전(完全) 개방(開放)이라고 해도 좋다.

등소평의 개방과 개혁 정책이 수행되면서 1995년까지 중국에는 10만 개에 이르는 각종 시장(市場)이 생겨났다. 이 중 농산물(農産物) 도매 시장이 2,100여 개, 공업용 도매 시장이 600여 개, 생산품 원자재 시장이 800여 개, 그리고 소규모 상업(商業) 체인망은 무려 1천 400만 개나 늘어났다. 이리하여 1995년 현재 중국은 시장 상품 가격 지배율이 90%가 넘는 국가가 되었다.

이러한 중국의 대외(對外) 개방(開放)과 국내(國內) 시장(市場) 자유화(自由化) 정책은 1980년부터 시작되었다. 우선 대외 개방은 4개의 연해(沿海) 지역에서 경제(經濟) 특구(特區)와 해남(海南) 대특구(大特區)라는 이름으로 시험적(試驗的)으로 시작되었다. 4년 후에는 대외 개방 경제 특구가 열 네 곳으로 늘어났다. 1985년에는 양자강(揚子江)과 주강(周江), 그리고 민남(閩南)의 세 삼각주(三角洲)

를 개방했다. 이어서 1988년에는 산동반도(山東半島)와 요동반도(遼東半島), 그리고 환발해(環渤海) 지역을 개방하여 연해(沿海) 지역을 전면적으로 개방하였다. 뒤이어 중국은 장강(長江) 내륙(內陸) 14개 도시를 개방하여 연해 지역은 물론이고 내륙 국경 지역에 이르는 전 중국 개방을 단행했다.

이런 개방 지역의 상징적인 곳이 상해(上海)의 포동(浦東) 지역이다. 포동 지역이란 상해를 가로지르고 있는 황포강(黃浦江)의 동쪽 지역을 가리키는 말이다. 하늘을 찌르는 아름다운 고층 건물이 즐비하고, 세계인들이 쓰고 있는 각종 물건들을 만드는 소리가 요란하다. 장강과 황포강, 그리고 태평양의 물결이 합해지는 삼합수(三合水) 지역에는 콘테이너를 실은 화물선들이 꼬리를 물고 있다. 1976년 불과 206억 달러의 수출고를 보이던 중국은 개방 이후 1995년에는 13.6배나 증가한 2,808억 달러를 수출하여 세계 무역 32위 국가에서 일약(一躍) 세계 10위권 무역국(貿易國)으로 떠올랐다.

어떻게 해서 이런 일이 가능한 것인가. 개방은 아무리 하여도 외국 회사가 들어오지 않으면 헛일이다. 북한(北韓)에서 추진하고 있는 나진항의 개방을 보면 잘 알 수 있다. 그렇다면 외국의 기업들은 왜 중국에 이렇게 단 기간내에 쇄도하였을까. 여러 가지 이유가 있었겠지만 사람 때문이었다. 15억 인구가 주는 값싼 인건비(人件費) 때문이었다.

중국이 도약(跳躍)의 시동(始動)을 1995년 IBRD 세계 개발 보고에 따르면, 1993년 미국, 일본, 독일, 프랑스의 GDP는 각각 6조 3천억 달러, 4조 2천억 달러, 1조 9천억 달러, 1조 2천억 달러로 나타나 있다. 1995년 WEFA가 발표한 세계(世界) 경제(經濟) 전망(展望)을 보면 2000년의 경우, 미국이 9조 2천억 달러, 일본이 5조 5천억 달러, 독일이 2조 6천억 달러, 그리고 프랑스가 1조 8천억 달러에 달할 것으로 전망되고 있다.

중국은 어떤가. 그 동안 말해오던 것처럼 이 기간에 '잠자는 사자'로 남아 있을 것인가. 천만의 말씀이다. 중국은 2000년의 GDP가 2조 3천 달러에 달해 프랑스를 제치고, 독일과 비견(比肩)한 위치를 점하다가 곧 바로 독일을 추월(追越)할 것으로 보인다고 전망하는 경제학자들이 있다. 잠자는 사자가 아니라 잠자던 중국인들이 세계 경제의 원동력이 되어 뛰고 있는 것이다.

어디 그뿐인가. 1970년 최초의 인공(人工) 위성(衛星)을 발사(發射)한 이래 중국은 이미 40개 이상의 각종 군사(軍事), 학술(學術), 산업(産業), 상업(商業) 인공 위성을 쏘아올렸다. 일부 세계 경제학자들은 2000년에서 2010년을 '중국 경제의 황금시대(黃金時代)'라 칭하고, 어쩌면 일본(日本)도 추월하지 않겠느냐는 계산을 내놓고 있다. 거대한 인구와 거대한 노동력(勞動力)을 바탕으로 기초(基礎) 산업과 신진(新進) 산업을 발달시킨 결과이다. 이쯤 되면 중국은 세계 최대 생산국에 세계 최대 수출국이 되어 세계 최대 무역국으로 발판을 다지게 된다.

도쿄(東京) 사람이 오사카(大板)에 가서 '장사' 소리를 하고, 북경(北京) 사람이 상해(上海)에 가서 '장사' 소리를 하다가는 큰 코 다칠 수가 있다. 그만큼 제2도시라는 상해와 오사카는 제1의 도시라는 도쿄나 북경에 비하여 상업주의(商業主義)가 강하게 발달한 곳이다. 상해(上海)는 국제 금융 시장의 중심지의 하나였다. 옛날의 명성(名聲)을 되찾으려는 듯 벌써 오늘의 상해에는 100여 개의 외국 금융 회사가 진출해 있고, 2010년에는 300여 개의 외국 금융기관이 진출할 것으로 전망되고 있다.

현재와 같은 성장 속도가 유지만 된다면 2010년의 미국의 GDP는 16조 달러가 될 것이고, 일본은 9조 4천억 달러가 될 전망이다. 그렇다면 중국의 GDP는 얼마나 될 것인가. 같은 이유로 9조 4천억 달러라는 전망이 되고, 이렇게 되면 중국은 확실히 2010년에 GDP 상으로는 일본을 따라 잡게 된다. 세계에서 중국을 이길 국가는 미국 하나밖에 없다는 계산이다.

그렇다면 미국의 GDP는 언제까지 중국을 앞지를 것인가. IBRD 소속 경제학자인 로버트 서머스 전 미국 재무장관은 '지난 1세기에는 미국이 절대적인 세계 최강 국가의 자리를 유지하였지만, 앞으로의 1세기에 미국의 지위를 넘볼 지상(地上)의 유일한 국가는 중국(中國)뿐'이라고 하였다. 이때가 되면 벌써 세계 제2위 국이 된 중국은 1위 국인 미국 이외에는 경쟁 대상이 없다는 말이다. 다른 말로 표현한다면 지난 1세기는 미국의 세기였지만, 다음의 1세기는 중국의 세기가 된다는 말이다.

미국의 대통령 닉슨도 말한 바 있다. 20세기는 중국인(中國人)이 가장 고통을 받은 기간이 되겠지만, 21세기는 필연적(必然的)으로 중국이 세계 최대 강국이 될 것이라고 말이다. 중국이 세계 제1위의 국가가 된다는 예언(豫言)이다.

1992년 영국(英國)의 유명한 경제 평론가 윌리엄 리스 모그는 시계 바늘의 위치를 상징으로 세계 각국의 경제 지표를 예시(例示)한 바 있다. 그의 말에 의하면 소련의 경제 시계는 정지(停止)해 있고, 중국의 경제 시계는 새벽 3시를 가리키고 있으며, 홍콩, 대만, 말레이시아, 싱가포르의 경제 시계는 6시를 가리키고 있고, 일본의 경제 시계는 11시 30분을 가리키고 있으나, 중국의 경제 시계는 어느 순간 지금보다 더욱 빨리 움직여 일본을 추월할 것이라고 지적하였다.

이러한 말들과 현재의 경제 성장 속도를 기준으로 추산한다면 중국이 미국을 추월하는 해는 2020년이다. 미국은 이 해에 27조 달러를 달성하고 중국은 29조 달러를 달성한다는 계산이 나오기 때문이다.

물론 이와 같은 GDP 경쟁이 인간의 삶의 질을 대표하는 것은 아니다. 중국이 이렇게 GDP 경쟁에서 앞선다고 하더라도 인간의 삶의 질(質)은 여전히 미국이나 일본, 그리고 독일이나 프랑스를 앞지르기 어렵다. 2020년에 중국이 세계 GDP 제1위 국이 된다고 하더라도, 1인당 국민 소득은 2만 달러 수준이고, 선진 국가들은 이미 8만 달러를 상회(上廻)하여 중국인(中國人)의 삶의 질(質)은 여전히 선진국 국민의 4분의 1 선(線)에 머무르고 있다.

이제 다시 중국의 인구 문제로 되돌아가자. 중국은 인구가 많은 것이 가장 큰 장점(長點)임과 동시에 가장 큰 부담 거리이다. 15억 중국인이 교육을 마치고 현대화한 사회를 이루는 날, 그 날은 분명히 온다. 그 날이 오면 중국은 지금보다 더 강력하게 미국에게 반대(反對)와 거부(拒否)와 하명(下命)의 의사(意思)를 표명할 것이다. 중화(中華)라는 문자 그대로 정치, 경제, 문화, 역사의 '월드 센터(World Center)'로서의 지위를 가지게 된다.

이미 중국은 미국의 일부 지역과 동남아 지역에서 그런 조짐을 보여주고 있다. 이들 중국인들은 세계 주요 도시에서는 차이나타운(China Town)을 형성하고 살고 있다. 대표적인 곳이 미국 뉴욕의 노른자위 땅인 맨해튼에 있는 차이나타운이다. 뉴욕의 경찰들조차 맨해튼의 차이나타운은 겉으로는 파악할 수 있으나 중국인 거주지(居住地)의 내부(內部)나 지하(地下)는 어떻게 생겼는지 제대로 파악하지 못한다고 할 정도이며, 이른 근거로 '공포(恐怖)의 지하(地下)'로까지 알려져 있다. 한 번 잡혀가면 인간(人間)의 운명(運命)을 알 사람이 없다는 뜻이다.

중국인은 동남아 일대에서는 한 국가의 경제력을 통째로 주무르고 있다. 동남아 지역에 거주하는 중국인의 숫자는 3,000만 명으로 추산한다. 이 지역 경제의 50%는 점유하고 있는 것이 확실하다. 말레이시아의 경우에는 인구의 3분의 1이 중국인이고, 상장(上場)

회사 주식의 절반(折半) 이상을 차지하고 있으며, 콸라룸푸르에서
는 380여 개의 상장 회사 중에 80%가 중국인 기업이다.

　인도네시아에서는 전국 민간 자본의 70%가 중국인의 소유이고,
전국에서 유통되는 화폐(貨幣)의 60%를 장악하고 있다. 태국에서
는 전국 인구의 30%가 중국인이고, 전국 상업 자본의 90%와 은행
자본의 50% 이상을 소유하고 있다. 필립핀에서는 인구의 1%도 되
지 않는 중국인들이 전국 대기업 67개 중에 70%를 소유하고 있다.

　이렇게 보면 이들 동남아는 중국인의 땅이며, 살기는 각 지역마
다 토착민(土着民)들이 살고 있지만 경제의 주축(主軸)은 중국인이
라고 해도 과언이 아니다. 세계가 그렇게 되지 말라는 법도 없다.
내가 중국을 너무 과대 평가하고 있는지는 모르지만, 중국인도 미
국인이나 일본인, 독일인이나 프랑스인, 그리고 영국인이나 한국인
처럼 한 집에 한 대의 자가용(自家用) 차(車)가 있고, 한 사람이 한
대의 차(車)를 사용할 날은 분명히 온다. GDP의 세계 제1위와 함
께 중국인의 삶의 질이 세계 제1위 국가가 되는 날 말이다.

　인간의 삶의 질은 '온도(溫度)로부터의 해방(解放)'이 되면서 시
작된다. 추우면 히터를 켜고, 더우면 에어컨을 켠다. 집집마다 냉
장고(冷藏庫)와 에어컨과 히터를 달고, 집집마다 수세식(水洗式) 화
장실(化粧室)을 쓰며, 집집마다 전화(電話)와 TV를 놓고, 사람마다
휴대(携帶) 개인(個人) 전화(電話)를 갖는 그런 날이 중국에도 분명
히 온다. 그 날을 어떻게 앞당기느냐는 것이 21세기의 중국에 주
어진 임무(任務)이다.

　나는 그 날이 하루 빨리 와서 15억 중국인(中國人)들이 축복(祝
福)을 받으며 살 수 있기를 기다리며, 이 확신에 찬 나의 메시지를
중국인들에게 전해주고자 한다. 특히 나와 같이 청도(青島) 일대에
서 고생하며 중국의 앞날을 위하여 불철주야(不撤晝夜) 수출(輸出)
전선(戰線)에서 땀을 흘리고 있는 역군(役軍)들에게 이 말을 전하여

주고 싶다.

부도옹(不倒翁)이라는 별명(別名)을 가진 등소평(登小平)이 복권(復權)하면서 서방(西方) 세계(世界) 기자(記者)들에게 그는 1차적으로는 중국 국민의 자급(自給) 자족(自足) 상태를 달성하고, 단계적(段階的)으로 중국을 세계 제일의 국가로 끌어올리겠다고 천명(闡明)한 일이 있다. 나는 그 말을 기억(記憶)하며, 오늘의 중국은 이미 자급 자족의 상태를 벗어나 세계적인 부강국(富强國)으로 발돋움하고 있다고 본다.

전 세계 인구의 4분의 1이 중국인이라는 엄연한 사실을 놓고 볼 때에, 중국이 자급 자족 상태를 벗어났다는 것은 전 세계 인구가 자급 자족 상태를 벗어났다는 것을 의미한다고 보아도 좋다. 그렇다면 이제 남은 것은 중국(中國)이라는 거대(巨大)한 대륙(大陸)과 중국인(中國人)이라는 거대(巨大)한 인구(人口)가 자급 자족이 아니라 전 세계(全世界)에서 전 세계인(全世界人)이 필요한 물품(物品)을 공급(供給) 기지(基地)가 되어야 한다는 점이다.

그 날은 분명(分明)히 머지않아 온다. 벌써 미국과 일본, 그리고 한국 같은 나라에서는 메이드 인 차이나(Made in China)나 프로덕스 인 차이나(Products in China)가 널려 있다. 아침에 일어나면 중국제(中國製) 비누로 세면(洗面)을 하고, 아침상에서는 중국에서 만들어낸 음식(飮食)을 먹으며, 중국에서 만들어낸 옷을 입고, 중국에서 만들어낸 신을 신고, 중국에서 만들어낸 시계를 차고 문밖을 나서는 사람이 많다. 집에 돌아오면 또 중국에서 가져온 음식을 먹고, 중국에서 만들어온 침대(寢臺) 커버에 몸을 던져 꿈나라로 간다.

이러한 현상(現像)은 중국이 발전하면 발전할수록 더욱 더 심화(深化)될 추세(趨勢)이다. 21세기의 중국은 중국인 자신들만 자기 나라에서 먹고 입고 사는 시대가 아니라, 중국인이 만든 모든 제품이 전 세계인에게 공급되는 시대이다. 그것은 간단하다. 세계 인구의 4분의 1이 중국인이기 때문에 중국인 한 사람이 세계 인구 네 사람이 필요한 것을 만들어내기만 하는 것이다. 그 날이 오면 중국은 문자 그대로 중화(中華, Center of World)가 된다. 이 얼마나 희망(希望)찬 메시지인가.

그러나 그 날이 오더라도 중국인(中國人)은 크게 영광(榮光)된 일은 아니라는 것이 나의 생각이다. 그날이 와도 중국인은 다만 옛날의 지위(地位)를 되찾을 뿐이다. 중국은 모택동(毛澤東)과 주은래(周恩來), 그리고 등소평(登小平)과 같은 신화(神話)의 시대(時代)는 지났다. 지금은 혁명(革命) 제1(第一)세대(世代)는 가고 새로운 세대들이 새로운 천년(千年), 새로운 21세기(世紀)의 문을 열고 있다.

중국은 옛날에 이미 세계 제1위 국가였다. 다만 역사의 수레바퀴가 돌면서 20세기 한때를 진흙탕 속에서 살았을 뿐이다. 중국인에게 영광(榮光)이 비록 오늘의 것이 아니라고 하더라도, 어제의 것이었으며 내일의 것이다. 나는 오늘도 그 위대한 중국이 지금은 몇 시인가를 주시하고 있다.

중국 무역 일화

내가 비즈니스 관계로 중국을 처음 방문한 것은 1987년이었다. 그때의 중국은 지금과 판이하게 다른 세상이었다. 폐쇄(閉鎖)되었던 중국이 개방(開放)의 시동(始動)을 걸 때였다.

나는 나이는 젊지만 비교적 많은 국제 무역 관계를 경험한 후에 본격적으로 중국 진출을 시도했다. 비즈니스의 주요 무대는 한국과 일본이었고, 한국과 일본의 노임(勞賃)이 천장부지(天井不知)로 뛰어 오르면서 인도네시아와 태국을 생각하게 되었고, 그곳의 생산 환경이 마땅치 않아 스리랑카에 진출하고 있을 때에 대외 개방을 선언한 중국에 대하여 관심을 갖기 시작하였다. 따라서 내가 중국 진출을 결심할 때에는 중국과 동남아에 대해서 어느 정도는 알고 있었으므로 다른 사람들처럼 서두르거나 덤벼들어 저지르는 시행(試行) 착오(錯誤)를 극소화(極小化)할 수 있었다.

다른 사람들은 중국을 어떻게 표현할지 모르나 나는 중국을 '거다대(巨多大)한 나라'라고 표현하고 싶다. 무엇이든지 '많고 큰 나라'가 중국이다. 중국의 건국(建國) 기념일(記念日)을 전후하여 북경(北京)의 천안문(天安門) 광장(廣場)에 가본 사람은 얼마나 많은 사람들이 찾아오고 있는지를 알 것이다. 그리고 그런 연휴(連休) 때에 팔달령(八達嶺) 만리장성(萬里長城)을 찾아가보면 사람들은 많다 못해 인산인해(人山人海)이고, 장성(長成)은 크다 못해 거대(巨大)하다. 정말 중국은 거다대(巨多大)한 나라이다.

외국인의 입장에서 보면 행정(行政) 단위(單位)를 살펴보는 것이 중국을 이해하는 첩경(捷徑)이다. 중국에는 성(省)과 직할시(直轄市), 그리고 성급(星級) 자치구(自治區)가 있고, 성 밑에 시(市)와 현(縣)이 있으며, 시와 현 밑에는 우리나라의 구(區)와 같은 행정 단위 지역이 있으나, 농촌(農村) 지역은 우리나라의 면(面)이나 읍(邑)과 같은 향(鄕)과 진(鎭)이 있다. 흔히 중국에 진출한 기업들로부터 듣고 있는 향진기업(鄕鎭企業)이란 바로 이 향과 진에서 경영하는 기업체들이다. 행정 단위로는 향진이 우리나라의 면 읍에 해당되지만 그 면적은 우리나라의 군(郡)보다 큰 곳이 많다.

현재 중국에는 30개의 성과 직할시, 그리고 자치구가 있다. 시와 현이 2,182곳이고, 향과 진은 무려 5,8185곳이나 된다. 이쯤 되면 중국이 '거다대(巨多大)한 국가(國家)라 하지 않을 수 없다. 이 중에서 향진기업을 고용하고 있는 인원은 1995년 현재 1억 2천만 명에 이르고, 조그마한 향진기업이라고 생각할지 모르나 1억 위안 이상의 생산을 기록하는 향진기업이 4,899개, 5억 위안 이상이 433개, 그리고 10억 위안 이상을 기록하는 곳만도 72개나 된다.

귀주성의 모태주(茅台酒)와 사천성의 오량액(五糧液), 그리고 산서성의 분주(汾酒)는 중국의 3대 명주(名酒)이다. 이 중 산서성의 분주에 가짜 분주 사건이 일어나 1998년 새해 아침의 세상을 떠들썩하게 한 일이 있다. 어느 양조장에서 식용(食用) 알코올이 아닌 공업용(工業用) 알코올을 국가 표준치보다 3배나 넘는 분주를 다량 만들어 판매하여 700여 명이 중독되고 일시에 27명이 사망(死亡)

하는 희대(稀代)의 사건이 발생했다.

정부는 즉각 범인(犯人) 19명을 체포하였다. 주모자 6명은 사형(死刑)에 처하고, 4명은 무기(無期), 나머지 9명은 5년에서 10년의 징역(懲役)을 선고했다. 이들이 만들어낸 가짜 분주가 얼마나 다대(多大)했는가 하면, 압수한 분주만 220병이 아닌 220만 병이나 되었고, 포장 전의 분주도 40톤이 아닌 무려 4,000톤이나 되었다고 한다. 우리로서는 도저히 상상도 할 수 없는 짓이며, 상상도 할 수 없는 다대(多大)한 물량(物量)이다. 바로 중국이 그런 나라이다.

그래서 이런 거다대(巨多大)한 중국에서 비즈니스를 하다보면 일확천금(一攫千金)도 가능하고, 일시에 풍전등화(風前燈火)의 꼴이 되거나 회사가 도산(倒産)하여 패가망신(敗家亡身)하는 경우가 있다. 후일(後日) 중국과 비즈니스를 하려는 사람들에게 참고(參考)가 되고 경종(警鐘)이 될 만한, 내가 아닌 내가 들었던 몇 가지 사례(事例)를 들어보자.

한중(韓中) 외교(外交) 관계가 수립되지 않아 홍콩을 중심으로 삼각(三角) 무역을 할 때의 일이다. 한국의 홍콩 무역관(貿易館)에 난데없는 전화가 걸려왔다. 신분(身分)을 밝히지 않은 사람이 자기를 통하지 않으면 중국에 한국산(韓國産) TV 브라운관을 수출하지 못한다며 만나자는 전화였다.

밑도 끝도 없는 전화였다. 명함도 내놓지 않고 종이 쪽지에 이름 한 자(字)만 달랑 적어 놓고, 고관(高官)의 배경(背景)을 가진 사람이라는 암시(暗示)만 할 뿐 그 고관이 어떤 사람이고, 그 고관과 어떤 관계에 있는지조차 말하지 않은 상태에서 상담(商談)이 이루어졌다. 그 결과로 매달 3만 개에서 5만 개씩 몇 달 동안에 20만 대의 브라운관이 그 사람을 통하여 중국에 들어갔다. 말이 20만 대이지, 그 정도의 물량은 중국을 빼고는 그렇게 단 기간 내에 들어갈 수 없는 물량이다.

이 바이어가 한국에 올 때는 홍콩 공항에서부터 해프닝이 속출(續出)했다. 한국 측에서 이코노미 티켓을 준비하자, 퍼스트 클래스가 아니라고 생떼를 부렸다. 면세점(免稅點)에서 술과 담배를 사는데, 100달러짜리 1만 달러 다발을 꺼냈다. 보통 사람이 아닌 것이 분명했다. 한국에 입국(入國)한 후에는 정부의 국장(局長)과 면담(面談)을 하게 되어 있는데, 장차관(長次官)을 만나게 해주지 않았다고 불평이었다. 시찰에 나선 3개 대형(大型) 공장의 브라운관을 독점(獨占)해주지 않는다고 또 불평이었다.

소위 중국에서 말하는 태자당(太子黨)과 연관된 사람이다. 태자당이란 중국의 고위층(高位層) 인사(人士)의 자제들을 칭(稱)하는 말로, 이 사람은 당시 중국 고위층의 딸과 결혼한 사람이었다. 태자당으로 지칭되는 여인의 남편이 이 정도의 위력(威力)을 발휘하고 있었으니, 당사자(當事者)가 아니면 믿을 수 없는 사실이었다.

그런 이야기는 또 있다. 중국인 직원을 쓰는 한국 상사에서 있었던 일이다. 성실한 중국인이 한동안 매일 같이 지각(遲刻)을 했다. 이유를 물었다. 5개월 동안에 20만 대의 컬러 TV를 공급해달라는 중국인(中國人)이 있다는 것이었다. 강소성 대외무역국에 근무하다가 홍콩에 나왔다는 것 이외의 신분은 밝히지를 않았다. 말이 컬러 TV 20만 대지, 얼마나 큰 물량인가. 중국과 같이 거다대(巨多大)한 나라가 아니면 정말 믿을 수 없는 일이었다. 우리가 보기에는 큰 물량이지만 15억 중국 인구에 비교해보면 어느 구석에 처박힐지 보이지도 않는 소량(小量)에 불과하다.

신화(神話)와 같은 이야기다. 그러나 이 이야기는 신화가 아니었다. 후에 한국과 중국의 직접(直接) 거래(去來)가 시작되면서 어떤 여인에게서 만나자는 연락이 왔다. 시누이와 올케 사이인 두 여인이었다. 중국 원로(元老)의 딸과 며느리였다. 실제로는 이들이 수입을 한 주역(主役)이고, 홍콩에 나왔던 중국인은 뒤에 있는 이 두 여인의 표면적(表面的)인 창구(窓口)에 불과했다는 사실이 밝혀졌다. 역시 태자당의 이야기이다.

이야기의 방향을 바꾸어 중국에서 수출입을 통한 무역 행위가 얼마나 어려운가를 암시해주는 예가 있다. 복건성(福建星)에 마미송(松)이라는 소나무 삼림(森林)이 있다. 마미송에는 지역에 따라 전체가 하얀 일반 마미송과 가운데가 붉은 홍심(紅芯) 마미송이 있다. 홍심 마미송은 소나무의 직경(直徑)이 70~80센티미터일 경우 가장자리 10센치미터 정도만 하얀 색이고 나머지 60~70센치미터는 붉은 색으로, 붉은 색 부분은 송진(松津)이 많아 건조시킨 다음에 사찰(寺刹) 건축용으로 쓰면 대단히 좋은 소나무이다.

직경 90센티미터에 길이 4미터짜리 홍심 마미송 50개를 사는데 성도(星都) 복주(福州)까지 다섯 번이나 다녀오고, 그래도 모자라 복주에서 250킬로미터나 떨어진 산간(山間) 벽지(僻地)인 현지(現地)까지 찾아가 숙식(宿食)을 같이 해야 하는 일이 있었다. 신용장을 개설할 때에 아무리 구체적으로 적시(摘示)하고 설명했다고 하더라도, 나중에 실려 나온 목재(木材)의 질(質)과 규격(規格)이 엉망이었기 때문이다.

중국은 거다대한 나라일 뿐만 아니라 공직자(公職者)의 권한(權限)도 대단한 나라이다. 농업이 중심지인 지역은 양곡국(糧穀局)의 영향력이 크고, 복건성처럼 수림(樹林)이 우거진 곳은 임업위원회(林業委員會)의 입김이 크며, 해산물이 많이 나오는 지역은 수산국(水産局)의 힘이 세다. 그런데 이 사람이 복건성에서 홍심 마미송을 사올 때는 마침 주용기(周鎔基) 당시 부총리(副總理)가 인민대회당(人民大會堂)에서 각성의 무자비한 벌목(伐木) 현상(現狀)을 보고 '어찌하여 임업부(林業部)가 벌목부(伐木部)가 되었느냐'고 개탄(慨嘆)한 직후(直後)라서 목재 수출에 현지 임업위원회의 영향력이 대단히 컸다.

어떤 수종의 나무나 목재를 몇 월 몇 일까지 어디에서 어디로 반출한다는 허가증(許可證)이 있어야 하고, 도벌(盜伐)과 밀매(密賣)를 방지하기 위하여 거리에 따라 운송 시간까지 명기(明記)되어 있었다. 시간이 초과되면 자동차는 운송 정치 처분을 받고, 적재 화물은 압류(押留) 처분을 받는다.

현지에 가보니 제재(製材) 공장에는 홍심 50개 중 10개밖에 보이지 않았다. 그렇다면 나머지 40개는 어디에 있는가? 홍심을 실은 두 대의 트럭이 문제였다. 한 대는 수송 허가 시간을 네 시간 초과하여 압류되었고, 다른 한 대는 50미터 낭떠러지로 추락(墜落)하는 바람에 그 육중한 트럭과 나무의 무게로 도로(道路)가 파손되어 움직이지 못하고 있었다. 대형 크레인을 수배해 놓았으나 언제 올지 모를 형편이었다.

중국에 대한 수출도 어렵지만 중국에서의 수입 또한 이렇게 어렵다. 현지 여건(與件)에 대한 철저한 조사(調査)와 확인(確認), 그리고 무엇보다 중국적인 사고 방식에 익숙하지 않으면 수출이건, 수입이건 도처에서 낭패(狼狽)를 당하기 마련이다. 제 아무리 중국에 대하여 잘 알고 있다는 홍콩 무역 회사의 중개(仲介)를 받는다고 해도, 산간(山間) 벽지(僻地)와 오지(奧地)에 들어가면 사사건건(事事件件) 속수무책(束手無策)이기는 우리나 마찬가지이다.

플랜트와 같은 기계(機械) 시설(施設) 설비(設備) 수출은 계약은 되었다고 하더라도 더욱 난감(難堪)한 일에 봉착(逢着)하는 경우가 많다. 흑룡강성(黑龍江星)에 라면 생산 설비를 수출하다가 고생한 이야기는 유명하다. 성도(星都)는 하얼빈으로 겨울이면 영하(零下) 40도가 되는 혹한(酷寒) 지역이다.

상담 개시 후 3개월만에 150만 달러의 시설 설비 수출 계약을 맺었다. 무려 열 두 명이 일 주일 동안 한국을 방문하여 기계를 보고 대접을 받은 결과였다. 말이 열 두 명이지 국장(局長) 한 사람에 국장보다 더 실권(實權)을 쥐고 있는 부국장이 네 명이나 포함되어 있었으니, 영접(迎接)과 대접(待接)에 진땀을 빼지 않을 수 없었다. 신용장 개설 후 4개월내에 시설을 완료하고 6개월내에 시험 생산에 들어가야 한다는 조건이었다. 신용장은 미화 150만 달러를 한 장으로 개설하되, 지불 조건은 착수금(着手金) 30%에 선적시(船積時) 50%, 시설 완료 때에 10%, 그리고 시험 생산 1개월내에 10%를 지불한다는 조건이었다.

그런데 방한단(訪韓團)이 귀국한 후에 3개월 동안 신용장이 개설되지 않는 이변(異變)이 일어났다. 계약을 체결한 후 얼마내에 신용장을 열겠다는 조건이 없었기 때문이다. 선적(船積)을 했는데도 공장이 완공되지 않았다. 수도와 전기 시설이 되지 않았다는 등의 이유를 들며 계약이 체결한 후 1년이 지나도록 설비 기술자를 보내달라는 요청이 없었다.

낌새가 이상하여 현지에 갔더니 기절 초풍할 일이 벌어져 있었다. 값이 싼 대만(臺灣) 기술자를 데려다가 설비를 하고 있었다. 기계 제조 업체 사장은 자식(子息)을 남에게 빼앗기는 심정(心情)으로 한국에 돌아와 다시는 중국에 기계를 수출하지 않겠다는 맹서(盟誓)했다. 너무나 어처구니없는 일이었고, 국제(國際) 상도의(商道義)에 어긋나는 일이었다.

그런데 얼마 후의 일이다. 중국 측으로부터 열(熱) 처리(處理) 부분(部分) 기술자(技術者)를 급히 보내달라는 연락이 왔다. 잔금(殘金)을 포기(抛棄)한 상태라 보내지 않으려 하다가 인지상정(人之常情) 때문에 기술자를 보냈다. 기계가 잘못 설치된 곳이 한두 곳이 아니었다. 한국에서 간 기술자가 못하겠다고 하자, 그렇게 되면 한국으로 돌아가지 못하게 하겠다는 위협(威脅)까지 했다. 잘못된 부분을 고쳐 주면 즉시 잔금을 완불(完拂)하겠다는 각서(覺書)를 받고 시설을 완비해 가동시켜 주었다.

그런데 문제가 또 발생했다. 기계가 돌아가고 있는데도 그들은 잔금 지불을 하지 않고 있었다. 이유는 그 사이에 정부(政府) 조직(組織) 개편(改編)이 있었기 때문이었다. 계약을 체결할 당시에는 모든 기업이 국가 소유, 즉 국유(國有)라서 성(省) 정부 관리와 계약을 체결하여 공사를 진행했으나, 공사 기간 동안에 국유(國有)가 국영(國營)으로 제도적 변화가 있었다. 그 결과 계약을 체결하였던 사람들은 체제(體制) 변화(變化)와 기구(機構) 개편(改編)으로 뿔뿔이 흩어졌다.

남은 사람은 두 사람이었다. 한 사람은 국장(局長)이고, 다른 한 사람은 새 기구(機構)의 공장을 경영하는 총경리(總經理)였다. 잔금을 달라고 국장에게 말하면, 공장이 국가에서 분리되어 경영하고 있으니 총경리한테 받으라 하고, 총경리에게 잔금을 달라고 하면 국장과 협의(協議)하라는 말만 할 뿐 끝내 해결의 기미가 보이지 않아 잔금 수금을 포기하고 말았다.

150만 달러의 플랜트 수출에서 이익(利益)이 나야 얼마나 날 것인가. 잔금 20%를 포기하였으니 150만 달러 수출에서 30만 달러를 날린 셈이 되었다.

이상에서 우리는 태자당이 힘을 발휘하던 시대의 꿈 같은 수출 이야기와 벽오지(僻奧地)의 홍삼 수입, 그리고 라면 공장 플랜트 수출에 관해서 살펴보았다. 어떻게 해서 이러한 일이 있을 수 있느냐고 의문을 제기하는 사람이 있겠지만 그 이유는 중국이 거다대한 나라이고, 자본주의 사회가 아니기 때문에 중국의 무역에서는 좋은 일도 많고 나쁜 일도 많다는 점에서 찾아야 한다.

대운하와 실크 로드

중국을 이해하자면 만리장성(萬里長城)과 대운하(大運河), 그리고 실크 로드를 이해하는 것이 중요하다. 만리장성은 북방(北方)의 침입(侵入)과 침략(侵略)을 막기 위해 동서(東西)로 1,000여 년간에 걸쳐 축성(築城)되었고, 대운하는 중국(中國) 대륙(大陸)을 자유자재(自由自在)로 사통팔달(四通八達)하기 위해 역시 1,000여 년 동안에 걸쳐 남북(南北)으로 수로(水路)를 연결해놓은 것이며, 실크 로드는 중국을 가로질러 동서(東西) 문화(文化)와 문명(文明)을 교류(交流)시킨 인류(人類)의 기념비적(記念碑的)인 통로(通路)이다.

이 세 가지는 중국인의 꿈이며 자랑임과 동시에 중국인과 인류의 꿈과 낭만과 애환(哀歡)이 숱하게 깃들여 있는 천년(千年)의 대서사시(大敍事詩)이다. 만리장성(萬里長城)은 북위 40도와 거의 일치하는 외부 세력을 단절하는 상징이고, 대운하는 동경 16도와 거의 일치하는 중국의 남북을 통일하는 상징이다. 장성과 운하는 중국의 정치와 경제, 그리고 군사에 지대한 영향을 미쳤다.

만리장성에 관한 것은 다른 곳에서 누누이 거론한 바 있으므로, 이곳에서는 대운하(大運河)와 실크 로드에 관한 이야기를 해볼까 한다. 중국 건국 신화에 여와라는 여신(女神)이 나온다. 여와는 황토(黃土)를 빚어 사람을 만들고 다른 신들과 싸워서 파괴된 세상을 복원(復原)하였다. 그런데 복원이 완벽하지 못하여 땅이 약간 동남쪽으로 기울어졌다. 이로 인하여 중국의 모든 강은 동남쪽으로 흐르게 되었다는 전설이다.

실제로 중국의 땅은 서쪽이 높고 동쪽과 남쪽이 약간 낮아 주요한 강들은 모두 동쪽이나 동남쪽으로 흘러 들러간다. 그래서 동서 간의 교통은 강을 따라 오고가기가 그래도 쉬웠으나 남북으로는 강이 막혀 두절(杜絶)된 곳이 많았다.

중국에 남선북마(南船北馬)라는 말이 있다. 남쪽은 강을 따라 배를 이용하는 곳이 많고, 북쪽은 육로를 따라 말을 이용한다는 말이다. 그러나 남북이 이렇게 단절된 상태에서는 정치도 군사도 경제도 제대로 될 리가 없었다. 그래서 이를 극복하기 위하여 중국인이 1천 년간 고생해서 만든 것이 북경에서 항주까지 약 2,000여 킬로미터를 운하와 수로로 완벽하게 관통시킨, 세계적으로 유명한 대운하(大運河)이다.

먼저 만리장성과 대운하, 그리고 실크 로드를 이해하기 위하여 우리는 중국의 지리(地理)에 대하여 약간의 상식이 필요하다. 중국의 지도를 옆에 두거나 중국의 지도와 하천을 그리면서 읽어가는 것이 이해에 도움이 될 것이다.

중국의 면적은 960만 평방미터의 거대한 대륙 국가로 전 세계 육지 면적의 6.5%를 차지한다. 러시아와 캐나다가 전체 면적으로 보면 중국보다 크기는 하지만, 모두 추운 북극 지방의 툰드라 지대라서 인간이 이용할 수 있는 면적은 중국에 비하여 적다. 동쪽과 남쪽은 바다와 연결되어 있다. 발해(渤海)와 황해(黃海), 그리고 동

중국해와 남중국해는 태평양을 향하여 중국 대륙의 풍운(風雲)을 날려보내고 있다.

북쪽에 있는 흑룡강(黑龍江)과 우수리강(烏蘇里江)이 합류(合流)하는 지점부터 서쪽의 파미르 고원(帕米爾高原)까지의 거리는 5,200킬로미터나 된다. 정오(正午)의 태양이 우수리강을 비추어 줄 때에 파미르 고원은 아직도 이른 아침이다. 북쪽에 있는 흑룡강으로부터 남쪽의 남사군도(南沙群島)까지는 5,500킬로미터이다. 겨울이 되어 흑룡강에 삭풍(朔風)이 불 때에 해남도(海南島)는 봄의 파종(播種)을 하고 있다.

중국의 주요 산업은 농업이다. 그 역사는 무려 7~8천 년을 거슬러 올라간다. 기원(紀元) 전후(前後)에 이미 3,800만 헥타르를 경작하고 있었고, 농업 인구는 6,000만 명이나 되었다. 가경지(可耕地)는 화북평원(華北平原)과 장강(長江) 중하류, 그리고 사천분지(四川盆地)와 주강(珠江) 삼각지(三角紙)를 중심으로 한 중국 동부의 몬순 지대에 집중되어 있다.

중국은 내지(內地)와 변방(邊方)으로 나뉘어 있는데, 가경지는 주로 내지에 동부(東部) 지역에 집중되어 있고, 변방은 아직도 환경이 열악하여 개발이 되지 않고 있다. 그러나 물이 없는 이스라엘에서도 영농(榮農) 경작(耕作)을 하는 것을 보면, 아직도 개발되지 않은 대륙의 변방이 언젠가는 개발될 날이 올 것으로 예상할 수 있고, 특히 동북(東北) 지방에 남아 있는 삼강평원(三江平原)은 지금이라도 당장 개간(開墾)이 가능하다. 이 거대(巨大)한 땅을 지키고 이용하며 살기 위하여 1,000년이라는 장구한 세월을 통하여 완성해놓은 것이 바로 만리장성이고 대운하이다.

만리장성(萬里長城)의 역사를 보자. 만리장성이 없었다면 오늘의 중국은 하나의 중국이 아니라 갈기갈기 쪼개진 여러 민족의 여러 나라가 되었을지도 모른다. 그것은 만리장성 자체(自體)가 국토 방

만리장성

위에 중요한 역할을 했다기보다는, 긴 세월 동안 꾸준히 하나의 장
성을 쌓고 연결하여 완성하는 과정에서 중국이 여러 개의 나라가
아니라 하나의 중국이라는 국민(國民) 의식(意識)으로 통합(統合)될
수 있었던 정신적 지주(支柱)였다는 점에서이다. 그리하여 중국은
지금까지 분열(分列)하지 않은 거대한 하나의 국가로 유구한 역사
와 함께 존속(存續)하고 있다.

대운하(The Grand Canal)

중국의 역대(歷代) 왕조(王朝)가 대운하(大運河)가 완성되기까지 얼마나 장구(長久)한 세월을 통하여 노력하였는가를 알기 위해서는 역대 왕조의 홍망사(興亡史)를 알아야 한다. 거두절미(去頭截尾)하면 중국은 춘추전국시대(春秋戰國時代)를 지나 진(秦)나라 한(漢)나 위진(魏晉) 남북조 시대를 거쳐 수(隋)나라 당(唐)나라 송(宋)나라 시대가 되고, 이어서 원(元)나라 명(明)나라 청(淸)나라 시대가 된다. 이러한 왕조의 순서를 머리에 두고 대운하 건설의 대역사(大役事)를 살펴보자.

중국에 수상(水上) 교통의 꽃을 피운 운하(運河)는 기원(紀元) 전(前) 먼 시대부터 있어 왔다. 인류 역사의 보배인 갑골문자(甲骨文字)에 '차(車)'라는 단어와 '주(舟)'라는 단어가 나오는 것을 보면 가히 그 역사가 얼마나 깊은가를 짐작하게 한다.

서기전 647년에 진(秦)나라는 황하와 위수(胃水), 그리고 분수(汾水)를 이용하여 진(晉)나라에 많은 양식을 수송하였다. 춘추시대에는 장강(長江)의 본류(本流)와 지류인 민강(岷江)과 한수(漢水)의 천연 자연 하천 수로를 이용하였고, 이때에 열국(列國)들은 운하를 굴착하여 자연 하천과 연결하는 수상 교통을 발전시켰다.

전국시대의 위(魏)나라는 홍구(鴻溝)를 굴착하여 황하(黃河)와 회하(淮河)를 연결하는 인공 운하를 완성하였다. 그 밖의 지역에는 지거(支渠)라는 보조 수로들이 개척되어 마침내 황하(黃河)와 회하(淮河), 그리고 장강(長江)이라는 중국의 3대 수계(水系)가 모두 운하(運河)와 수로(水路)로 연결(連結) 소통(疏通)되는 대역사가 이루어졌다. 이리하여 강(江)이 막혀 가지 못하고 산이 막혀 오지 못한다는 말은 옛말이 되었고, 정치의 중심지인 주요 도시들은 육로뿐만 아니라 새로 건설된 수로를 이용하여 서로 원활한 소통을 할 수 있게 되었다.

중국 천하를 통일한 진시황(秦始皇)은 중국 내륙에 산만하게 굴착 개설되어 있는 수로를 체계적으로 발전시킨 황제(皇帝)이다. 전국의 치도(馳道)라고 하는 말이 달릴 수 있는 도로의 폭을 50보(步)로 통일하고, 마차의 수레바퀴의 크기가지 통일한 황제이다.

진시황은 치도(馳道)에 상수와 이수를 연결하는 양거(兩渠)를 굴착하였다. 이 구간은 높은 산으로 가로막혀 그 당시에 어떻게 하여 산을 뚫고 수로를 굴착할 수 있었는지 지금도 의문이 갈 정도이다. 이리하여 이른바 서북간선과 북로간선, 서남간선과 남로간선, 동로간선과 동북간선, 그리고 동남간선과 장강간선이라는 여덟 갈래의 사통팔달(四通八達)하는 수륙(水陸) 교통망을 체계적으로 정비(整備) 개설(開設)하였다.

한(漢)나라 시대는 진(秦)나라 시대의 수도인 함양을 대신하여 장안(長安)이 정치의 중심지가 되었고, 이곳이 실크 로드의 기점(起點)으로 당시로는 국제화 도시였다. 조조(曹操)가 주도하여 백구와 이조거, 평로거와 천주거, 그리고 신하를 굴착하였고, 북쪽으로는 지금의 천진에서 동쪽으로는 난하 하구(河口)에 이르는 하북평원(河北平原)을 남북으로 관통하는 수로를 건설하였다. 이리하여 백구의 상류에서 출발한 조운선(漕運船)은 장수의 물길은 이조거를 통하여 장수로 꺾여 들어간 다음 다시 하북성(河北省)까지 갈 수 있게 되었다.

수(隋)나라 시대와 당(唐)나라 시대에는 '남북대운하(南北大運河)'라는 거대한 규모의 전국적인 수운 교통망이 뚫린 시대이다. 584년부터 610년까지 불과 26년 동안에 서쪽의 장안(長安)과 북쪽의 탁군, 그리고 남쪽에 있는 지금의 항주(抗州)를 잇는 총연장 2,000여 킬로미터의 남북대운하가 탄생했다. 이 운하는 황하(黃河)와 해하(海河), 회하(淮河)와 장강(長江), 그리고 전당강이라는 중국의 5대강을 관통(貫通)하는 운하이다.

자세한 내용을 들여다보자. 위수(渭水)에 모래가 많아 서안(西安)으로 조운선(漕運船)이 들어올 수 없게 되자, 584년에 광통거(廣通渠)라는 인공 수로를 개척하여 난관을 타파했다. 587년에는 장강(長江)과 회하(淮河) 사이에 한구(漢溝)를 건설하여 관통시켰다. 605년에는 낙양(洛陽)을 기점으로 통제거(通濟渠)를 굴착하여 곡수(穀水)와 낙수(洛水)를 황하로 유입(流入)하게 하였고, 황하(黃河)를 더욱 동쪽으로 흐르게 인공 수로를 만들어 회하(淮河)에 유입하게 하였다.

608년에는 요동(遼東) 지방의 병력을 이용하여 영제거(永濟渠)를 굴착하여, 심수(沈水)의 물을 끌어 청수(淸水)에 연결하였다. 그리고 청수 아래쪽은 대청하(大淸河)에서 탑수로 꺾여 들어간 다음 곧장 지금의 북경(北京) 서남쪽에 들어가게 하였다. 그리고 마지막으로 610년에도 다시 진강(鎭江)에서 여항까지 강남하(江南河)를 뚫어 마침내 남북대운하(南北大運河)가 완성되었다.

당(唐)나라 시대는 새로운 운하를 굴착하는 대신 기존(旣存)의 운하를 보수 정비하는 시대였다. 그 후의 송(宋)나라 시대에는 민하(閔河)와 채하(蔡河)를 굴착하여 혜민하(惠民河)라 하였고, 오장하(五丈河)를 준설하여 산동성의 수운로와 연결하고 광제하(廣濟河)라 개칭(改稱)하였으며, 수나라 시대의 통제거를 경수(京水)와 색수의 물을 중심으로 오장하와 합류하게 한 다음에 금수하(金水河)라 칭(稱)하였다. 이리하여 송나라 시대에 조운사거(漕運四渠)라 일컬어지는 변하, 혜민하, 금수하, 오장하가 형성되었고, 금수하가 조운이 불가능하게 되자 금수하 대신 황하를 넣어 소위 조운사하(漕運四河)가 된다.

이때까지만 해도 남북에 대운하가 완성되었다고는 하지만 군데군데 육로와 연결하지 않으면 통달(通達)할 수 없는 미완성(未完成) 남북대운하(南北大運河)였다. 강남 지방을 출발한 조운선(漕運船)은 회하를 따라가다가 황하에 접어들어 하남의 중란진까지 올라간 다음 육로(陸路)로 90킬로미터 덜어진 기문진까지 가서 다시 다른 조운선에 옮겼다. 기문진에서는 천진까지 가서 다시 육로로 바꾸어 대도로 갔다.

이렇게 육로와 수로를 바꾸어 운행하는 혼합(混合) 조운로(漕運路)는 거리도 멀고 비용도 많이 들었기 때문에 원(元)나라 시대에 제주하(濟州河)와 회통하(會通河), 그리고 통혜하(通惠河)를 굴착하여 완전하게 수로로 연결하였다. 이로써 북경(北京)에서 항주(抗州)까지 수로로 연결하는 세계적인 대운하인 경항대운하(京抗大運河)가 완성되었다.

이렇게 어렵게 관통(貫通)시킨 경항대운하는 황하의 범람으로 한때 조운(漕運)이 불가능하였다. 다시 명(明)나라 시대인 1662년부터 1772년까지 100년에 걸쳐 황하의 위험을 피하기 위해 남양신하와 가하, 통제신하와 중하를 새로이 굴착하여 북경에서 항주에 이르는 1,900킬로미터의 경항대운하(京抗大運河, The Grand Canal)가 완성되었다.

장강(長江)과 황하(黃河)를 잇겠다는 천년의 꿈은 이렇게 하여 이루어졌다. 이때에 완성된 경항대운하는 중국 수운(水運)의 대동맥(大動脈)이다. 1950년대에 대규모의 보수 작업과 정리 작업을 거쳐 1,747킬로미터로 단축되어 오늘에 이르고 있다.

대운하는 중국 인민의 피와 땀과 눈물과 고통의 산물(産物)이다. 운하를 건설하기 위한 인원은 모두 강제(强制) 동원(動員)되었다. 수양제는 통제거 하나를 만드는 데에 100만 명을 동원하였고, 산양독 하나를 만드는 데에 10만 명을 동원하였으며, 영제거를 굴착하는 데에 100만 명을 동원하였다.

뿐만이 아니었다. 운하가 만들어진 다음에는 수양제가 배를 타고 시찰에 나섰다. 양제가 탄 배는 용주(龍舟)라 한다. 용주의 크기

는 높이가 40미터에 길이가 600미터나 되는 대형(大形) 선박이었
다. 황후(皇后)와 공주(公主)가 타는 배는 따로 만들어 뒤따르게 하
였다. 이리하여 양제의 선단(船團)은 전후(前後) 100킬로미터나 되
었다.

물살이 급(急)하여 배가 거슬러 올라가기가 어려운 곳에서는 운
하 양쪽에 어도(御道)를 만들어 인부를 배치하고, 줄을 매어 인부
들이 배를 끌어올리도록 하였다. 양제가 양주로 행차(行次)할 때에,
배를 끌어올린 인부만 10만 명이 넘었다.

강남에서 낙양까지 세량(稅量)을 운반하는 고통도 이만저만이 아
니었다. 반년(半年) 이상이나 걸리는 긴 항로(航路)였다. 1, 2월에
장강의 양주를 출발한 조운선은 신양독에 들어가면 수위(水位) 조
절을 위하여 한 달을 기다려야 했다. 회수에서 통제거로 들어갈 때
에는 갈수기(渴水期)라서 또 한 달 이상을 기다려 비가 온 후에야
황하를 향하여 출발할 수 있었다. 황하에 도착할 때쯤이면 황하에
홍수(洪水)가 나는 시기라서 또 한 달 이상을 걸려 물이 준 다음에
낙양에 들어갈 수 있었다.

낙양에서 장안에 들어가기 위해서는 삼문협(三門峽)이라는 난코
스를 거쳐야 했다. 귀문(鬼門) 신문(神門) 인문(人門)이라는 세 개의
암초(暗礁)가 박혀 있는 이 지역은 물살이 세어 도저히 올라갈 수
없어, 결국은 깎아지른 산 절벽 사이에 좁은 통로를 만들어 육로로
운반하는 것이 최상의 방법이었다.

운하 준설 또한 만만치 않은 작업이었다. 모두 강제로 인부를 동
원하여 준설하였고, 한때는 인부들이 반란(反亂)을 일으키기도 하
였다. 운송 도중 썩거나 물에 잠기면 운송하는 자가 보상을 해야
했고, 배를 기다리는 시기가 길어지면 농사를 짓는 시기를 놓쳐 먹
을 양식을 제대로 가꿀 수가 없었다. 황하가 범람하였을 때는 60
여만 명을 동원시켜 원성이 하늘을 찔렀다.

운하는 도시(都市)의 운명(運命)을 좌우했다. 원나라 시대의 항주(抗州)는 인구 100만의 도시로 마르코폴로는 항주를 세계 최대의 도시라고 했다. 소주와 항주는 지상천국(地上天國)이라고 불릴 만큼 번화하고 풍요로운 도시였다. 장강과 회수를 연결하는 요지(要地)였던 양주는 당대(當代)의 최대(最大)의 상업 도시였다. 장강(長江)을 흔히 양자강(揚子江)이라고 하는 이유도 당시의 양주가 최대의 상업 도시였고, 장강이 이곳을 흐르기 때문에 생긴 장강의 별칭(別稱)이다.

실크 로드(Silk Road)

마지막으로 우리가 볼 것은 실크 로드이다. 이 역시 1,000년 세월을 통하여 중국인이 완성한 길이다. 서기전 2세기의 일이다. 서역(西域)의 흉노족(匈奴族)들이 변방(邊方)을 어지럽혀 한(漢)나라 무제(武帝)가 두 차례에 걸쳐 장건이라는 사람을 보내 육로를 개통하고 인접 우호 변방과 협력하여 평정하도록 하였다. 이때의 서역이란 감숙성 돈황(敦煌)의 서쪽과 파미르 고원의 동쪽에 있는 신강(新疆) 지방을 가르키는 말이다.

서역이라는 말에는 광의(廣義)의 서역이라는 말도 있다. 광의의 서역이란 중앙아시아의 중서부와 인도, 동부 유럽과 아프리카 북부를 포괄하는 말이다. 장건이 육로를 개척한 후로 이 육로를 따라 내지(內地)에서 생산되는 많은 비단들이 광의의 서역으로 많이 팔려나갔다. 이 길을 20세기 초에 독일의 지리학자 리히트호펜이 비단이 팔려 나간 길이라는 뜻으로 '비단길(絲綢之路, Silk Road)'이라 명명(命名)하였다.

실크 로드는 동서(東西)의 문화(文化)와 문물(文物)이 교류(交流)한 도로로, 옥(玉)과 향료(香料)가 이 길을 따라 서에서 동으로 전해졌고, 인도의 불교가 중국에 전해졌으며, 중국의 제지술(製紙術)

과 화약과 나침반 등이 이 길을 따라 서쪽으로 전해졌다.

실크 로드는 장안(長安)을 출발하여 서북쪽의 농판을 넘어 옥문관과 양관을 거쳐 백용퇴(白龍堆)를 지나 누란(樓蘭)에 도달하면 남도(南道)와 북도(北道)로 갈라진다. 남도는 차이산하를 따라 소륵(疎勒)으로 이어지고, 북도는 공작하를 따라 소륵에 이른다. 남도와 북도가 만난 소륵에서 출발한 실크 로드는 파미르 고원을 넘어 서쪽의 흑해(黑海)이 이르렀다. 이외에도 소륵에서 서쪽으로 출발한 실크 로드는 아프카니스탄과 이란과 이라크를 거쳐 이집트에 이르렀다.

남도와 북도 이외에도 신북도(新北道)가 있다. 신북도는 돈황을 출발하여 토노번(吐魯番)을 지나 소륵에서 북도와 합해지는 길이다. 남도와 북도, 그리고 신북도로 이루어진 세 갈래의 실크 로드는 그 후에 페르시아 제국의 방해로 한때 막히기도 하고, 시대에 따라 많은 변화를 겪는다.

남도는 곤륜산(崑崙山)의 북쪽으로 새 길이 나서 지중해(地中海)에 도달했고, 북도는 천산산맥을 따라 로마에 도달했다. 그 후에 남도는 서남쪽으로 꺾여 아프카니스탄을 지나 인도에 도달하였고, 북도는 이란을 통과하여 페르시아에 도착했다.

실크 로드에 관해서는 『삼국지(三國志)』의 위지(魏志)의 오환전(烏丸傳)에도 남도(南道), 중도(中道), 신도(新道)라는 세 갈래의 길이 나온다. 여기에서 중도는 북도에 해당하고, 신도는 신북도를 가르키는 말이다.

중국에서 외국으로 가는 육로는 그 이외에도 몇 개가 더 있었다. 사천성에서 출발하여 미얀마를 거쳐 인도로 가는 길이 있었다. 이 길은 한(漢)나라와 당(唐)나라 시대에 더욱 교역량이 늘어나 활발하게 이용되었으며, 소위 항전(抗戰) 기간 동안에는 중국 내륙으로 통하는 유일한 통로였다.

그 밖에도 중국의 내륙을 출발하여 서역과 남부 아시아로 가는 길도 있었다. 서역과 통하는 또 하나의 대표적인 길은 청해성(淸海星)을 떠나 신강자치구를 통하여 실크 로드에 합해지는 길이었고, 다른 하나는 청해성을 떠나 서장자치구를 통과하여 네팔을 지나 인도로 가는 길이었다. 몽고에서 출발하여 흑해에 도달하는 소위 초원길은 북위 50도와 거의 일치하는 도로로 서기전 7~8세기에 뚫렸다.

실크 로드는 산맥(山脈)과 사막(沙漠)을 가리지 않고 멀고 먼 페르시아나 인도까지 이어지는 인류의 대장정로(大長征路)이다. 히말리아 산맥과 곤륜산맥, 카라코람 산맥과 천산산맥, '세계의 지붕'이라 불리는 파미르 고원, 고비 사막과 타클라마칸 사막, 그리고 유명한 하서회랑지대(河西回廊地帶)와 그 사이에 있는 수많은 불모(不毛)의 땅과 오사시스들을 지나야 했다. 이 중에서도 사막과 사막 사이에 점점이 떠 있는 오아시스 사이에 낙타를 타고 다니던 소위 '오아시스 루트'가 동서 간의 교역에 가장 활발하였고, 지금까지 가장 유명한 비단길이 되었다.

실크 로드는 하루아침에 이루어지지 않았다. 수많은 세월을 통하여 수많은 상인(商人)과 사신(使臣), 그리고 여행자(旅行者)들이 목숨을 걸고 다닌 결과로 지구상에 뚫린 길이다. 때로는 이 길을 사이에 있는 제국(諸國)들이 패권(覇權)을 다투는 전장(戰場)이 되기도 했다. 실크 로드는 몽고인, 아랍인, 이란인, 카자흐인, 중국인을 비롯한 세계 각 민족의 삶의 터전이었으며, 이스람교와 불교, 그리고 유교와 기독교와 같은 세계적인 종교들이 이 길을 따라 전파(傳播)되었다. 참깨, 오이, 마늘, 호도, 완두콩, 당근, 포도가 이 길을 따라 서양에서 동양으로 들어왔다.

인류의 위대한 유산(遺産)으로 남아 있는 실크 로드는 장건(張騫)이라는 사람과 한(漢)나라의 무제(武帝)와 장건이 보았다는 천리마

(千里馬) 또는 한혈마(汗血馬)라는 말이 없었던들 그렇게 이른 시기에 그렇게 험한 동서(東西) 관통로(貫通路)가 뚫렸을지는 의문이다. 한혈마란 하루에 천리를 달리고, 피와 같은 땀을 흘리는 말이라는 뜻에서 생긴 말이다. 장건이 서역에 갔을 때에 보고 이용하던 서역의 말이다.

서기전 139년이었다. 서역 변방을 어지럽히는 흉노족(匈奴族)을 제압하기 위하여 한무제는 흉노한테 패망(敗亡)한 대월씨국(大月氏國)의 월지를 만나러 보낼 사신을 모집했다. 잔인(殘忍)하기로 이름난 흉노는 월지국왕의 해골(骸骨)에 술을 담아 승리(勝利)의 축배(祝杯)를 들고 있을 때였다. 그때에 장건이라는 자가 자원(自願)하여 나타났다. 목숨을 걸지 않으면 갈 수 없는 길이었다. 한무제는 그에게 100여 명의 수행원(隨行員)을 딸려 감숙성을 떠나 서역으로 보냈다.

장건은 변방에 가자마자 흉노에게 잡혔다. 목숨을 구하기 위하여 흉노의 여인과 결혼하여 아들까지 나았다. 그러나 월지를 만난다는 뜻은 꿈에도 버리지 못했다. 흉노들의 감시가 느슨해진 틈을 타서 탈출(脫出)하여 결국 월지를 만나 동맹(同盟)을 맺어 흉노를 처부수자고 제의하였으나, 월지는 이미 흉노에 대한 구원(舊怨)을 잊고 평화롭게 살고 있었다.

하는 수 없었다. 돌아가다가 다시 흉노에게 잡혀 죽는 한이 있더라도 귀향(歸鄕) 길에 올라야 했다. 얼마가지 않아 예상했던 대로 흉노에게 다시 잡혀 죽을 고비를 넘기다가, 흉노들이 내분(內紛)이 일어난 틈을 타서 다시 탈출하여 한무제 앞에 엎드려 무릎을 꿇었다. 그때에 13년만에 서역 왕복에서 황제 앞에 돌아온 사람은 장건을 포함하여 단 두 사람이었다. 서역이란 그렇게 오고가기가 어려운 길이었다.

장건이 월지국과의 협의 내용을 보고하는 자리에서 한혈마 이야기를 꺼냈다. 한무제는 천하를 통치(統治)하려면 발빠른 말이 있어야 한다는 것을 통감(痛感)하고, 이번에는 한혈마를 구하고 변방을 다스리기 위하여 다시 장건을 비롯하여 장수(將帥)들을 서역 원정(遠征) 길에 보냈다. 한혈마를 구하러 갔던 장군은 죽임을 당하여 돌아오지 못했다.

이렇게 하여 두 차례에 걸친 서역 왕복이 결국은 오늘날 우리가 보고 있는 실크 로드 개척의 효시(嚆矢)가 되었다. 『왕오천축국전(往五天竺國傳)』을 쓴 혜초도 이 길을 이용하였다. 이 길을 이용한 서양의 유명한 사람으로는 『동방견문록(東方見聞錄)』으로 서방(西方) 세계에 동방(東方) 세계의 모습을 전한 마르코폴로가 있다.

마르코폴로는 1271년 베네치아를 떠나 실크 로드를 타고 이란 고원과 파미르 고원을 지나 하서회랑을 통과하여 감숙성에 들어왔다. 거기에서 마르코폴로는 원나라의 상도(上都)를 거쳐 징기스칸이 살고 있는 대도(大都)로 왔다. 서역 문물(文物)에 호기심이 많던 쿠빌라이가 반겨 맞았다. 귀로에는 1990년 쿠빌라이의 호의(好意)로 호위병(護衛兵)의 수행(隨行)을 받으며 복건성과 인도네시아, 자바와 실론 등을 거쳐 25년만에 다시 베네치아로 돌아왔다.

베네치아는 전쟁을 하고 있었다. 마르코폴로도 군대에 들어가 전쟁터에 나갔으나 곧 포로(捕虜)로 잡혀 갇혔다. 옥중(獄中)에서 피사의 전설(傳說) 작가(作家)인 루스키켈로를 만나 동방(東邦) 견문(見聞)에 관한 자신의 이야기를 구술(口述)하였고, 드디어 세계적으로 유명한 마르코폴로의 『동방견문록』이 루스키켈로의 손에 의하여 탄생했다. 동방 각지의 풍습과 관습, 지리와 물산, 정치와 경제와 문화 등에 대하여 상세하게 기술한 책이다. 불출(不出)의 영웅 징키스칸과 루스키켈고, 그리고 실크 로드가 없었다면 탄생할 수 없는 불후(不朽)의 명작(名作)이다.

장성과 대운하와 실크 로드

서양의 격언(格言)에 로마는 하루아침에 만들어지지 않았다는 말이 있다. 중국인이 만들어 놓은 만리장성(萬里長城)과 대운하(大運河), 그리고 실크 로드는 하루아침이 아니라 1,000년 세월을 통하여 만들어 놓은 중국인(中國人)의 유산(遺産)이며, 동시에 세계 인류의 위대한 유산이다.

오늘의 중국이 서방 일부 국가에 비하여 낙후(落後)되었다고 해서 내일의 중국도 오늘과 같을 것이라고 생각하는 것은 잘못이다. 중국의 어제에 만리장성과 대운하, 그리고 실크 로드가 있었던 것처럼 내일의 중국에도 또 다른 빛나는 인류의 유산이 다시 창조될 것이다. 나는 그 점을 간과(看過)하지 않고 중국의 내일을 내다보고 있다.

한국과 일본, 그리고 세계 어느 곳에도 만리장성이나 대운하, 그리고 실크 로드와 같은 거대(巨大)하고 장대(長大)한 문화와 유산은 없다. 오직 중국만이 가지고 있는 문화이며 유산이다. 이제 그 누가 중국이 위대하지 않다고 말할 것이며, 그 누가 중국의 21세기가 인류의 운명을 좌우할 것이라는 대명제(大命題)를 부인(否認)할 것인가. 나는 중국을 아는 사람이라면 그럴 사람은 세상에 한 사람도 없다고 본다. 21세기의 세계의 태양(太陽)은 다시 중국에서 뜨고 있다.

황하와 장강의 변천

10 년이면 강산(江山)도 변한다는 한국의 속담(俗談)이 있다. 그
럼에도 불구하고 한국과 일본은 땅이 작기 때문에 미시적(微
視的)인 눈으로 보면 늘 변하지만, 거시적(巨視的)으로 보면 그리
변한 것이 없다고 볼 수 있다. 다만 변화가 있다면 인간에 의하여
개발(開發)되거나 건설(建設)되는 일종의 토목(土木) 건축(建築) 정
도의 변화가 있을 뿐이다.

그러나 중국은 그렇지 않다. 중국도 한국과 일본과 같이 인간에
의한 미시적인 변화야 늘 있어 왔고, 어떤 면에서는 한때 일본과
한국을 훨씬 앞지르는 거대한 인공(人工) 변화(變化)가 있었던 것이
사실이나, 이 역시 만리장성이나 대운하와 같은 1,000년의 공사(工
事)를 제외하면 인공의 변화란 미시적이라고 해야 옳다.

내가 여기에서 말하는 황하(黃河)와 장강(長江)의 변화란 인공(人
工)에 의한 변화를 말한다. 한국과 일본에서도 흔히 천재지변(天災
地變)이나 천지개벽(天地開闢)이라는 말을 쓰고 있지만, 한국과 일
본과 같이 좁은 땅에서 천재지변과 천지개벽이 있었다 해야 그것

역시 거시적으로 보면 별로 표시(標示)가 나지 않는 미시적인 현상
에 불과하다.

중국은 거대(巨大)하고 장대(長大)하며, 아시아 대륙의 거의 전부
를 차지하고 있기 때문에 역사(歷史)라는 거시적인 안목(眼目)에서
보면 땅이 물이 되고, 물이 땅이 된 그야말로 천지(天地) 조화(調
和) 속에 지형(地形)과 수로(水路)에 거대한 변천이 있었던 것을 알
수 있다. 한국이나 일본에서는 볼 수 없는 일이다. 그 대표적인 변
화가 황하와 장강의 물줄기의 변화이고, 황하의 장강의 물줄기의
변화는 자연적으로 중국 땅의 모양을 전혀 다른, 전혀 새로운 모양
으로 만들어놓았고, 지금도 그런 현상은 지속(持續)되고 있다. 여름
철이면 텔레비전 전파를 타고 세계에 전해지는 황하와 장강의 범
람(汎濫) 사태가 단적(端的)인 예이다.

황하(黃河)는 전체 길이가 5,464킬로미터로 장강(長江)에 이어
중국에서 두번째로 긴 강이다. 청해성 약고종렬(約古宗列)에서 발
원(發源)하여 8개 성(星)과 1개 자치구(自治區)를 지나 현재는 산동
성(山東省) 황해(黃海) 바다로 흘러 들어간다. 옛날의 황하는 지금
과 같은 길을 달리지 않았다. 지금보다 훨씬 북쪽으로 흘러 해하
(海河)에 도달하였고, 나중에는 유로(流路)가 남쪽으로 변경되어 회
하(淮河)와 합류(合流)하기도 했다. 천년 만년을 거의 같은 유로(流
路)를 달리고 있는 한국의 최장(最長)의 낙동강(洛東江)이나 두번째
큰 한강(漢江)과는 전혀 다른 모습이다.

황하의 변천

황하의 상류는 한국의 땅보다 넓은 30만 제곱킬로미터의 황토
(黃土) 고원(高原)을 통과한다. 황토는 푸석푸석하고 비만 오면 여
러 갈래로 도랑이 파지고, 홍수가 나면 큰 하천으로 변하는 곳이
많다. 그래서 폭우만 내리면 황하는 세계에서 가장 흙과 모래를 많

이 함유하고 있는 강물이 된다.

여러 해의 관찰을 통하여 본 결과, 황하는 연간 평균 16억 톤의 모래와 흙을 하류(下流)로 운반하고, 많은 해에는 33억 톤이나 토사(土砂)를 하류로 흘려보냈다. 그 중 4분의 1이 황해로 들어가고, 4분의 2는 황하의 황류에 퇴적하여 매년 평균 38평방킬로미터의 새로운 땅을 만들어내고 있다. 10년이면 400평방킬로미터, 100년이면 무려 4,000평방킬로미터의 새로운 육지를 만들어내는 셈이다. 나머지 4분의 1은 강물 밑에 침전하여 해마다 하상(河床)이 높아져 이른바 천장천(天井川)으로 변하게 한다.

황하 유역은 6월에서 10월에 연중 강수량(降水量) 200~700밀리미터의 거의 전부를 폭우(暴雨)로 내린다. 하류의 땅은 물이 잘 빠지지 않기 때문에 도처에서 강물이 범람하여 재해(災害)를 동반(同伴)한다. 홍수에 의하여 하류로 운반되는 진흙과 모래는 황하의 둑을 빈번하게 터뜨리고 물길을 바꾸게 하는 주원인이 된다.

황하의 범람과 황하 유역의 변화는 인재(人災)와 천재(天災)가 겸하여 더욱 심각해진다. 천재(天災)야 피할 수 없지만 인재(人災)는 인간 스스로가 자초(自招)하는 것이다. 황하 유역이 농경(農耕) 생활의 터전이 되지 않고 목축(牧畜) 생활의 터전이던 시대 약 800년간은 황하가 거의 범람하지 않았다.

물론 황하에 대한 농경 생활이라는 인간의 간섭(干涉)이 시작되기 전에도 황하는 진흙과 모래가 많은 강이었다. 서기전 4세기의 기록을 보면 황하란 지금과 같이 황하라고 부르지 않고, 물이 탁한 강이라는 의미로 탁하(濁河)라 불렀다. 황하가 탁하고 누렇고 진흙과 모래가 많이 함유하는 것은 기본적으로 중류 이하의 토양(土壤)의 증감(增減)과 비례한다.

1950년 이전에 황하의 제방이 터져 범람한 것은 약 500여 차례로 기록되어 있다. 하도(下道)가 원형(原型)을 상실하고 근본적으로 크게 변경된 것만 20∼30차례이다. 황하가 크게 범람하면 홍수(洪水)는 북쪽의 해하(海河)에서 남쪽의 회하(淮河)까지 무려 25만 평방킬로미터의 면적에 영향을 주었다.

신석기 시대부터 1120년 송나라 시대까지 황하는 태행산(太行山) 동쪽과 태산(泰山) 북쪽에 있는 하북평원(河北平原)을 지나 발해(渤海)로 들어갔다. 12세기에 접어들어 황하는 하북평원을 이탈(離脫)하여 태산의 남쪽인 황회평원(黃淮平原)으로 이동하였다. 이야말로 황하의 역사에 천지개벽을 뜻한다. 이때에는 황하가 미친 듯이 제 멋대로 제가 가고 싶은 대로 흘렀다. 역사의 기록을 보면 49년간은 북쪽으로 흐르다가, 그 후 16년간은 동쪽으로 흘렀고, 그 후 15년간은 동쪽과 북쪽의 두 갈래로 흐르기도 하였다.

1128년의 황하의 역사에 한 획을 긋는 해이다. 이 해에 송나라는 금나라의 병사를 막기 위하여 하남성의 황하 제방을 인위적으로 무너뜨렸다. 그 결과 황하는 흐름을 동쪽으로 바꾸어 하남성 동북부와 산동성 서남부를 지나 회하로 흘러 들어가게 되었다. 그 후 700년 동안 황하는 변함없이 동쪽과 남쪽으로 흘러 회하와 합류하는 물줄기를 유지하였다.

12세기 중엽에는 하남성 동쪽에서 강서성 소주에 이르러 사수와 수하를 쟁탈하여 회하로 들어갔다. 13세기에는 황하의 강물이 더욱 남진(南進)하여 하남성(河南省)을 통하여 마침내 황해로 들어갔다. 이때의 황하의 변동은 황희평원과 화북평원을 마치 빗자루로 쓸듯이 육지를 쓸어 내려 제 갈 길을 갔다. 명나라 시대에 이르러서는 지류(支流)와 본류(本流)가 서로 얽히고 섥혀 합종연형(合從連衡)하는 바람에 어느 물 골이 본류이고 어느 물결이 지류인지조차 분간(分揀)할 수 없을 정도로 극심한 변화를 겪었다.

16세기까지 황하의 물길은 문란(紊亂)할 정도로 변화무쌍(變化無雙)하게 변천하여 옛 황하의 물길을 버리고 오늘날과 같이 흐르는 새로운 황하의 물길을 형성하였고, 19세기 중엽에 황하의 물길은 다시 북상(北上)하여 발해로 들어간다. 이와 같은 황하의 변천(變遷)은 거짓말 같은 사실이고, 경이(驚異)의 눈으로 황하의 변천사(變遷史)를 들여다보지 않을 수 없다.

1855년에는 황하의 난양(蘭陽)에서 제방이 터져 봉구현과 상부현, 난의현과 노성현, 그리고 장단현 등 5개 현(縣)을 침수(侵水)시키는 일대 난리(亂離)를 피웠다. 이때에 황하의 물줄기는 다시 세 갈래로 나누어졌고, 그 중의 한 줄기가 산동성의 운하를 건너 발해로 빠져 들어가 700년 동안 회하를 통하여 황해로 들어가는 역사는 끝이 나고 처음과 같이 하북평원을 거쳐 발해로 들어가게 되었다.

이와 같은 황하의 변천은 인간의 인위적인 간섭도 원인이 되었지만 근본적으로는 지형(地形)에서 기인한다. 황하의 하류(下流)는 산동구릉(山東丘陵)에 의하여 남북(南北)으로 양분(兩分)되어 있다. 그래서 황하의 물결은 자연적으로 동북(東北)을 빠져나가거나 동남(東南)으로 빠져나가는 숙명을 안고 태어난 대하(大河)이다.

장강의 변천

장강(長江)은 중국에서 가장 긴 하천으로 길이는 서울과 부산 거리의 열 다섯 배가 넘는 6,300킬로미터나 된다. 8개의 성(省)과 두 개의 직할시(直轄市)와 한 개의 자치구(自治區)를 통과하고, 호북성(湖北省)의 선창(宜昌)을 중심으로 상류(上流)와 하류(下流)로 구분하고, 하류는 강서성의 호구(湖口)를 중심으로 다시 중류(中流)와 하류(下流)로 나뉜다.

상류는 산과 구릉이 많아 하천의 변화가 매우 적으나, 중하류는 지형이 평탄하여 수계와 호소(湖沼)의 엄청난 변화를 겪었다. 그 대표적인 곳이 장강(長江)과 한수(漢水)가 합하여지는 강한평원(江

漢平原)의 형강(荊江)과 운몽택(雲夢澤), 동정호(洞庭湖)와 파양호, 그리고 태호(太湖)이다.

강한평원(江漢平原)에는 제4기에 강하게 침강(沈降)된 요지(凹地)가 있다. 현재 이 지역은 하도(河道)가 종횡(縱橫)으로 교차하고 호소(湖沼)들이 하늘의 별과 바둑판의 바둑알처럼 박혀 있다. 그 중에서 가장 큰 호수(湖水)가 운몽택(雲夢澤)이고 춘추전국시대(春秋戰國時代)에는 장강과 한수의 사이에 있었다.

운몽택은 장강과 한수에서 들어오는 모래와 진흙에 의하여 평원과 호수가 결합된 모양으로 변하였다가, 한나라 시대에는 운몽택의 본체는 동쪽으로 이동하고 호수였던 수면의 일부가 평탄한 육지(陸地)로 변하였다. 운몽택의 육지화는 쉬지 않고 계속되어 드디어 하나의 현(縣)이 설치되기에 이르렀고, 북쪽 운몽택은 적호, 이호, 선관호, 여관호 등으로 나누어진다. 이렇게 되어 그 크던 운몽택이 당나라 시대에 이르러서는 호수의 흔적(痕迹)조차 없어지고 완전히 평탄한 육지로 변하고 말았다. 장강과 한수의 변천에 따른 운몽택의 변화였다.

송나라 시대에 강한평원에 운몽택 대신 태백호(太白湖)라는 호수의 이름이 등장한다. 태백호는 지층(地層)의 침강으로 생겨난 호수이고, 호수의 물은 퇴적(堆積)에 따라 장강으로 흘러 들어갔다. 명나라 시대에는 태백호의 크기가 100여 킬로미터가 넘었기 때문에 강한평원에서는 가장 큰 호수가 되었다. 청나라 시대에는 옆에 있던 홍호의 크기가 커지고 태백호의 크기가 작아지면서 강한평원의 물은 거의 홍호로 흘러 19세기에 이르러 홍호는 태백호를 제치고 가장 큰 호수가 되었다.

형강(荊江)은 장강의 지류로 420킬로미터가 넘는 긴 강이다. 우지구(藕地口)를 중심으로 상형강과 하형강으로 나누어진다. 원래 형강은 크고 작은 두 줄기의 강이었다. 큰 줄기를 강(江)이라 하였고, 작은 줄기는 타(沱)라 하였으나, 강과 타가 진나라 시대에 평형을 이루었다. 명나라 시대에 내강(內江)이라 부르던 타가 외강(外江)이라 부르던 강의 본류는 지류로 변하고, 타라던 지류가 본류로 변하였다. 지금 형강이 흐르는 자리는 옛날에 운몽택이 있던 자리이다.

위나라 시대와 진나라 시대에 하형강이 있는 형강 삼각주(三角洲)는 동쪽과 남쪽으로 계속 성장했다. 당나라 시대에도 하형강의 퇴적 작용은 계속되어 송나라, 원나라 시대에는 경작(耕作)이 시작되고, 동정호(洞庭湖)의 물이 계속 위로 올라오는 정탁 작용까지 겹쳐서 하곡(河谷)은 계속 넓어졌다. 청나라 시대 이후에도 정탁 작용이 계속되어 동정호로 많은 물이 밀려 들어와 하곡은 더욱 넓어지고 있다.

동정호(洞庭湖)는 중국에서 두번째로 큰 담수호이고, 면적이 3,740평방킬로미터나 된다. 지금으로부터 3~4천 년 전에는 지금의 동정호는 지금과는 달리 물이 없는 평원이었다. 신석기 시대에 지층의 침강으로 작은 호수가 생겨났고, 그 이후 형강의 하상(河床) 변동이 동정호의 수축(收縮)과 팽창(膨脹)에 많은 영향을 주어 넓고 깊고 큰 호수가 되었다. 한때는 주위에 있던 크고 작은 호수들을 모두 집어 삼켜 둘레가 무려 1,000리에 육박하였다.

그러나 국가(國家)나 인간(人間)이나 호수에도 성쇠(盛衰)가 있다. 서북부의 퇴적과 함께 호수의 면적은 발달하는 삼각주로 인하여 점차 줄어들었고, 청나라 시대의 동정호는 수면을 크게 차지한 삼각주로 인하여 동서(東西) 두 개의 호수로 나뉘고 말았다.

19세기부터 20세기에는 호수의 면적이 더욱 작아져 원래 면적의 절반(折半)을 줄어들었고, 지금도 면적의 축소는 계속되고 있으며, 현재는 동서남(東西南)의 세 호수로 남아 있다. 이 중에서 서동정호의 퇴적 증가 작용은 마무리 단계에 접어들어 거의 육지로 변하였고, 동동정호는 머지않아 소멸될 운명에 놓여 있으며, 상대적으로 남동정호만이 계속 그 세력을 팽창(膨脹)하여 거대해지고 있다.

파양호는 현재 집수(集水) 면적(面積)이 3,960평방킬로미터로 중국에서 가장 호수이다. 원래 이 지역은 장강(長江)의 호수(湖水) 분지(盆地)를 점유하고 있다. 장강의 물길이 변하면서 장강이 흐르던 옛터에는 비스듬히 함몰지가 나타났고, 이 함몰지에 물이 괴어 점차 큰 호수로 변한 곳이 팽려택이라는 호수였다.

그런데 2000여 년 전부터 장강(長江)이 크게 범람하면서 장강의 모래와 진흙이 흘러 들어와 팽려택의 북쪽은 점점 축소되고 남쪽은 점점 빠르게 성장해나갔다. 송나라 시대에 이르러서는 팽려택의 남쪽 부분이 파양까지 성장하여 이때부터 팽려택이라는 이름은 없어지고 오늘과 같은 파양호(波陽湖)라는 이름으로 불리게 되었다.

명나라와 청나라 시대에의 파양호는 크고 작은 호수들의 집합체 형태였으나, 장강과 다른 하천들의 물의 영향을 받아 파양호의 남쪽을 동남부와 서남부로 갈라놓아 완전히 두 개의 호수로 분리시켜놓고 말았다.

태호평원(太湖平原)은 장강의 하류에 위치한다. 모산과 천목산으로부터 항주에 이르는 지역이다. 5~6천 년 전에 이 지역에 침강 현상이 나타나 접시 모양의 호수가 생겼고, 세월이 흐름에 따라 마침내 대형 호수인 태호(太湖)가 생겨났다. 당나라 시대 이전에는 장가의 지류들의 물이 태호로 흘러 들어갔고, 송나라 시대에는 호수의 물이 빠지지 않아 호수의 넓이가 급격히 넓어졌다.

기록에 의하면 태호의 팽창으로 수많은 농지가 상실되었다고 한다. 말하자면 태호의 팽창은 넓은 농경지의 침몰을 의미한다. 그 후 상해(上海) 범가빈을 준설하여 인위적으로 강물을 황포(黃浦)에 연결하여 황포강(黃浦江)이 생김에 따라 태호(太湖)의 물은 동쪽으로 배출되던 것이 북쪽으로 배출되게 되었다. 태호(太湖)의 역사상 일대 사건이었다. 그리하여 태호의 동부는 점차 진흙과 모래가 쌓여 지금은 그 모래톱 일부가 경작지로 변한 상태이다.

치산치수, 이것이 중국이다

중국의 역대 왕조에서 가장 중요하게 생각한 치산치수(治山治水)란 말은 황하와 장강의 물을 다스리는 것이 왕조(王朝)의 흥망(興亡)을 좌우한다는 뜻에서 생겨난 말이다. 황하와 장강은 인간이 아니라 하늘이 지배하는 강이다. 그 장대(長大)한 물길이 하늘의 조화에 따라 평원을 이리저리 휩쓸고, 동(東)에서 서(西)로, 서(西)에서 남(南)으로, 남(南)에서 북(北)으로 제 멋대로 제 뜻대로 흐른다. 때로는 거대(巨大)한 호수를 만들기도 때로는 거대한 호수를 거대한 평원으로 만들기도 한다.

이 일을 어찌 일개 왕조나 인간이 감당할 수 있을 것인가. 곳곳에 인간이 쌓아 놓은 제방(堤防)은 터지면 하천(河川)이 범람한다. 황하나 장강과 같은 거대한 하천이 범람하면 하도(河道)가 바뀌면서 그 유역의 일대는 수마(水魔)에 할퀴고 찢겨 인간은 아비규환(阿鼻叫喚)이 되고, 왕권(王權)을 흔들어댄다.

그래서 인간이 할 수 있는 일이 치산치수(治山治水)라는 것이었다. 산에 나무를 심고 가꾸어 수림이 우거지게 하여 비가 오면 나무의 뿌리들이 물을 머금고 있다가 조금씩 뱉어내게 하여 황하와 장강의 재해를 줄여보자는 일이었다. 사실 따지고 보면 황하와 장강의 유역이 인간의 농경 생활로 파괴되기 전에는 원시림(原始林) 지대였던 곳이고, 원시림 지대로 형성된 시기에는 지금과 같은 재해는 그리 많지 않았다.

산(山)을 다스리고 물을 다스리는 것은 중국의 역대 왕조와 15억 중국인이 해마다 겪는 일대(一大) 명제(命題)이다. 지금도 예외(例外)가 아니다. 황하와 장강이 범람하여 폭우가 내린 해는 예외 없이 수백 수천 명의 인명(人命) 피해가 나고, 수만 수십만 명의 이재민(罹災民)을 발생시키고 있다. 최근에도 우기(雨期)를 맞아 중국은 황하와 장강, 특히 삼협(三峽) 댐이 터지느냐, 그대로 있느냐로 두고 안절부절하지 못하였고, 수십 만의 인원을 동원하여 '인간(人間) 제방(堤防)'을 형성하여 위기(危機)를 넘긴 지역이 많다.

그래서 삼협댐의 부실 공사에 책임이 있는 자는 즉각 처형(處刑)을 당하여 부실에 대한 책임과 함께 국민의 경각심(警覺心)을 불러일으켰고, 1999년의 대홍수(大洪水) 직후(直後)에는 '크건 작건' 산에 있는 나무는 베지 못하게 하는 엄명(嚴命)을 내렸다. 만일 정부의 허가를 받지 않는 사람이 수목(樹木)을 자르는 날이면, 국가와 국민에게 재해를 가져오는 치산치수(治山治水)의 차원(次元)에서 다스리겠다는 정부의 결의를 표명한 것이다.

황하와 장강에 비하여 한국(韓國)에서 두번째로 길다는 한강(漢江)은 황하와 한강의 지류(支流)에도 끼지 못할 정도로 아주 작은 강이다. 그 하잘것 없는 한강도 해마다 비가 내리는 여름철이 되면 1,000만 인구가 밀집(密集)하여 살고 있는 서울은 해마다 초긴장(超緊張)이 된다. 한강의 상류에는 많은 댐이 있지만 이들 댐 중에서도 수도(首都) 서울에 중대한 영향을 주는 댐은 소양강댐과 충주호댐이다. 이 두 댐이 터지는 날이면, 서울은 물바다가 된다.

현재 서울의 한강은 상류에 있는 수많은 댐들의 수량을 조정하기 위하여 얼마만큼의 물이 고여 있을 때에 얼마만큼의 수문(水門)을 열어야 하는가를 컴퓨터로 조절(調節)하고 있다. 중국의 황하와 장강도 이미 이러한 시스템을 가동(稼動)하고 있는 것으로 알고 있다.

그러나 중국이나 한국이나 인간의 힘으로 건설해놓은 댐과 제방이 감당하기 어려울 만큼 비가 내린다면 이 조절 기능이 제대로 작동할지 항상 의문이다. 그리고 황하와 장강의 변화무쌍(變化無雙)한 변천사(變遷史)를 보면서 우리는 인간의 미력(微力)함을 절감(絶感)하지 않을 수 없다.

세계 기상 관계자들은 타이푼(颱風)과 허리케인, 그리고 토네이도에 대하여 지대(至大)한 관심(關心)을 가지고 있다. 물론 타이푼과 허리케인, 그리고 토네이도가 인간(人間)의 역량(力量)으로는 어찌할 수 없는 대재난(大災難)을 동반하는 것은 사실이다. 그러나 중국(中國)에서는 장대(長大)하고 거대(巨大)한 강(江)을 다스리는 것이 무엇보다 중요한 일이며, 이렇게 대륙(大陸) 자체(自體)를 변(變)하게 하는 중국의 재난을 막을 수 있는 치수(治水)가 고금(古今)을 통하여 가장 큰 문제이다.

5적(五賊)

언론(言論)의 자유(自由)는 민주주의(民主主義)의 바로미터이다. 언론의 자유가 없으면 모든 자유가 말살(抹殺)되고 만다. 한때 한국이 그랬다. 정부(政府)를 비판(批判)하는 자는 감시(監視)를 받아야 했고, 대통령(大統領) 욕(辱)하는 자는 국가원수모독죄(國家元首冒瀆) 죄(罪)라는 법이 있어 처벌(處罰)을 받아야 했고, 심지어 헌법(憲法)을 비판해도 긴급조치(緊急措置)라는 초법률적(超法律的)인 특별(特別) 명령(命令)에 의하여 감옥(監獄)에 잡아넣었다. 불과 20년 전의 박정희 시대(朴正熙 時代)가 그랬다.

1970년대에 세상을 떠들썩하게 하는 시(詩) 한 수를 써서 발표한 김지하(金芝河)라는 필명(筆名)의 청년이 있었다. 그는 여지 없이 잡혀 감옥에 가서 오랫동안 자유(自由)의 태양(太陽)을 보지 못하였고, 그 시를 게재(揭載)한 잡지(雜誌)는 폐간(廢刊)되고, 그 시를 국회(國會) 본회의장(本會議場)에서 읽은 국회의원(國會議員) 역시 반공법(反共法) 위반(違反)으로 감방에 가야 했다. 암흑(暗黑)의 세계였고, 우울한 민주주의 시대였다.

그렇다면 그 시의 내용은 무엇이었기에 그렇게도 문제가 되었을까. 한국 역사에는 원래 한반도를 일본에 넘기는 소위 을사보호조약(乙巳保護條約)이라는 것을 체결하게 한 이완용(李完容)을 비롯한 5적(敵)이라는 사람들이 있었다. 김지하의 그 시는 그 5적에 필적(匹敵)하는 현대판(現代版) 5적으로 재벌(財閥), 국회의원(國會議員), 고급공무원(高級公務員), 장성(將星), 장차관(長次官)을 지목(指目)하는 담시(譚詩)였다. 발표 당시에는 판매(販賣) 금지(禁止)되었으나, 박정희가 죽고 난 뒤에는 서점가(書店街)에 나와 있는 한국의 역사의 한 페이지를 넘겨다볼 수 있는 상징적(象徵的)인 시이다. 이제 그 내용을 들여다보자

5적(五敵)

시(詩)를 쓰되 좀스럽게 쓰지 말고 똑 이렇게 쓰랏다.

내 어쩌다 붓끝이 험한 죄로 칠전에 끌려가

볼기를 맞은 지도 하도 오래라 삭신이 근질근질

방정맞은 조동아리 손목댕이 오물오물 수물수물

뭐든 자꾸 쓰고 싶어 견딜 수가 없으니, 에라 모르것다

볼기가 확확 불이나게 맞을 때는 맞더라도

내 별별 이상한 도둑 이야길 하나 쓰것다.

옛날도 먼 옛날 상달 초사흗날 백두산 아래 나라 선 뒷날

배꼽으로 보고 똥구멍으로 듣던 중엔 으뜸

아동방(我東方)이 바야흐로 단군이래 으뜸

으뜸가는 태평 태평 태평성대라

그 무슨 가난이 있겠느냐 도둑이 있겠느냐

포식한 농민은 배 터져 죽는 게 일쑤요

비단옷 신물나서 사시장철 벗고 사니

고재봉 제 비록 도둑이라곤 하나

공자님 당년에도 도척이 났고

부정부패 가렴주구 처처에 그득하나

요순시절에도 사흉은 있었으니

아마도 현군양상(賢君良相)인들 세 살 버릇 도벽(盜癖)이야

여든까지 차마 어찌할 수 있겠느냐

서울이라 장안 한복판에 다섯 도둑이 모여 살았것다.

남녘은 똥덩어리 둥둥

구정물 한강가에 동빙고동 우뚝

북녘은 털 빠진 닭똥구멍 민둥

벗은 산 만장아래 성북동 수유동 뾰쪽

남북간에 오종종종 판잣집 다닥다닥

게딱지 다닥 코딱지 다닥 그 위에 불쑥

장충동 약수동 솟을대문 제멋대로 와장창

저 솟고 싶은 대로 솟구쳐 올라 삐까번쩍

으리으리 꽃궁궐에 밤낮으로 풍악이 질펀 떡치는 소리 쿵떡

예가 바로 재벌, 국회의원, 고급공무원,

장성(長猩), 장차관(瞕猲瞳)이라 이름하는,

간뗑이 부어 남산만하고 목 질기기 동탁 배꼽 같은

천하흉포 五賊의 소굴이렷다.

사람마다 뱃속이 오장육보로 되었으되

이놈들 배안에는 큰 황소 불알만한 도둑보가 곁붙어 오장칠보,

본시 한 왕초에게 도둑질을 배웠으나 재조는 각각이라

밤낮없이 도둑질만 일삼으니 그 재조 또한 신기(神技)에 이르렀

것다.

하루는 다섯 놈이 모여

십년전 이맘때 우리 서로 피로써 맹세코 도둑질을 개업한 뒤

날이 날로 느느니 기술이요 쌓이느니 황금이라, 황금 십만 근을

걸어놓고

그간에 일취월장 묘기(妙技)를 어디 한 번 서로 겨룸이 어떠한가

이렇게 뜻을 모아 도(盜)짜 한자 크게 써 걸어놓고 도둑 시합을 벌이는데

때는 양춘가절(陽春佳節)이라 날씨는 화창, 바람은 건 듯, 구름은 둥실

저마다 골프채 하나씩 비껴들고 꼰아잡고

행여 질세라 다투어 내달아 비전(秘傳)의 신기(神技)를 자랑해쌌는다.

첫째도둑 나온다 재벌이란 놈 나온다

돈으로 옷해 입고 돈으로 모자해 쓰고 돈으로 구두해 신고 돈으로 장갑해 끼고

금시계, 금반지, 금팔지, 금단추, 금넥타이핀, 금카후스보턴, 금박클, 금니빨, 금손톱, 금발톱, 금작크, 금시계줄.

디룩디룩 방댕이, 불룩불룩 아랫배, 방귀를 뿡뿡뀌며 아그작 아그작 나온다

저놈 재조 봐라 저 재벌놈 재조 봐라

장관은 노랗게 굽고 차관은 벌겋게 삶아

초치고 간장 치고 계자치고 고추장치고 미원까지 톡톡쳐서 실고 추 파 마늘 곁들여 날름

세금 받은 은행돈, 외국서 빚낸 돈, 왼갖 특혜 좋은 이권은 모조리 꿀꺽

이쁜 년 꾀어서 첩 삼아 밤낮으로 직신 작신 새끼 까기 여념 없다

수두룩 까낸 딸년들 모조리 칼 쥔 놈께 시앗으로 밤참에 진상하여

귀띔에 정보 얻고 수의 계약 낙찰시켜 헐값에 땅 샀다가 길 뚫

리면 한몫잡고

천(千) 원 공사(工事) 오 원에 쓱싹, 노동자 임금은 언제나 외상 외상

둘러치는 재조는 손오공 할애비요 구워삶는 재조는 뙤놈 숙수 뺨치겄다.

또 한 놈이 나온다

국회의원 나온다

곱사같이 굽은 허리, 조조같이 가는 실눈,

가래 끓는 목소리로 응승 거리며 나온다

털 투성이 몸뚱이에 혁명 공약 휘휘 감고

혁명 공약 모자 쓰고 혁명 공약 배지차고

가래를 퉤퉤, 골프채 번쩍, 깃발같이 높이 들고 대갈 일성, 쭉 째진 배암 혓바닥에 구호가 와그르르

혁명이닷, 구악(舊惡)은 신악(新惡)으로! 개조(改造)닷, 부정축재는 축재부정으로!

근대화닷, 부정선거는 선거부정으로! 중농(重農)이닷, 빈농(貧農)은 이농(離農)으로!

건설이닷, 모든 집은 와우식(臥牛式)으로! 사회(社會) 정화(淨化)닷, 정인숙(鄭仁淑)을, 정인숙(鄭仁淑)을 철두철미 본받아랏!

궐기하랏, 궐기하랏! 한국은행권아, 막걸리야, 주먹들아, 빈대표야, 곰보표야, 째보표야,

올빼미야, 쪽제비야, 사꾸라야, 유령(幽靈)들아, 표 도둑질 성전(聖戰)에로 총궐기하랏!

손자(孫子)에도 병불염사(兵不厭邪), 치자즉(治者卽) 도자(盜者)요 공약즉(公約卽) 공약(空約)이니

우매(愚昧) 국민 그리 알고 저리 멀찍 비켜서랏, 냄새난다 퉤―골프 좀 쳐야겄다.

셋째 놈이 나온다 고급공무원

풍신은 고무풍선, 독사같이 모난 눈, 푸르족족 엄한 살,

콱다문 입꼬라지 청백리(淸白吏) 분명쿠나

단 것을 갖다주니 쩔레쩔레 고개 저어 우린 단 것 좋아 않소, 아무렴, 그렇지, 그렇구말구

어허 저놈 뒤 좀 봐라 낮짝하나 더 붙었다

이쪽보고 히뜩히뜩 저쪽보고 헤끗헤끗, 피둥피둥 유들유들 숫기도 좋거니와 이빨꼴이 가관이다

단것 너무 처먹어서 새까맣게 썩었구나, 썩다못해 문들어져 오리(汚吏)가 분명쿠나

산같이 높은 책상 바다같이 깊은 의자 우뚝나직 걸터앉아

공(功)은 쥐뿔엇는 놈이 하늘같이 높이 앉아 한 손으로 노땡큐요 다른 손은 땡큐땡큐

되는 것도 절대 안돼, 안될 것도 문제없어, 책상 위엔 서류뭉치, 책상 밑엔 지폐뭉치

높은 놈껜 삽살개요 아랫놈껜 사냥개라, 공금은 잘라먹고 뇌물은 청(請)해먹고

내가 언제 그랬더냐 흰 구름아 물어보자 요정(料亭)마담 위아래로 모두 별탈없다더냐.

넷째.놈이 나온다 장성(長猩)놈이 나온다

키 크기 팔대장성, 제 밑에 졸개행렬 길기가 만리장성

온몸에 털이 숭숭, 고리눈, 범아가리, 벌룸코, 탑삭수염, 짐승이 분명쿠나

금은 백동 청동 황동, 비단공단 울굿불굿, 천근만근 훈장으로 온몸을 덮고 감아

시커먼 개다리를 여기차고 저기차고

엉금엉금 기나온다 장성(長猩)놈 재조봐라

쫄병들 줄 쌀가마니 모래 가득 채워놓고 쌀은 빼다 팔아먹고

쫄병 먹일 소돼지는 털한개씩 나눠주고 살은 혼자 몽창먹고

엄동설한 막사 없어 얼어죽는 쫄병들을

일만하면 땀이 난다 온종일 사역시켜

막사지을 재목갖다 제집 크게 지어놓고

부속 차량 피복 연탄 부식에 봉급까지, 위문품까지 떼어먹고

배고파 탈영한 놈 군기 잡자 주어 패서 영창에 집어넣고

열중쉬엇 열중열중열중쉬엇 열중

빵빵들 데려다가 제마누라 화냥끼 노리개로 묶어두고

저는 따로 첩을 두어 운우어수(雲雨魚水) 공방전(攻防戰)에 병법(兵法)이 신출귀몰(新出鬼沒).

마지막 놈 나온다

장차관(瞕猶矓)이 나온다

허옇게 백태끼어 삐적삐적 술지게미 가득 고여 삐져나와

추접 무비(無比) 눈꼽 긴 눈 형형하게 부라리며 왼손은 골프채로 국방을 지휘하고

오른손은 주물럭주물럭 계집 젖통 위에다가 증산 수출 건설이라 깔짝깔짝 쓰노라니

호호 아이 간지럽사와요

이런 무식한 년, 국사(國事)가 간지러워?

굶더라도 수출이닷, 안팔려도 증산이닷, 아사(餓死)한 놈 뼉다귀로 현해탄에 다리 놓아 가미사마 배알하잣!

째진 북소리 깨진 나팔소리 삐삐빼빼 불어대며 속셈은 먹을 궁리

검정세단 있는데도 벤쯔를 사다놓고 청렴결백 시위코자 코로나만 타는구나

예산에서 몽땅 먹고 입찰에서 왕창 먹고 행여나 냄새날라 질근

질근 껌 씹으며

켄트를 피워 물고 외래품 철저 단속 공문을 휙휙휙휙 내갈겨 쓰고 나서 어허 거참 달필(達筆)이다.

추문 듣고 뒤쫓아온 말 잘하는 반벙어리 신문 기자 앞에 놓고

일국(一國)의 재상더러 부정(不正)이 웬말인가 귀거래사(歸去來辭) 꿍얼꿍얼, 자네 핸디 몇이더라?

5적(五賊)의 이 절륜한 솜씨를 구경하던 귀신들이

깜짝 놀라서 어마 뜨거라 저놈들한테 붙잡히면 뼉다귀도 못추리 것다

똥줄빠지게 내빼버렸으니 요즘엔 제사지내는 사람마저 드물어졌 것다.

이리 한참 시합이 구시월 똥호박 무르익듯 몰씬몰씬 무르익어가 는데

여봐라

제 아무도 없느냐

나라 망신시키는 5적(五賊)을 잡아들여라

추상같은 어명이 쾅,

청천 하늘에 날 벼락치듯 쾅쾅쾅 연거푸 떨여져 내려 쏟아져 퍼 붓어싸니

네이— 당장에 잡아 대령하겠나이다, 대답하고 물러선다

포도대장 물러선다 포도대장 거동 봐라

울뚝불뚝 돼지 코에 술찌꺼기 허어옇게 묻은 메기주둥이, 침은 질질질

장비 사돈 네 팔촌 같은 텁석부리 수염, 사람 여럿 잡아먹어 피 가 벌건 왕발울 눈깔

마빡에 주먹혹이 뙬때마다 털렁털렁

열 십 자 팔 벌리고 멧돌같이 죄충우돌, 사자같이 우르르르릉

이놈 내리훑고 저놈 굴비 엮어

종삼 명동 양동 무교동 청계천 쉬파리 답십리 왕파리 왕십리 똥파리 모두 쓸어 모아다 꿀리고 치고 패고 차고 밟고

꼬집어 뜯고 물어뜯고 업어 메치고 뒤집어 던지고 꼰아 추스리고 걸어 팽개치고

때리고 부수고 개키고 까집고 비틀고 조이고

꺾고 깎고 벗기고 쑤셔대고 몽구라뜨리고

직신 작신 조지고 지지고 노들 강변 버들같이 휘휘 낭창 꾸부러뜨리고

육모 방망이, 세모 쇳장, 갈쿠리, 긴 칼, 짧은 칼, 큰 칼, 작은 칼 오라 수갑 곤장 난장 곤봉 호각

개다리 소다리 장총 기관총 수류탄 최루탄 발연탄 구토탄 똥탄 오줌탄 뜸물탄 석탄 백탄 모조리 갖다 늘어놓고 어흥—

호랑이 방귓소리 같은 으름장에 깜짝, 도매금으로 끌려와 쪼그린 되민증들이 발발

전라도 갯땅쇠 꾀수놈이 발발 오뉴월 동장군(冬將軍) 만난 듯이 발발발 떨어댄다.

이놈

네놈이 5적(五賊)이지

아니요

그럼 네가 무엇이냐

날치기요

날치기면 더욱 좋다. 날치기, 들치기, 밀치기, 소매치기, 네다바이 다 합쳐서

5적(五賊)이 그 아니냐

아이구 난 날치기 아니요

그럼 네가 무엇이냐

펨프요

펨프면 더욱 좋다. 펨프, 창녀, 포주, 깡패, 쭉쟁이 다 합쳐서

풍속사범 5적(五賊)이 바로 그것 아니더냐

아이구 난 펨프 아니요

그럼 네가 무엇이냐

껌팔이요

껌팔이면 더욱 좋다. 껌팔이, 담배팔이, 양말팔이, 도롭프스팔이,

쪼코렛팔이 다 합쳐서

외래품 팔아먹는 5적(五賊)이 그 아니냐

아이구 난 껌팔이 아니요

그럼 네가 무엇이냐

거지요

거지면 더더욱 좋다. 거지, 문둥이, 시라이, 양아치, 비렁뱅이 다

합쳐서

우범 5적(五賊)이란 너를 두고 이름이다. 가자 이놈 큰집으로 바

삐가자

애고 애고 난 아니요, 5적(五賊)만은 아니어라우. 나는 본시 갯땅

쇠로

농사로는 밥 못먹어 돈 벌라고 서울 왔오. 내게 죄가 있다면은

어젯밤에 배고파서 국화빵 한 개 훔쳐먹은 그 죄밖엔 없습넨다.

이리 바짝 저리 죄고 위로 틀고 아래로 따닥

찜질 매질 물질 불질 무두질에 당근질에 비행기태워 공중잡이

고춧가루 비눗물에 식초까지 퍼부어도 싹아지없이 쏙쏙 기어나

오는건

아니랑께롱

한마디뿐이것다

포도대장 할 수 없이 꾀수놈을 사알살 꼬실른다 저것 봐라

5적(五賊)은 무엇이며 어디 있나 말만하면 네 목숨은 살려주마

꾀수놈 이말 듣고 옳다 꾸나 대답한다.

5적(五賊)이라 하는 것은 재벌과 국회의원,

고급공무원, 장성(長猩), 장차관(瞕猻曈)이란 다섯 짐승, 시방 동빙고동에서 도둑시합 열고 있오.

으흠, 거 어디서 많이 듣던 이름이다. 정녕 그게 짐승이냐?

그라문이라우, 짐승도 아조 흉악한 짐승이지라우.

옳다됐다 내 새끼야 그 말을 진작하지

포도대장 하도 좋아 제 무릎을 탁 치는데

어떻게 우악스럽게 쳐버렸던지 무릎 뼈가 파싹 깨져버렸것다, 그러허나

아무리 죽을 지경이라도 사(死)는 사(私)요 공(功)은 공(公)이라

네 놈 꾀수 앞장서라, 당장에 잡아다가 능지처참한 연후에 나도 출세해야것다.

꾀수놈 앞세우고 포도대장 출도한다

범눈깔 부릅뜨고 백주대로상에 헷드라이트 왕눈깔을 미친 듯이 부릅뜨고

부릉부릉 부르릉 찍찍

소리소리 내지르며 질풍같이 내닫는다

비켜라 비켜서라

안비키면 5적(五賊)이다

간다 간다 내가 간다

부릉부릉 부르릉 찍찍 우당우당 우당탕 쿵콱

5적(五賊) 잡으러 내가 간다

남산을 홀랑 넘어 한강물 바라보니 동빙고동 예로구나

우레 같은 저 함성 범같은 늠름기상 이완대장(李浣大將) 재래(再來)로다

시합장에 뛰어들어 포도대장 대갈일성,

이놈들 5적(五賊)은 듣거라

너희 한갓 비천한 축생의 몸으로

방자하게 백성의 고혈빨아 주지육림 가소롭다

대역무도 국위손상, 백성원성 분분하매 어명으로 체포하니

오라를 받으렷다.

이리 호령하고 가만히 둘러보니 눈 하나 깜짝하는 놈없이 제일
에만 열중하는데

생김생김은 짐승이로되 호화찬란한 짐승이라

포도대장 깜짝 놀라 사면을 살펴보는데

이것이 꿈이냐 생시냐 이게 어느 천국이냐

서슬 푸른 용트림이 기둥처처 승천하고 맑고 푸른 수영장엔 벌
거벗은 선녀(仙女)가득

몇 십리 수풀들이 정원 속에 그득그득, 백만원짜리 정원수(庭園
樹) 백만원짜리 외국(外國) 개

천만원짜리 수석비석, 천만짜리 석등석불(石燈石佛), 일억 원 짜
리 붕어 잉어, 일억 원 짜리 참새 메추리

문(門)도 자동, 벽도 자동, 술도 자동, 밥도 자동, 계집질 화냥질
분탕질도 자동자동

여대생(女大生) 식모 두고 경제학박사 회계 두고 임학(林學)박사
원정(園丁)두고 경영학박사 집사 두고

가정교사는 철학박사 비서는 정치학박사 미용사는 미학(美學)박
사 박사박사박사박사

잔디 행여 죽을세라 잔디에다 스팀 넣고, 붕어 행여 죽을세라 연
못 속에 에어컨 넣고

새들 행여 추울세라 새장 속에 히터 넣고, 개밥 행여 상할세라
개집 속에 냉장고 넣고

대리석 양옥(洋屋) 위에 조선기와 살짝 얹어 기둥은 코린트식(式)
대들보는 이오니아

선자추녀 쇠로치고 굽도리 샷슈 박고 내외 분합 그라스룸 석조
(石造)벽에 갈포발라

앞뒷퇴 널직터서 복판에 메인 홀 두고 알매달아 부연 얹고

기와 위에 이층 올려 이층 위에 옥상 트고 살미살창 가로닫이
도자창(盜字窓)으로 지어놓고

안팎 중문 솟을대문 페르샤풍(風) 본따 놓고 목욕탕은 토이기풍
(風) 돼지우리 왜풍(倭風)당당

집 밑에다 연못 파고 연못 속에 석가산(石假山) 대대층층 모아놓
고

열어 재킨 문틈으로 집안을 언듯 보니

자개 케비넷, 무광택 강철함롱, 봉 그린 봉장, 용 그린 용장, 삼
천삼백삼십삼층장, 카네숀 그린 화초장, 운동장만한 옥쟁반, 삘딩
같이 높이 솟은 금은 청동 놋촛대, 전자시계, 전자밥그릇, 전자주
전자, 전자젓가락, 전자꽃병, 전자거울, 전자책, 전자가방,

쇠유리병, 흙나무그릇, 이조청자, 고려백자, 거꾸로 걸린 삐까소,
옆으로 붙인 샤갈,

석파란(石坡蘭)은 금칠 액틀에 번들번들 끼워놓고,

내리닫이 족자는 사백 점 걸어두고, 산수화조호첩인물(山水花鳥
蝴蝶人物) 팔천팔백팔십팔점이 한꺼번에 와글와글,

백동토기, 당화기, 왜화기, 미국화기, 불란서화기, 이태리화기, 호
피 담뇨 씨운 테레비, 화류 문갑 속의 쏘니 녹음기, 대모 책상 위
의 밋첼 카메라, 산 호책상 곁의 알씨에이 영사기, 호박필통에 꽂
힌 파카 만년필, 촛불 켠 샨들리에, 피마주 기름 스탠드라이트, 간
접 직접 직사곡사 천장 바닥 벽 조명이 휘황 캄캄 호화 율율.

여편네들 치장 보니 청옥 머리핀, 백옥 구두 장식,

황금 부로취, 백금 이빨, 밀화 귓구멍 마게, 호박 밑구멍 마게,
산호 똥구멍 마게,

루비 배꼽 마게, 금파 단추, 진주 귀걸이, 야광주 코걸이, 자수정
목걸이, 싸파이어 팔찌

에메랄드 발찌, 다이야몬드 허리띠, 터키석(石) 안경대,

유독 반지만은 금칠한 삼 원짜리 납반지가 번쩍번쩍 칠흑 암야
에 횃불처럼 도도무쌍(無雙)이라!

왼갖 음식 살펴보니 침 꼴깍 넘어가는 소리 천지가 진동한다

소털구이, 돼지콧구멍볶음, 염소수염튀김, 노루뿔삶음, 닭네발산
적, 꿩지느라미말림,

도미날개지짐, 조기발톱젓, 민어 농어 방어 광어 은어 귀만 짤라
회무침,

낙지해삼비늘조림, 쇠고기 돈까스, 돼지고기 비후까스, 피 안 뺀
복지리,

생율, 숙율, 능금, 배 씨만 발라 말리워서 금딱지로 싸놓은 것,
바나나식혜, 파인애플화채, 무화과 꽃닢설탕 버무림,

롱가리트유과, 메사돈약과, 사카린잡과, 개구리알수란탕, 청포우
무, 한천묵, 꽹장망장과화주, 산또리, 계당주, 샴펭, 송엽주, 드라이
찐, 자하주, 압산, 오가피주, 죠니워카, 구기주, 화이트호스, 신선주,
짐빔, 선약주, 나폴레옹 꼬냑, 약주, 탁주, 소주, 정종, 화주, 빼주,
보드카람주(酒)라!

아가리가 딱 벌어져 닫을 염도 않고 포도대장 침을 질질질질질
질 흘려싸면서 가로되

놀랠 놀짜로다

저게 모두 도둑질로 모아들인 재산인가

이럴 줄을 알았더면 나도 일찍암치 도둑이나 되었을 걸

원수로다 원수로다 양심(良心)이란 두 글자가 철천지 원수로다

이리 속으로 자탄 망조하는 터에
한 놈이 쓰윽 다가와 써억 술잔을 권한다
보도 듣도 맛보도 못한 술인지라
허겁지겁 한잔 두잔 헐레벌떡 석잔 넉잔
이윽고 대취하여 포도대장 일어서서 일장연설 해보는데
안주를 어떻게나 많이 처먹었던지 이빨이 확 닳아 없어져 버린 아가리로
이빨을 딱딱 소리내 부딪쳐 가면서 씹어뱉는 그 목소리 엄숙하고 그 조리 정연하기
성인군자의 말씀이라
만장하옵시고 존경하옵는 도둑님들!
도둑은 도둑의 죄가 아니요, 도둑을 만든 이 사회의 죄입네다
여러 도둑님들께옵선 도둑이 아니라 이 사회의 충실한 일꾼이니
부디 소신(小信)껏 그 길에 매진, 용진, 전진, 약진하시길 간절히 바라옵고 또 발옵나이다.
이 말 끝에 박장대소 천지가 요란할 때
포도대장 뛰어나가 꾀수놈 낚귀채어 오라 묶어 세운 뒤에
요놈, 네놈을 무고죄로 입건한다.
때는 노을이라
서산낙일에 客愁가 추연하네
외기러기 짝을 찾고 조각달 희게 비껴
강물은 붉게 타서 피 흐르는데
어쩔거나 두견이는 설리설리 울어 쌌는데 어쩔거나
콩알 같은 꾀수묶어 비틀비틀 포도대장 개트림에 돌아가네
어쩔거나 어쩔거나 우리꾀수 어쩔거나
전라도서 굶고 살다 서울와 돈번다더니
동대문 남대문 봉천동 모래내에 온갖 구박 다 당하고

기어이 가는구나 가막소로 가는구나
어쩔거나 억울하고 원통하고 분한 사정 누가 있어 바로잡나
잘 가거라 꾀수야
부디부디
잘 가거라.
꾀수는 그 길로 가막소로 들어가고
5적(五賊)은 뒤에 포도대장 불러다가 그 용기를 어여삐 녀겨 저
희 집 숫을대문,
바로 그 곁에 있는 개집 속에 살며 도둑을 지키라하매, 포도대장
이말 듣고 얼시구 좋아라
지화자 좋네 온갖 병기(兵器)를 다 가져다 삼엄하게 늘어놓고 개
집 속에서 내내 잘살다가
어느 맑게 개인날 아침, 커다랗게 기지개를 켜다 갑자기
벼락을 맞아 급살하니
이때 또한 5적(五賊)도 6공(六孔)으로 피를 토하며 꺼꾸러졌다는
이야기. 허허허
이런 행적이 백대에 민멸치 아니하고 인구(人口)에 회자하여
날 같은 거지 시인의 싯귀에까지 올라 길이길이 전해오것다.

우동 한 그릇

지금으로부터 10여 년 전인 1980년대(年代) 말(末) 일본의 의회(議會)에서 한 의원(議員)이 대정부(對政府) 질의(質疑) 시간에 대정부 질의가 아닌 한 편의 동화(童話)를 읽어 의회(議會)를 울리고 거리를 울리고 천지(天地)를 울려 화제(話題)가 된 일이 있다.

북해도(北海島) 출신의 동화 작가 구리 료헤이(栗良平)가 지은 '우동 한 그릇'이라는 동화였다.

오늘의 일본과 한국에는 두 세대(世代)가 살고 있다. 한 세대는 배고픔과 전쟁(戰爭)을 겪은 세대들이고, 다른 한 세대는 풍요(豊饒)로운 환경(環境)에서 배고픔도 전쟁도 추위도 모르고 사는 세대이다. 이 동화는 세대간의 감정(感情)을 뛰어넘는 휴먼 스토리이다. 일본의 어느 경제 신문은 '눈물이 나오는가, 나오지 않는가'를 실험(實驗)하기 위해서라도 한 번 읽어보라고 권할 정도로 일본인과 세계인의 가슴을 저리게 한 작품이다. 정말 눈물 없이는 읽을 수 없는 진한 감동(感動)을 자아내는 한 편의 동화(童話)이다.

잠시 그 내용을 들여다보자.

우동 한 그릇

해마다 섣달 그믐날이면 우동집은 일년 중 가장 바쁠 때이다. 북해정(北海亭)도 이날만은 아침부터 눈코 뜰 새 없이 바빴다. 보통 때는 밤 12시쯤이 되어도 거리가 번화하나 이날만은 밤이 깊어질수록 집으로 돌아가는 사람들의 발걸음도 빨라지고 10시가 넘으면 북해정의 손님도 뜸해졌다. 북해도 북해정의 섣달 그믐날은 그런 날이다.

주인 아저씨는 사람은 좋지만 무뚝뚝하나 부인 아줌마는 단골 손님들로부터 '아주머니'라고 불릴 정도로 다정하다. 마지막 손님이 나가자 아내가 분주하던 하루의 일과를 마치면서 종업원에게 특별 상여금과 국수를 선물로 주어서 돌려보냈다.

문 앞의 옥호(屋號) 막을 거두려고 하는 순간이었다. 출입문이 스르르 힘없이 열렸다. 그리고 두 명의 아이를 데리고 한 여자가 들어왔다. 여섯 살과 열 살 정도의 아이들은 새로 준비한 듯한 트레이닝 차림이었고, 여자는 계절이 지난 체크 무늬 반코트를 입고 있었다. 문안에 들어온 여자가 머뭇머뭇 말했다.

"저어… 우동… 1인분만 주문해도 괜찮을까요?"

"네에… 어서 오셔서 이쪽으로 앉으세요."

걱정스런 얼굴로 쳐다보던 두 아이들의 표정이 역력했다. 난로(煖爐) 곁의 자리에 손님을 안내하고 여주인은 주방 안을 향하여 큰 소리로 '우동, 1인분!'을 외쳤다. 주방 안에 있던 남자 주인도 밖에 있는 세 사람의 표정을 살피면서 "예!" 소리와 함께 삶지 않은 1일분의 우동 한 덩어리를 짚고, 거기에 반 덩어리를 더 넣어 삶았다. 둥근 우동 한 덩어리가 1인분이다. 손님과 아내가 눈치채지 않게 한 남자 주인의 아량(雅量)으로 수북한 우동이 삶아졌고, 드디어 김이 모락모락 나는 먹음직스러운 우동 그릇이 나왔다.

우동 그릇을 가운데에 두고, 이마를 맞대고 먹고 있는 세 사람의 이야기 소리가 카운터 있는 곳까지 희미하게 들린다. 맛있다는 형 아이의 목소리, 엄마도 잡수시라며 한 가닥의 국수를 집어 어머니의 입으로 가져가는 동생… 그리고 다 먹고 나서 맛있게 먹었다는 인사와 함께 150엔의 값을 지불하며 머리를 숙이고 나가는 세 모자(母子)에게 주인은 주인 내외는 큰 소리로 고맙다며, 새해에 많은 복을 받으라는 인사를 했다.

새해를 맞았던 북해정은 변함없이 바쁜 나날 속에 한 해를 보내고, 또 다시 섣달 그믐날을 맞았다. 밤 10시가 넘어 가게를 닫으려고 할 때 또 문이 열리더니 한 여자가 두 사람의 남자아이를 데리고 들어왔다. 여주인은 그 여자가 입고 있는 체크 무늬의 반코트를 보고, 1년 전 섣달 그믐날의 마지막 그 손님들임을 금방 알 수 있었다.

"저어… 우동… 1인분… 괜찮을까요?"

"그러믄요. 어서 오세요."

여주인은 작년과 같은 식탁(食卓)에 세 모자를 안내하고, 주방을 향하여 '우동 1인분!'을 힘차게 외쳤고, 주방 안의 남편도 '네! 우동 1인분!'을 크게 외치며, 금방 끈 화덕에 불을 다시 붙였다. 아내가 귓속말로 3인분을 내주자고 하였으나, 그러면 손님이 오히려 거북하게 생각한다면서 남자 주인은 지난해와 같이 하나 반의 우동을 삶았다. 식탁 위에 있는 한 그릇의 우동을 둘러싼 세 모자의 얘기 소리가 다시 들려 왔다.

"아… 맛있어요…"

"올해도 북해정의 우동을 먹게 되네요."

"내년에도 먹을 수 있으면 좋으련만…"

다 먹고 나서, 150엔을 내놓는다. 주인은 문을 나서는 세 모자의 뒷모습을 보며 고맙다는 인사와 함께 새해 복 많이 받으라는 인사로 손님을 보냈다. 그리고 또 다시 한 해가 지나 섣달 그믐날이 왔다. 북해정의 주인과 여주인은 서로 입을 열어 말은 하지 않았지만 밤 9시 반이 지나면서 안절부절했다. 10시가 되자 벽에 붙어 있는 가격표를 한 장씩 뒤집었다. 올해 여름에 값을 올려 '우동 200엔'이라고 씌어져 있던 메뉴표는 작년 값대로 150엔으로 나타났다. 그리고 세 모자가 앉던 식탁에는 30분 전부터 '예약석'이라는 팻말을 놓았다.

10시 반이 되었다. 가게 안에 손님의 발길이 끊어지기를 기다리기라도 한 듯이 세 모자가 들어 왔다. 형은 중학생 교복, 동생은 작년에 형이 입고 있던 점퍼를 헐렁하게 입고 있었다. 두 아이들은 몰라보게 성장했으나 엄마는 여전히 색이 바랜 체크 무늬 반코트 차림이었다.

"어서 오세요!"

웃는 얼굴로 맞이하는 여주인에게 엄마는 조심스럽게 말한다.

"저어… 우동… 2인분… 괜찮겠죠?"

"그럼은요. 어서 앉으세요."

여주인은 식탁으로 안내하면서 식탁에 놓아두었던 '예약석'이란 팻말을 슬그머니 감추고 카운터를 향해서 '우동 2인분!'을 외친다. 주방 안의 남자 주인도 '우동 2인분!'을 복창(復唱)하고, 세 덩어리의 우동을 뜨거운 국물 속에 넣었다. 세 사람이 들어와 두 그릇의 우동을 나누어 먹는 세 모자의 밝은 목소리가 들리고, 이야기도 활기가 있음이 느껴졌다. 전에는 한 그릇의 우동을 시켜 셋이 나누어 먹던 모자들이다. 여주인과 남자 주인도 서로 눈을 마주쳐 흐뭇한 미소를 짓고 말없이 고개를 끄덕인다.

"오늘은 너희 둘에게 엄마가 고맙다고 인사하고 싶구나."

"고맙다니요, 그게 무슨 말씀이세요?"

"사실은, 돌아가신 아빠가 일으켰던 사고로, 여덟 명이나 되는 사람들이 부상을 당했었다. 보험으로도 지불할 수 없었던 금액을 매월 5만 엔씩 계속 지급하고 있었단다.”

“알고 있어요.”

엄마의 말에 형이 대답했다. 여주인과 남자 주인도 꼼짝 않고 듣고 있었다.

“지불 약속은 내년 3월까지였지만, 오늘 전부 지불했다.”

“예? 정말이에요? 엄마!”

“그래, 정말이지. 형은 신문 배달을 열심히 해주었고, 동생은 장보기와 저녁 준비를 매일 해준 덕분에, 엄마는 안심하고 일할 수 있었다. 그래서 정말 열심히 일을 한 덕택에 회사로부터 특별 수당을 받았고, 그 돈으로 지불을 모두 마칠 수 있었어.”

“잘됐어요! 하지만, 앞으로도 저녁 식사 준비는 제가 할 거예요.”

“나도 신문 배달, 계속할래요. 그런데 사실은 동생하고 제가 엄마한테 숨기고 있는 것이 있었어요. 그것은… 11월 첫째 일요일, 학교로부터 동생의 수업 참관을 하라는 편지가 왔었어요. 동생이 쓴 작문이 북해도의 대표로 뽑혀, 전국 대회에 출품하게 되어서 수업 참관일에 이 글을 동생이 낭독하게 되었대요. 선생님이 주신 편지를 엄마에게 보여드리면 무리를 해서라도 회사를 쉬실 것 같기 때문에 동생이 그 선생님의 편지를 감췄어요. 그 내용을 동생의 친구들한테 듣고 제가 참관일에 갔었어요.”

“그래? 그랬었구나! 그래서?”

“선생님께서 너는 장래 어떤 사람이 되고 싶은가 라는 제목으로 작문을 쓰게 하셨는데, 동생은 ‘우동 한 그릇’이라는 제목으로 썼대요. 지금부터 동생이 썼던 글을 읽어 드릴게요. ‘우동 한 그릇’이라는 제목만 듣고, 북해정에서의 일이라는 걸 알았기 때문에, 마음속으로는 동생이 왜 그런 부끄러운 얘기를 썼을까 하는 생각을 했었어요.

내용은 아빠가 교통 사고로 돌아가셔서 많은 빚을 남겼다는 것,

엄마가 아침 일찍부터 밤늦게까지 일을 하고 계시다는 것, 내가 조간 석간 신문을 배달하고 있다는 것 등이었어요. 그리고 12월 31일 밤 셋이서 먹은 한 그릇의 우동이 그렇게 맛있었다는 것… 셋이서 한 그릇밖에 시키지 않았는데도 우동집 아저씨와 아줌마는 '고맙습니다! 새해에 복 많이 받으세요'라고 큰 소리로 말해주신 일은 '지지 말아라, 힘내라, 살아갈 수 있다'라고 말하는 것 같았다는 거예요.

그래서 동생은 어른이 되면 손님에게 '힘내라!' '행복해라!'는 속마음은 감추고, '고맙습니다'라고 말하는 일본 제일의 우동집 주인이 되는 것이라고 써서 커다란 목소리로 읽었대요."

카운터 안쪽에서 귀를 기울이고 있을 주인과 안주인의 모습이 보이지 않았다. 카운터 속에서 세 모자의 이야기를 듣고만 있던 두 사람은 한 장의 수건 끝을 서로 잡아당길 듯이 부여잡고 참을 수 없이 흘러나오는 눈물을 닦고 있었다.

"작문 읽기를 끝마쳤을 때 선생님이, 동생의 형이 어머니를 대신해서 와주었으니까, 여기에서 인사를 해달라고 해서…"

"그래서 형은 어떻게 했지?"

"갑자기 요청 받았기 때문에, 처음에는 말이 안 나왔지만… '여러분! 항상 동생과 사이좋게 지내줘서 고맙습니다. 동생은 매일 여러분에게 폐를 끼치고 있다고 생각합니다. 방금 동생이 '우동 한 그릇'이라고 읽기 시작했을 때에 나는 처음에는 부끄럽게 생각습니다. 그러나 가슴을 펴고 커다란 목소리로 읽고 있는 동생을 보고 있는 사이에, 한 그릇의 우동을 부끄럽다고 생각하는 그 마음이 더욱 부끄러운 것이라고 깨달았습니다.

우리는 그때 한 그릇의 우동을 시켜주신 어머니의 용기를 잊어서는 안 된다고 생각합니다 형제가 힘을 합하여 어머니를 보살펴 드리겠습니다. 앞으로도 동생과 사이좋게 지내 주세요'라고 말했어요.”

차분하게 서로 손을 잡기도 하고, 웃다가 넘어질 듯이 어깨를 두드리기도 하고, 작년까지와는 아주 달라진 즐거운 그믐날 밤의 풍경이었다. 우동을 다 먹고 300엔을 내며 ‘잘 먹었다’며 크게 고개를 숙이며 나가는 세 사람을 주인과 여주인은 1년을 마무리하는 커다란 목소리로 또 ‘고맙습니다, 새해에 복 많이 받으세요’라며 전송했다.

다시 일 년이 지났다. 북해정에서는 그해 섣달 그믐날 밤에도 9시가 지나면서 ‘예약석’이라는 팻말을 그 자리에 놓고 기다리고 기다렸지만 그 세 모자는 나타나지 않았다. 다음 해에도, 또 다음 해에도, 그 세 모자가 앉았던 식탁을 비우고 기다렸지만, 세 사람은 끝내 나타나지 않았다.

북해정은 장사가 잘 되어 가게 내부 수리를 하게 되었다. 식탁과 의자를 새로 바꾸었지만 그 식탁만은 그대로 남겨 두었다. 새 식탁이 나란히 있는 가운데에, 단 하나 낡은 테이블이 중앙에 놓여 있었다.

어째서 그럴까 하고 의아스러워 하는 손님에게 주인과 여주인은 ‘우동 한 그릇’의 추억(追憶)을 이야기하고, 그 식탁을 보고 자신들은 인생의 깊은 자극(刺戟)을 받는다고 했다. 그리고 언젠가는 그 세 모자가 다시 손님으로 와줄지도 모르므로 그 식탁을 그대로 남겨 그때에 그 손님을 맞이하고 싶다고 설명했다.

이 이야기는, 북해정에 오는 손님들에게 ‘행복의 테이블’이라는 테마로 이 손님에서 저 손님으로 전해졌다. 일부러 멀리에서 찾아와 우동을 먹고 가는 여학생이 있는가 하면, 그 테이블이 빌 때까지 기다렸다가 주문을 하는 젊은 커플도 있었다. 그리고 나서 또, 몇 년의 세월이 흐른 어느 해 섣달 그믐날이었다.

북해정에는 같은 거리의 상점회 회원이며 가족처럼 사귀고 있는 이웃들이 각자의 가게를 닫고 모여들었다. 북해정에서는 섣달 그믐의 풍습인 해 넘기기 우동을 먹은 후, 제야(除夜)의 종소리를 들으며 동료들과 가족들이 모여 가까운 신사(神社)에 나가 그 해의 첫 참배(參拜)를 가는 것이 5, 6년 전부터의 생긴 관례(慣例)였다.

그 날 밤도 9시 반이 지나 생선 가게 부부가 생선회를 가득 담은 큰 접시를 양손에 들고 들어온 것을 신호로 동료 30여 명이 술과 안주를 손에 들고 모여들어 가게 안의 분위기는 들떠 있었다. 세 모자가 앉았던 식탁의 유래(由來)를 그들도 알고 있었다.

입으로 말은 안 해도 아마, 금년에도 빈 채로 신년을 맞이할 것이라고 생각했지만 '섣달 그믐날 10시 예약석'을 비워둔 채 비좁은 자리에 전원이 조금씩 몸을 좁혀 앉아 늦게 오는 동료를 맞이했다.

우동을 먹는 사람, 술을 마시는 사람, 서로 가져 온 음식에 손을 뻗치는 사람, 카운터 안에 들어가 돕고 있는 사람, 멋대로 냉장고를 열고 뭔가 꺼내고 있는 사람 등으로 떠들썩했다. 바겐세일 이야기, 해수욕장의 에피소드, 손자가 태어난 이야기 등으로 떠들썩한 밤 10시 반이 지났을 때에 입구(入口)의 문이 스르르 열렸다. 시선(視線)이 입구로 향하고, 이야기는 멈추었다.

오버코트를 손에 든 정장 쇼트 차림의 두 청년이 들어왔다. 식당 안은 다시 이야기가 이어지고 시끄러워졌다. 여주인이 죄송하다는 듯한 얼굴로 '공교롭게 만원이어서'라며 거절하려고 하는 찰나(刹那)에 일본 전통 여인 복장 차림의 부인이 깊이 머리를 숙이며 들어와 두 청년 사이에 섰다. 식당 안은 갑자기 조용해졌다. 들어온 여인이 조용히 말했다.

"저어… 우동… 3인분입니다만… 괜찮겠죠?"

그 말을 들은 여주인의 얼굴 색이 변했다. 십 수년의 세월을 순식간에 밀어젖히고, 그 옛날의 젊은 엄마와 어린 두 아들의 모습이 눈앞의 세 사람에 오버랩했다. 여자 주인은 카운터 안에서 눈을 크게 뜨고 바라보고 있는 남자 주인과 방금 들어온 세 사람을 번갈아 가리키면서, '저어… 저어… 여보오'하면서 당황했다. 그때 청년 하나가 입을 열었다.

"저희는 14년 전 섣달 그믐날 밤, 모자 셋이서 1인분의 우동을 주문했던 사람들입니다. 그때의 한 그릇의 우동에 용기를 얻어 세 사람이 손을 잡고 열심히 살아갈 수가 있었습니다. 그 후 우리는 외가(外家)가 있는 시가현으로 이사했습니다.

저는 금년에 의사(醫師) 국가(國家) 시험(試驗)에 합격하여 교토(京都)의 대학병원에서 소아과의 초년(初年) 의사로 근무하고 있습니다. 내년 4월부터는 삿포로의 종합병원에서 근무하게 되었습니다.

그 병원에 인사도 하고 아버님 묘(墓)에도 들를 겸해서 왔습니다. 그리고 우동집 주인은 되지 않았습니다만 교토의 은행에 다니는 동생과 상의해서, 지금까지 인생 가운데에서 최고의 사치스러운 것을 계획했습니다. 그것은 섣달 그믐날이 되면 어머님과 셋이서 삿포로의 북해정을 찾아와 3인분의 우동을 시키는 것이었습니다."

고개를 끄덕이면서 듣고 있던 여주인과 주인의 눈에서 왈칵 눈물이 나왔다. 입구에서 가까운 테이블에 진을 치고 있던 야채 가게 주인이, 우동을 입에 머금은 채 있다가 그대로 꿀꺽하고 삼키며 일어나, "여봐요, 여주인 아줌마! 뭐하고 있어요! 10년간 이 날을 위해 준비해놓고 기다리고 기다린, 섣달 그믐날 10시 예약석이 있잖아요, 어서 안내해요. 안내를!"하며 반색했다. 야채 가게 주인의 말에 여주인은 번뜩 정신이 들었다.

"잘 오셨어요. 자아, 어서 오세요…. 여보! 2번 테이블에 우동 3인분!"

아내의 말을 들은 무뚝뚝한 얼굴의 남자 주인은 눈물을 머금은 채 '네에, 우동 3인분'을 외치고, 있었다. 예기치 않은 환성(歡聲)과 박수(拍手)가 터지는 가게 밖에는 조금 전까지 흩날리던 눈발도 그치고, 갓 내린 눈에 반사되어 창문에 비친 '북해정'이라는 옥호(屋號) 막이 한발 앞서 불어제치는 정월의 바람에 휘날리고 있었다.

모택동의 사망과 중국의 역사 정리

내가 한국에서 태어나 일본을 거점(據點)으로 중국을 오가며 3개국 간의 무역을 하면서 그 동안에 보았던 한국, 일본, 중국의 정치적 변화는 많다. 그 중에서도 모택동(毛澤東)의 사망(死亡)과 모택동의 사망에 관한 중국의 역사 정리는 나에게 큰 감명을 주었고, 그러한 감명은 18년 동안 장기 집권한 박정희 대통령이 죽었을 때에 우리나라에서 한 일과는 너무나 대조적(對照的)이어서 더욱 느끼는 바가 많았다.

다 아는 바와 같이 모택동 사후(死後) 중국은 대외(對外) 개방(開放)과 아울러 사회주의(社會主義) 체제(體制)에 자본주의(資本主義)를 접목(接木)하는 일대 변혁이 있었고, 우리나라는 박정희 사후에 전두환 정권과 노태우 정권이라는 두 장군(將軍) 정치(政治)가 계속되었다. 우리뿐만이 아니다. 북한은 김일성(金日成)의 사망 후에 '대(代)를 이은 충성(忠誠)'을 다짐할 정도로 죽어서 없어진 한 인간의 역사에 대한 비판(批判)이 없다. 실로 엄청난 차이이다. 한 나라는 장기 통치자가 사망하자 전혀 다른 세계로 약진(躍進)하였고,

한 나라는 맨날 그 타령(打令)으로 군사 정권이 들어서 제 가리 걸음을 했다.

역사에 대한 통렬(痛烈)한 비판이 없는 자는 역사의 전진(前進)을 추진하는 힘이 없다는 사실을 뼈저리게 느꼈다. 중국은 공식적으로 모택동의 역사와 모택동의 사상과 모택동의 진로를 비판을 했고, 우리나라는 공식적이긴 커녕 비공식적으로도 박정희의 역사와 박정희의 사상과 박정희의 진로를 거론하지 못했다. 나는 여기에서 역사를 비판하지 않는 사람들이 역사에 대한 비판을 가하지 않았으므로 해서 그 잘못된 역사의 전철(前轍)을 밟는다는 사실을 발견하였다.

때문에 오늘의 중국이 2000년대 중반 이전(以前)에 세계 최대 강국으로 발돋움한다는 세계 정치·경제학자들의 말을 떠올리며, 그들이 모택동 사후에 모택동의 역사를 어떻게 정리하였는가를 공식(公式) 문건(文件)인 「건국(建國)이래 당(黨)의 몇 가지 역사 문제에 관한 결의(決議)」에서 발췌(拔萃)하여 이 책을 읽는 사람들에게 전함으로써 타산지석(他山之石)으로 삼고자 한다. 아래는 1981년 6월 27일 중국공산당 중앙위원회 제11기 제6차 전원회의에서 만장일치로 채택한 문건의 발췌록이다.

건국 전 28년간의 역사에 대한 회고

1. 중국공산당은 1921년에 창건된 때로부터 이미 60년이나 되는 빛나는 전투적 노정을 걸어왔다.

2. 중국공산당만이 중국의 출로는 제국주의와 봉건주의의 반동 통치를 철저히 뒤집어엎고 더 나아가 사회주의에로 넘어가는 데 있다는 것을 인민들에게 제시해주었다.

3. 우리 당은 장기적인 무장투쟁과 여러 분야, 여러 가지 형태의 투쟁을 긴밀히 배합시켜 진행함으로써 드디어 1949년에 혁명의 승

리를 이룩하였다. 왕명의 좌경적 오류가 빚어낸 실패로 인하여 혁명근거지와 백색지역의 혁명 역량은 다 막대한 손실을 입게 되었다. 홍군은 30만 명으로부터 3만 명 가량으로 줄어들었고 공산당원도 30만 명으로부터 4만 명 가량으로 줄어들었다.

1935년 1월 당중앙위원회 정치국이 장정도중에 진행한 준의회의에서는 홍군과 당중앙에서의 모택동 동지의 영도적 지위를 확립하여 당의 역사에 있어서 생사존망에 관계되는 전환점이었다. 항일전쟁기간에 우리 당은 1942년부터 전당적으로 작풍을 바로잡는 운동을 벌였는데 이 맑스주의적 사상 교양 운동은 커다란 성과를 거두었다.

4. 28년간 투쟁의 승리는 다음과 같은 점들을 충분히 말해준다.

1) 중국혁명의 승리는 맑스-레닌주의의 지도 밑에 이룩된 것이다.

2) 중국공산당은 프롤레타리아 선봉대이다.

3) 인민의 군대가 없었다면 인민의 해방과 나라의 독립이 이룩될 수 없었을 것이다.

4) 중국혁명의 각 단계에서 여러 나라 혁명 역량의 원조를 받았다.

5) 중국혁명의 승리는 우리나라에서 극소수의 착취자들이 광범한 근로인민을 통치하던 역사에 종지부를 찍었다.

5. 신민주주의 혁명의 승리는 무수한 선열들과 전체당원동지들, 전국 여러 민족 인민들이 장기간 몸바쳐 싸운 결과이다. 가령 모택동 동지를 수반으로 하는 당중앙이 전당과 전국 여러 민족 인민들과 인민의 군대에 확고하고 정확한 정치방향을 제시하지 않았더라면 우리 당과 인민은 아마 더 오랫동안 어둠 속을 더듬어나가야 했을 것이다.

건국이후 32년간의 역사에 대한 기본적 평가

6. 중화인민공화국이 창건된 후의 중국공산당의 역사는 요컨대 우리 당이 맑스-레닌주의, 모택동 사상의 지도 밑에 전국 여러 민족 인민들을 영도하여 사회주의 혁명과 사회주의 건설을 진행하였으며 커다란 성과를 달성한 역사이다.

7. 건국이후 32년 동안에 우리는 다음과 같은 주요한 성과들을 달성하였다.

1) 노동계급이 영도하는, 노동동맹에 기초한 인민민주주의 독재, 즉 프롤레타리아 독재의 국가정권을 수립하고 공고히 하였다.

2) 대만 등 섬을 제외하고 전국적 범위에서 나라의 통일을 실현하고 공고히 하였으며 낡은 중국의 사분오렬되었던 국면을 근본적으로 개변시켰다.

3) 제국주의와 패권주의의 침략과 파괴와 무력적 도발을 처부수고 나라의 안전과 독립을 수호하였으며 조국의 국경지대를 보위하는 투쟁을 승리적으로 진행하였다.

4) 사회주의 경제를 확립하고 발전시켰으며 생산수단의 사적소유에 대한 사회주의적 개조를 기본적으로 완수하였으며 생산수단의 공동소유와 노동에 따라 분배하는 원칙을 기본적으로 실현하였다.

5) 공업건설에서 중대한 성과를 거두고 자립적이며 비교적 완전한 공업체계와 인민경제체계를 점차 수립하였다.

6) 농업생산조건이 현저히 개변되고 생산수준이 훨씬 높아졌다.

7) 도시와 농촌의 상업과 대외무역이 크게 장성하였다.

8) 교육, 과학, 문화, 보건위생, 체육 사업이 커다란 발전을 가져왔다.

9) 인민해방군은 새로운 역사적 조건에서 장성되고 제고되었으며 단일한 육군으로부터 해군, 공군과 기타 기술병 등을 망라한 종

합적인 군대로 발전하였다.

10) 국제관계에서 시종일관 사회주의적인 독립자주의 외교방침을 실시하여 왔고 평화공존의 5개 원칙을 창도하고 견지하여 왔으며 세계의 124개 나라들과 외교관계를 설정하였으며 더 많은 나라 또는 지역들과 경제, 무역, 문화면에서의 거래를 발전시켰다.

8. 새 중국이 창건된 지 오래지 않으므로 우리는 초보적인 성과를 달성하였을 뿐이다. 우리 당은 사회주의 위업을 영도한 경험이 많지 못하였고 당의 지도부에 정세에 대한 분석과 나라 실정에 대한 인식에서 주관주의적 편차가 있었기 때문에 '문화대혁명' 전에 벌써 계급투쟁을 확대화하고 경제건설에서 성급히 급진적으로 나가는 오류를 범하였었다.

사회주의적 개조를 기본적으로 완수한 7년

9. 1949년 10월 중화인민공화국이 창건된 때로부터 1956년까지의 기간에 우리 당은 전국의 여러 민족 인민들을 영도하여 신민주주의로부터 사회주의에로의 전변을 절차 있게 실현하였고 인민경제를 급속히 복구하고 계획적인 경제건설을 전개하였으며 전국의 절대다수 지역에서 생산수단의 사적소유에 대한 사회주의적 개조를 기본적으로 완수하였다.

10. 건국이후 첫 3년 동안 우리는 대륙에 남아 있는 국민당반동들의 무력잔당과 토비들을 숙청하였다.

11. 1952년에 당중앙은 모택동 동지의 제의에 좇아 과도기의 총노선을 제기하였다.

1) 나라의 사회주의 공업화는 나라의 독립과 부강을 위한 필연적인 요구이며 필요한 조건이다.

2) 신민주주의 혁명이 전국적으로 승리하고 토지제도의 개혁이 전국적으로 완수된 후 국내의 주요모순은 이미 노동계급과 부르주

아지 사이의 모순, 사회주의 길과 자본주의 길 사이의 모순으로 전화되었다.

3) 우리나라의 개인농들, 특히 토지개혁에서 땅은 분여받았으나 다른 생산수단이 결여한 빈농과 하층중농들은 다시 고리대를 내거나 땅을 저당 잡히거나 팔게 되어 약극 분화가 생기는 일이 없도록 하기 위하여, 생산을 발전시키며 수리건설을 진행하며 자연재해를 이겨내며 농기계와 기타 새로운 기술을 도입하기 위하여 확실히 호조와 협동의 길로 나아가려는 욕망을 가지고 있었다.

12. 과도기에 우리 당은 중국의 특징에 알맞은 사회주의적 개조의 길을 창조적으로 개척하였다. 사회적 변혁을 비교적 순조롭게 실현하고 공업, 농업과 전반 인민경제의 발전을 촉진하였는데 이것은 확실히 위대한 역사적 승리인 것이다.

13. 우리나라 제1차 5개년 계획 기간의 경제건설은 우리 자체의 노력에 의거하여 그리고 소련 및 기타 우호적인 나라들의 지원에 의하여 거대한 성과를 달성하였다.

14. 1954년 9월에 제1차 전국인민대표대회를 소집하고 중화인민공화국 헌법을 제정하였다.

15. 1956년 9월에 소집된 당 제8차전국대표대회는 매우 성과적으로 진행되었다. 대회는 당중앙에서 1956년 5월에 제기한, 보수도 반대하고 급진도 반대하는, 즉 종합적 균형을 잡으면서 온당한 걸음으로 나가는 경제건설방침을 견지하였다. 대회는 집권당의 건설문제를 중점적으로 제기하였으며 민주주의 중앙집권제와 집체적 영도 제도를 견지하며 개인숭배를 반대하며 당내민주주의와 인민민주주의를 발전시키며 당과 대중과의 연계를 강화할 것을 강조하였다. 당 제8차대회의 노선은 옳았다.

사회주의를 전면적으로 건설하기 시작한 10년

16. 사회주의적 개조를 기본적으로 완수한 후 우리 당은 전국 여러 민족 인민들을 영도하여 전면적이며 대규모적인 사회주의 건설에 들어서기 시작하였다. '문화대혁명' 직전까지의 10년 동안에 우리는 엄중한 좌절을 당하기도 하였지만 의연히 커다란 성과를 거두었다. 모택동 동지는 '대약진'과 인민공사화운동에서 나타난 오류를 바로잡는 사업을 지도할 때 농민을 수탈해서는 안 된다는 것, 단계를 뛰어 넘어서는 안 된다는 것, 평균주의를 반대하여야 한다는 것, 상품생산을 발전시키며 가치법칙을 준수하며 종합적 균형을 잘 잡을 것을 강조한 것, 농업, 경공업, 중공업의 순차에 따라 인민경제계획을 세울 것을 주장한 것 등 관점을 내놓았으며, 류소기 동지는 많은 생산수단을 상품으로서 유통시킬 수 있다는 것, 사회주의 사회에는 두 가지 노동 제도와 두 가지 교육제도가 있어야 한다는 것 등 관점을 내놓았으며, 주은래 동지는 우리나라의 인텔리는 그 절대다수가 이미 근로 인민의 인텔리로 되었다는 것, 우리나라의 현대화 건설에서 과학기술이 관건적 작용을 논다는 것 등의 관점을 내놓았으며, 진운 동지는 계획지표는 실제에 부합되어야 하며 건설규모는 국력에 적응되어야 하며 인민생활과 나라의 건설을 고루 돌보아야 하며 계획을 제정할 때 물자, 재정, 신용대부의 균형을 잘 잡아야 한다는 등 관점을 내놓았으며, 등소평 동지는 공업기업들을 정돈하며 기업관리를 개선강화하며 종업원대표대회제를 실시하여야 한다는 등의 관점을 내놓았으며, 주덕 동지는 수공업과 농업의 다각경리를 발전시키기에 유의하여야 한다는 관점을 내놓았으며, 등자회 등 동지들은 농업에서 생산책임제를 실시하여야 한다는 관점을 내놓았다.

17. 이 10년 기간에 당 사업은 그 지도방침에 엄중한 실책이 있었으며 곡절 많은 발전과정을 겪었다. 더욱이는 모택동 동지와 중

앙 및 지방의 적지 않은 지도동지들이 승리로 하여 교만성과 자만심이 자라나고 사회주의 건설을 단시일 내에 실현하려고 너무 급히 서둘렀으며 주관적 의지와 주관적 노력의 작용을 과장하였기 때문에 총노선을 내놓은 후 진지한 조사연구와 시험을 거치지도 않고 경솔하게 '대약진' 운동과 농촌인민공사화운동을 일으켰다. '대약진'과 '반우경' 투쟁의 오류로 말미암아, 게다가 당시에 자연재해가 들고 소련 정부가 배신적으로 계약을 찢어 버렸기 때문에 우리나라의 인민경제는 1959년부터 1961년까지의 기간에 엄중한 곤란에 봉착하였으며 나라와 인민은 커다란 손실을 입었다.

18. 이 10년 동안의 모든 성과는 모택동 동지를 수반으로 하는 당중앙의 집체적 영도 밑에 달성된 것이다. 이 기간의 사업에서 생긴 오류도 그 책임이 마찬가지로 당중앙의 지도 집체에 있다. 모택동 동지가 주되는 책임을 져야 하지만 그렇다고 하여 모든 오류를 다 모택동 동지 한 사람에게만 돌려서도 안 된다.

'문화대혁명'의 10년

19. 1966년 5월부터 1976년 10월까지에 걸쳐 진행된 '문화대혁명'은 당과 나라와 인민에게 건국이후 가장 엄중한 좌절과 손실을 가져다주었다. 이 '문화대혁명'은 모택동 동지가 발동하고 영도하였다. 그들의 반혁명적 죄행은 이미 충분히 폭로되었으므로 이 결의에서는 더 논급하지 않는다.

20. '문화대혁명'의 역사는 '문화대혁명'을 발동한 모택동 동지의 주요한 논점들이 맑스-레닌주의에도 부합되지 않거니와 중국의 실제에도 부합되지 않는다.

1) '문화대혁명'을 수정주의로선 또는 자본주의 길과의 투쟁이라고 하는 것은 전혀 사실적 근거가 없는 것이다.

2) 위에서 말한 시비혼동은 필연적으로 적아 혼동을 초래하기

마련이었다.

3) '문화대혁명'은 명목상 직접 대중에 의거한다고 하였지만 실상은 당 조직과도 이탈하였고 광범한 대중과도 이탈하였다.

4) '문화대혁명'은 어떠한 의미에서 보나 혁명 또는 사회적 진보가 아니며 또 그렇게 될 수도 없었다는 것을 실천은 증명해주고 있다. '문화대혁명'은 '적을 혼란에 빠뜨린 것'이 아니라 다만 자신을 혼란에 빠뜨렸으며 따라서 시종 '천하 대동란'이 '천하 대안정'을 가져오지 못하였으며 가져올 수도 없었다.

21. '문화대혁명'의 과정은 세 단계로 나누어진다.

1) '문화대혁명'이 발동되어서부터 1969년 4월에 진행된 당 제9차전국대표대회까지가 첫 단계이다. 1966년 5월에 당중앙위원회 정치국확대회의가 소집되고 그해 8월에 당중앙위원회 제8기 제11차 전원회의가 소집된 것은 '문화대혁명'이 전면적으로 발동된 표징으로 된다. 당 제9차대회는 '문화대혁명'의 그릇된 이론과 실천을 합법화하고 당중앙에서의 임표, 강청, 강생 등의 지위를 강화하였다. 사상, 정치면에서와 조직 면에서의 당 제9차대회의 지도방침은 모두 그릇된 것이었다.

2) 당 제9차대회로부터 1973년 8월에 진행된 당 제10차전국대표대회까지가 두번째 단계이다. 1970년부터 1971년까지의 기간에 임표 반혁명 집단이 최고권력을 탈취하려 시도하며 반혁명무장정변을 책동한 사건이 일어났다. 당중앙위원회 정치국 안에서 강청, 장춘교, 요문원, 왕홍문이 '4인 무리'들이 무리가 되어 강청반혁명 집단의 세력이 또 강화되게 되었다.

3) 당 제10차대회로부터 1976년 10월까지가 세번째 단계이다. 1974연초에 강청, 왕홍문 등은 이른바 '임표와 공자에 대한 비판' 운동을 벌일 것을 제기하였다. 그러나 모택동 동지는 등소평 동지가 '문화대혁명'의 오류를 체계적으로 시정하는 것을 용인할 수 없

었으므로 또 이른바 '등소평을 비판하고 우경 번안풍을 반격하는' 운동을 발동하였다.

1976년 9월에 모택동 동지가 서거하자 강청반혁명집단은 당과 나라의 최고 영도권을 탈취하기 위한 음모책동을 다그쳤다. 이 해 10월 상순에 당중앙위원회 정치국은 당과 인민의 의사에 좇아 강청반혁명집단을 단호히 분쇄함으로써 '문화대혁명'의 재난을 종말지었다.

22. '문화대혁명'이란 이 전반적 성격을 띤 장기간에 걸친 엄중한 좌경적 오류에 대하여서는 모택동 동지가 주요한 책임을 져야 할 것이다. 그러나 모택동 동지의 오류는 어디까지나 위대한 프롤레타리아 혁명가가 범한 오류이다.

모택동 동지는 우리 당 안과 국가생활에 존재하는 결함을 극복하는 데 늘 주의를 돌려왔지만 만년에 와서는 많은 문제들을 옳게 분석하지 못하였을 뿐 아니라 '문화대혁명'에서 시비와 적아를 혼동하였다. 모택동 동지는 자신이 엄중한 오류를 범하고 있으면서도 전당에 맑스, 엥겔스, 레닌의 노작을 진지하게 학습할 것을 여러 차례 요구하였으며 시종 자기의 이론과 실천이 맑스주의적이며 프롤레타리아 독재를 공고히 하는 데 필요한 것이라고 인정하였는데 여기에 그의 비극이 있는 것이다. 모택동 동지는 전반적 국면에서는 '문화대혁명'의 오류를 줄곧 견지하였지만 일부 구체적인 오류들에 대해서는 그것을 제지하고 시정하였으며 일부 당 지도 간부들과 당 밖의 저명한 인사들을 보호하였으며 일부 책임간부들을 다시 중요한 지도적 위치에 돌아오게 하였다. 모택동 동지는 임표반혁명집단을 분쇄하는 투쟁을 영도하였으며 강청, 장춘교 등에 대하여서도 중요한 비판과 폭로를 하고 최고 영도권을 탈취하려는 그들의 야망이 이루어지지 못하게 하였다.

이러한 것들은 후에 우리 당이 순조롭게 '4인 무리'를 분쇄하는

데 중요한 역할을 하였다. 모택동 동지는 만년에 의연히 경각성 높이 우리나라의 안전을 수호하는 데 주의를 돌리고 사회제국주의의 압력을 이겨내었으며 올바른 대외정책을 실시하여 여러 나라 인민들의 정의의 투쟁을 견결히 지원하였으며 3개 세계에 관한 올바른 전략과 우리나라는 영원히 패권을 노리지 않는다는 중요한 사상을 내놓았다. '문화대혁명' 과정에서도 우리 당은 분쇄되지 않고 통일을 유지할 수 있었으며 국무원과 인민해방군은 계속 많은 필요한 사업들을 수행할 수 있었으며 각 민족과 각계의 대표적 인물들이 참석한 제4기 전국인민대표대회가 소집될 수 있었으며 이 회의에서 주은래 동지와 등소평 동지를 지도적 핵심으로 하는 국무원 성원들이 확정되었으며 우리나라 사회주의 제도의 기초는 여전히 보전되었으며 사회주의 경제건설은 계속 진행되었으며 우리나라는 여전히 통일이 유지되고 국제적으로도 중요한 영향력을 가지고 있었다. 이런 중요한 사실들은 모택동 동지의 거대한 역할과 갈라놓을 수 없다. 이 모든 것으로 하여 특히는 혁명위업에 대한 모택동 동지의 장기간에 걸친 위대한 공헌으로 하여 중국인민은 언제나 모택동 동지를 자기들의 경애하는 위대한 수령으로, 스승으로 받들고 있다.

23. '문화대혁명' 기간에 좌경적 오류 그리고 임표 반혁명집단과 강청반혁명집단에 대한 당과 인민의 투쟁은 어렵고 굴곡적이었으며 그 투쟁은 중단된 적이 없었다.

24. '문화대혁명'이 일어나고 10년이나 지속되게 된 데는 앞에서 분석한 바와 같은 모택동 동지의 지도상의 오류라는 이 직접적 원인을 내놓고도 복잡한 사회역사적 원인이 있다. 그것은 주로 다음과 같은 것들이다.

역사의 위대한 전환

25. 1976년 10월에 강청반혁명집단을 분쇄한 승리는 위급한 고비에서 당을 구원하고 혁명을 구원하였으며 그리하여 우리나라를 새로운 역사 발전시기에 들어서게 하였다.

화국봉 동지는 1976년에 '등소평을 비판하는' 운동에서 모택동 동지의 제의에 의하여 당중앙위원회 제1부주석 겸 국무원 총리가 되었다. 화국봉동지는 강청반혁명집단을 분쇄하는 투쟁에서 공로가 있었으며 그 후에도 유익한 사업들을 하였다. 그러나 그는 '무엇이나 모택동 주석이 결정한 것이면 우리는 다 견결히 옹호하여야 하며 무엇이나 모택동 주석이 지시한 것이면 우리는 다 시종일관 받들어야 한다'는 그릇된 방침을 실시하고 좀처럼 고치려 하지 않았다.

26. 1978년 12월에 진행된 당중앙위원회 제11기 제3차 전원회의는 건국이래 우리 당 역사에서 가장 심원한 의의를 가지는 위대한 전환으로 된다. 전원회의는 1976년 10월이래 당 사업이 배회하면서 전진하던 국면을 종말지었으며 '문화대혁명'과 그 이전에 존재하던 좌경적 오류를 전면적으로 진지하게 시정하기 시작하였다. 이 전원회의에서는 '무엇이나 모택동 주석이 결정한 것이면 우리는 다 견결히 옹호하여야 하며 무엇이나 모택동 주석이 지시한 것이면 우리는 다 시종일관 받들어야 한다'는 그릇된 방침을 단호히 비판한다는 방침을 확정하였다.

1) 사상을 해방하고 사실에 의거하여 진리를 찾으라는 당중앙위원회 제11기 제3차 전원회의의 호소 밑에 광범한 간부와 대중들은 지난날 성행하던 개인숭배와 교조주의의 정신적 질곡으로부터 벗어났다. 그릇된 사조를 비판하며 사회주의 위업을 파괴하는 반혁명적 활동을 타격하기로 결정하였는데 이것은 전국적으로 안정되고 단결되고 생동 활발한 정치적 국면을 이룩하는 데 대하여 중요

하고도 좋은 영향을 일으켰다.

2) 당은 1979년 4월에 진행된 중앙사업회의에서 전반 인민경제에 대하여 '조절, 개혁, 정돈, 제고'의 방침을 실시하고 지난 이태 동안 경제사업에서 생긴 실책을 견결히 시정하며 과거 이면에 오랫동안 존재한 좌경적 오류의 영향을 진지하게 청산할 것을 제기하였다.

3) 사실에 맞는 많은 조사연구를 거쳐 원 중국공산당 중앙위원회 부주석이며 중화인민공화국 주석인 류소기 동지와 억울하게 누명을 쓴 당과 국가의 기타 지도자들, 각 민족, 각계의 지도자들의 명예를 회복시키고 장기간에 걸친 혁명투쟁에서 당과 인민을 위하여 세운 그들의 역사적 공훈을 긍정하였다.

4) 전국적으로 억울하게 처리되었거나 꾸며내었거나 잘못 처리된 많은 사건들을 재심사하고 시정하였으며 우파분자로 잘못 정한 사건들을 시정하였다.

5) 사법기관, 검찰기관, 공안기관의 사업들이 강화되었다. 각종 엄중한 형사범죄 분자들을 타격하였다. 임표 반혁명집단과 강청 반혁명집단의 주범 10명을 법에 따라 공개 심판하였다.

6) 당은 각급 지도부를 조정하고 강화하는데 큰 힘을 넣었다.

모택동 동지의 역사적 지위와 모택동 사상

27. 모택동 동지는 위대한 맑스주의자이며 위대한 프롤레타리아 혁명가이며 전략가이며 이론가이다. 모택동 동지가 비록 '문화대혁명'에서 엄중한 오류를 범하기는 하였으나 그의 전 생애를 놓고 보면 중국혁명을 위하여 쌓은 공적이 과오보다 훨씬 더 크다. 모택동 동지에게 있어서는 공적이 일차적이고 오류가 이차적인 것이다.

28. 모택동 동지를 주요대표자로 하는 중국공산주의자들은 장기간에 걸친 중국혁명실천에서 쌓은 일련의 독창적인 경험들을 맑스

-레닌주의의 기본원리에 근거하여 이론적으로 개괄함으로써 중국의 실정에 맞는 과학적인 지도사상을 형성하였다.

29. 모택동 사상은 여러 방면의 내용을 가지고 있다. 모택동 사상은 독창적인 이론으로써 다음과 같은 몇 가지 방면에서 맑스-레닌주의를 풍부히 하고 발전시켰다.

1) 신민주주의 혁명에 관하여—모택동 동지는 중국의 역사적 실정과 사회적 실정으로부터 출발하여 중국혁명의 특징과 중국혁명의 법칙을 깊이 연구하고 민주주의 혁명에서의 프롤레타리아트의 영도권에 관한 맑스-레닌주의 사상을 발전시켰으며 프롤레타리아트가 영도하는, 노농 동맹에 기초한, 인민대중의, 제국주의, 봉건주의와 관료자본주의를 반대하는 신민주주의 혁명의 이론을 창시하였다.

2) 사회주의 혁명과 사회주의 건설에 관하여—모택동 동지와 중국공산당은 신민주주의 혁명의 승리에 의하여 조성된 사회주의에로 이행할 수 있는 경제, 정치적 조건에 의거하여 사회주의 공업화와 사회주의적 개조를 동시에 병진시키는 방침을 취하며 생산수단의 사적소유를 점차적으로 개조하는 구체적 정책을 실시함으로써 세계 인구의 4분의 1에 가까운 경제 문화적으로 뒤떨어진 중국이라는 이런 큰 나라에서 사회주의 제도를 수립하는 어려운 과업을 이론 및 실천 면에서 해결하였다.

3) 혁명군대의 건설과 군사전략에 관하여—모택동 동지는 농민이 주요 구성요소로 되고 있는 혁명군대를 어떻게 프롤레타리아적 성격을 띤, 엄격한 규율이 있는, 인민대중과 긴밀한 연계를 가진 새형의 인민군대로 건설할 것인가 하는 문제를 체계적으로 해결하였다.

4) 정책과 전술에 관하여—모택동 동지는 혁명투쟁에서 정책 및 전술 문제가 가지는 극도의 중요성을 투철하게 논증하면서 정책과

전술은 당의 생명이며 혁명적 정당의 모든 실제적 행동의 출발점과 귀착점으로서 반드시 정치정세, 계급관계와 실제정형 및 그 변화에 근거하여 당정책을 제정하여야 하며 원칙성과 융통성을 결합시켜야 한다고 지적하였다.

5) 사상정치사업과 문화사업에 관하여ー모택동 동지는 '신민주주의론'에서 다음과 같이 지적하였다. '일정한 문화(이데올로기로서의 문화)는 일정한 사회의 정치와 경제의 반영이며 그것은 또 일정한 사회의 정치와 경제에 거대한 영향을 주며 큰 작용을 한다. 그리고 경제는 토대이며 정치는 경제의 집중적 표현이다.'

6) 당 건설에 관하여ー프롤레타리아가 수효는 매우 적으나 전투력은 매우 강하고 농민과 기타 소부르주아지가 인구의 대다수를 차지하는 나라에서 광범한 대중성을 띤 맑스주의적 프롤레타리아 정당을 건설하는 것은 극히 어려운 과업이다. 모택동 동지의 당 건설 학설은 이 문제를 성공적으로 해결하였다.

30. 모택동 사상은 '문헌지상주의를 반대하자,' '실천론,' '모순론,' '<농촌조사>의 서언과 발문,' '지도방법에 관한 몇 가지 문제,' '인간의 정확한 사상은 어디서 오는가?' 등 중요한 노작들에 구현되어 있을 뿐만 아니라 모택동 동지의 전부의 과학적 노작에 구현되어 있으며 중국공산주의자들의 혁명활동에 구현되어 있다.

1) 사실에 의거하여 진리를 찾는다는 것은 곧 실제로부터 출발하고 이론을 실제에 연계시키는 것이며 맑스-레닌주의의 보편적 원리를 중국혁명의 구체적 실천에 결합시키는 것이다. 모택동 동지의 사상 노선을 우리 당은 영원히 견지하여야 한다.

2) 군중 노선이란 모든 것은 대중을 위하며 모든 것은 대중에 의거하며 대중 속으로부터 나와 다시 대중 속으로 들어가는 것이다. 모택동 동지는 맑스주의적 인식론과 당의 군중 노선을 통일시켰다.

3) 독립자주, 자력갱생은 중국의 실제로부터 출발하고 대중에 의

거하여 혁명과 건설을 진행하는데서 나오는 필연적인 결론이다. 앞으로도 국제관계에서 우리는 영원히 이런 원칙적 입장을 견지할 것이다.

31. 모택동 사상은 우리 당의 귀중한 정신적부로서 장기적으로 우리의 행동을 지도할 것이다. 맑스-레닌주의, 모택동 사상의 과학적 궤도를 따라 계속 전진하도록 보장하여야 한다.

현대화된 사회주의 강국을 건설하기 위하여 굳게 뭉쳐 싸우자

32. 새로운 역사적 시기에 있어서 우리 당의 투쟁목표는 우리나라를 점차 현대적 농업, 현대적 공업, 현대적 국방, 현대적 과학기술을 갖춘, 고도의 민주주의와 고도의 문명을 갖춘 사회주의 강국으로 건설하는 것이다. 우리는 또한 대만을 조국의 품속으로 돌아오게 함으로써 조국통일의 대업을 완성하여야 한다.

33. 오직 사회주의만이 중국을 구할 수 있다.

34. 중국공산당이 없으면 새 중국이 있을 수 없다. 마찬가지로 중국공산당이 없으면 현대화된 사회주의 중국도 있을 수 없다. 중국공산당은 맑스-레닌주의, 모택동 사상으로 무장되고 공산주의의 종국적 실현을 자기의 역사적 사명으로 하며 엄격한 규율과 강한 자기비판정신을 가진 프롤레타리아 정당이다.

35. 당중앙위원회 제11기 제3차 전원회의 이래 우리 당은 이미 우리나라 실정에 맞는 사회주의 현대화 건설의 올바른 길을 점차적으로 확립하였다. 이 길은 여전히 실천행정에서 부단히 충실해지고 발전될 것이나 그 주된 점은 이미 건국이래의 긍정적 경험과 부정적 경험을 통하여 특히는 '문화대혁명'의 교훈을 통하여 기본적으로 총화해낼 수 있다.

1) 사회주의적 개조가 기본적으로 완수된 후 우리나라에서 해결되여야 할 주요모순은 날로 늘어나는 인민들의 물질 문화적 수요

와 낙후한 사회적 생산 사이의 모순이다.

2) 사회주의 경제건설에 있어서는 우리나라의 실정으로부터 출발하며 힘에 맞게 하며 적극적으로 분투하며 절차 있게 계단별로 현대화의 목표를 실현하여야 한다. 지난날 우리의 경제사업에 장기간 존재하였던 좌경적 오류의 주되는 표현은 바로 우리나라의 실정을 떠나고 실제적 가능성을 초월하며 생산건설, 경영관리 면에서의 경제적 효과성과 제반 경제계획, 경제정책, 경제대책의 과학적 논증을 홀시한 것이며 따라서 대량의 낭비와 손실을 빚어낸 것이다.

3) 사회주의적 생산관계의 변혁이나 완전화는 생산력 상태에 적응하여야 하며 생산 발전에 이로워야 한다. 국영경리와 집단경리는 우리나라 경제의 기본 형태이며 일정한 범위 안에서의 근로자의 개인경리는 공동소유경리의 필요한 보충이다.

4) 계급으로서의 착취계급이 소멸된 후에는 계급투쟁은 이미 주요모순이 아니다. 국내적 요인과 국제적 영향으로 하여 계급투쟁은 앞으로도 여전히 일정한 범위 안에서 장기간 존재할 것이며 일정한 조건에서는 격화될 수도 있다.

5) 고도로 민주주의적인 사회주의 정치제도를 점차 건설하는 것은 사회주의 혁명의 근본 과업의 하나이다. 건국이래 이 과업이 중요시되지 않았는데 그것은 '문화대혁명'이 발생할 수 있는 중요한 조건의 하나로 되었다. 이것은 침통한 교훈이다. '문화대혁명'과 유사한 혼란한 국면이 그 어떤 범위 안에서나 재연되게 해서는 절대 안 된다.

6) 사회주의는 고도의 정신적 문명을 소유하여야 한다. 장기간에 소유하여야 한다. 장기간에 걸쳐 존재하였고 '문화대혁명' 기간에 절정에 이른 교육, 과학, 문화를 경시하고 인텔리를 차별시하는 완전히 그릇된 관념을 견결히 쓸어버리고 현대화 건설에서 교육, 과

학, 문화의 지위와 그 역할을 높이기에 힘써야 하며 인텔리도 노동자, 농민과 마찬가지로 사회주의 위업수행에서 의거하여야 할 힘이라는 것과 문화와 인텔리가 없이는 사회주의를 건설할 수 없다는 것을 명확히 긍정하여야 한다.

7) 사회주의적 민족 관계를 개선 발전시키고 민족단결을 강화하는 것은 우리 다민족국가에 있어서 중대한 의의를 가진다. 민족문제에 있어서 지난날 특히는 '문화대혁명'에서 우리는 계급투쟁을 확대화하는 엄중한 오류를 범하고 많은 소수민족 간부와 대중을 해치었다.

8) 전쟁의 위험성이 의연히 존재하는 국제적 환경에서 현대적 국방 건설을 강화하지 않으면 안 된다.

9) 대외관계에서 계속 제국주의, 패권주의, 식민주의와 인종주의를 반대하고 세계평화를 수호하여야 한다.

10) '문화대혁명'의 교훈과 당의 현상태에 근거하여 반드시 우리 당을 건전한 민주주의 중앙집권제를 가진 당으로 건설하지 않으면 안 된다. 파벌 성을 제거하며 무정부주의와 극단적 개인주의를 반대하며 특수화 등의 옳지 못한 기풍을 바로잡아야 한다.

36. 우리는 '문화대혁명'에서의 이른바 한 계급이 다른 계급을 뒤집어엎는 '프롤레타리아 독재하에서의 계속혁명'이라는 구호의 오류를 결정적으로 시정하였는데 이것은 혁명의 과업이 이미 완수되었다는 것을 의미하는 것은 절대 아니며 각 분야의 혁명투쟁을 계속 견결히 수행할 필요가 없다는 것을 의미하는 것은 절대 아니다.

37. 건국이후 32년 동안의 성공한 것과 실패한 것, 옳게 된 것과 잘못된 것에 대한 반복적인 대비를 통하여, 특히는 가까운 몇 해 동안의 사고와 총화를 통하여 전당의 동지들과 우리나라의 애국적인 여러 민족 인민들의 정치적 각성이 크게 높아졌다. 사회주의 혁

명과 사회주의 건설에 대한 우리 당의 인식수준은 혹연히 건국이후 그 어느 시기보다도 높아졌다. 우리 당은 대담하게 자기의 오류를 똑바로 보고 시정하며 지난날 법하였던 것과 같은 엄중한 오류를 다시 범하지 않을 결심과 능력을 가지고 있다.

38. 당의 단결, 당과 인민과의 단결은 사회주의 현대화 건설을 진행하고 새로운 승리를 쟁취하기 위한 근본적 담보이다. 1945년 당중앙위원회 제6기 제7차 전원회의에서 만장일치로 채택된 '몇 가지 역사 문제에 관한 결의'는 전당의 인식을 통일시키고 전당적 단결을 강화하고 인민혁명위업의 힘찬 발전과 위대한 승리를 추진시켰다. 당중앙위원회 제11기 제6차 전원회의는 이번 전원회의에서 만장일치로 채택된 '건국이래 당의 몇 가지 역사 문제에 관한 결의'도 틀림없이 그와 같은 역사적 역할을 하리라고 확신한다.

전원회의는 다음과 같이 호소한다.

맑스-레닌주의, 모택동 사상의 위대한 기치 밑에 전당, 전군, 전국 여러 민족 인민들은 당중앙의 두리에 굳게 뭉쳐 우공이 산을 옮긴 정신을 계속 발양하고 마음과 힘을 합쳐 만난을 물리치며 우리나라를 점차 현대화되고 고도로 민주주의적이고 고도로 문명한 사회주의 강국으로 건설하기 위하여 힘써 싸워나가자! 우리의 목적은 반드시 달성되어야 한다! 우리의 목적은 반드시 달성될 수 있다!

이런 일 저런 일

정치학(政治學)의 고전(古典) 중의 하나인 마키아벨리의 『군주론(君主論)』에 보면, 산을 제대로 보려면 넓은 들로 나가야 하고, 넓은 들을 제대로 보려면 높은 산에 올라가서 보아야 한다는 말이 있다. 중국인과 한국인, 그리고 일본인의 심성(心性)을 보려면 아마도 중국이나 한국이나 일본이 아닌 다른 나라와 비교해보는 것도 흥미로운 일이 될 것이다. 몇 가지 그 사례를 살펴보자.

나는 언젠가 한 미국인이 일본인들은 이상한 사람들이라는 말을 하는 것을 들었다. 미국인들은 남의 말을 듣고 '예스'와 '노'를 분명히 한다. 그런데 일본인들과 대화를 해보면 항상 '하이, 하이' 하면서 '예스, 예스'를 하지만, 말이 끝나고 나면 그제야 '내 생각은…'하고 중간 중간에 하던 그 많은 '예스'라는 말을 부정한다는 것이었다.

이러한 현상은 누가 옳고 누가 그른 것이 아니다. 생활(生活)과 관습(慣習), 그리고 문화(文化)의 차이에서 비롯된다. 내가 살펴보건대 미국인들은 아메리카 대륙에 상륙하여 오늘의 풍요로운 땅으로 만든 개척(開拓) 정신이 강하다. 다시 말하여 토착민이던 아메리카 인디언들의 말을 여유 있게 끝까지 듣고 단 다음에 자기의 이야기를 할 겨를이 없었다.

그래서 그들은 즉답(卽答)을 하지만, 일본인이나 한국인, 그리고 중국인들은 오랜 세월 동안 그렇게 즉문(卽問) 즉답(卽答)을 해야 할 각박(刻薄)한 환경에서 살지 않았으므로, 느긋하게 상대방의 말을 들은 다음에야 자기의 의사를 표현한다. 말하자면 미국인이 이상하다고 한, 중간 중간에 '예' '예' 한 것은 '네 말이 옳다, 너의 말에 찬성한다'는 뜻이 아니라 단지 '너의 말을 듣고 있다'는 정도의 표현에 불과하다.

일본인이나 중국인, 그리고 한국인이 미국에 가서 미국의 동부(東部)에서 서부(西部)까지 대륙(大陸) 횡단(橫斷) 버스를 탄다면 정말로 '이상한 일'을 겪게 된다. 한국이나 중국, 그리고 일본에서는 장거리 여행 버스를 타면 나라의 관습에 따라 담배를 피워도 되고, 피우지 못하는 나라가 있다.

그런데 미국은 같은 나라이면서도 어느 구간에서는 담배를 피워도 되고, 어느 구간에서는 담배를 피울 수 없어, 운전자는 손님들에게 '여기에서는 담배를 피워도 좋다' '여기에서는 담배를 피우면 안 된다'는 말을 연발(連發)한다. 왜 그럴까? 미국은 여러 개의 주(州, State)가 연합(聯合)한 합중국(合衆國, United States)이다. 따라서 차내에서 담배를 피워도 좋다는 주(州)를 통과할 때에는 버스 승객들이 담배를 피워도 좋지만, 차내에서 담배를 피우지 못하게 하는 주(州)를 통과할 때는 담배를 피워서는 안 된다.

어떤 사람은 미국인은 완두콩과 같고 일본인은 주먹밥과 같다고 말하는 사람도 있다. 일본인들은 단체 생활에 강하고, 미국인들은 개인 생활에 강하기 때문에 하는 말이다. 일본인들의 단체 생활은 미국인의 눈으로 보면 참으로 경이로운 것이다. 사람들이 꼭 주먹

밥 속의 쌀알들처럼 붙어서 행동한다. 그에 비하여 미국인들은 반질반질 뱅글뱅글 제 각각 돌아다니는 완두콩처럼 개인적인 삶을 즐긴다.

미국인과 일본인, 그리고 한국인과 중국인의 아기를 다루는 방법은 더욱 다르다. 미국 엄마들은 아기를 제 멋대로 떼어놓고 다만 아기에게 연신 말을 거는 반면에, 한국인이나 일본인, 그리고 중국인들은 절대로 아기 엄마가 아기를 떼어놓는 일이 없다. 늘 안거나 업고 엄마 품에서 자라도록 한다.

말하자면 미국인들이 아기를 기르는 방법은 태어나자마자 아기의 인권(人權)과 인격(人格)에 독립성(獨立性)과 자발성(自發性)을 부여하는 반면에 한국과 일본, 그리고 중국인들은 아기는 '철 없고 순진무구(純眞無垢)한 존재'로 보고 늘 엄마와 어른에 종속(從屬)되어 있는 존재로 본다. 심지어 젖을 먹일 때도 미국의 어머니들은 아이 곁에 가서 젖가슴을 열면 아기가 스스로 엄마 젖을 찾아와 먹는 반면에 한국과 일본의 어머니들은 젖가슴을 열고도 모자라 아기를 끌어다가 젖꼭지에 입을 대어 준다.

미국인과 일본인, 그리고 한국인은 잠자리도 다르다. 한국인과 일본인들은 일생을 통하여 누군가와 같이 잔다. 어려서는 부모와 같이 자고, 커서는 형제와 자매들이 같이 자고, 결혼해서는 부부와 같이 자고, 나이가 들어서는 손자 손녀들과 같이 잔다.

그러나 미국은 그렇지 않다. 아이도 혼자 자고, 부부도 더블 침대를 이용하기보다 트윈 베드를 이용하여 따로 자고, 노인 역시 홀로 자는 경우가 다반사(茶飯事)이고 일상적인 일이다. 한국인이나 일본인의 입장에서 보면 외로워서 어떻게 혼자 자느냐고 하지만, 미국인들은 그런 독립적인 생활이 오히려 자유스럽고 만족스럽다.

한국인이나 일본인은 죽어서도 한 가족이 한 곳에 모여 영면(永眠)하지만, 미국에는 아예 그런 풍속이 없고, 그런 일을 이상한 눈으로 본다. 한국이나 일본에는 가족묘(家族墓)라는 것이 있고, 종산(宗山)이 있어서 가족이 죽거나 가까운 친척들이 죽으면 대개 한 곳에 묘를 만들어 같이 모셔 놓는다. 대개의 묘는 죽어서도 같이 살라는 뜻으로 부부(夫婦) 합장(合葬)을 하거나 좌우(左右)에 묘를 쓰고, 첩(妾)이 있었던 경우에는 가운데에 남자 묘를 쓰고 그 좌우에 본처(本妻)와 후처(後妻)의 묘를 쓰기도 한다. 할아버지 묘 밑에는 아버지 묘가 있고, 아버지 묘 밑에는 자식의 묘를 쓴다.

그러나 미국이나 영국, 그리고 유럽 여러 나라에는 이러한 가족묘의 전통(傳統)이나 종산(宗山)과 같은 씨족묘(氏族墓)가 없다. 참전(參戰) 무명(無名) 용사(勇士)들의 전승(戰勝) 기념비(記念碑)인 파리의 유명한 에펠 탑도 사실은 한 무명 용사의 유골(遺骨)이 묻혀 있을 뿐이다. 한국과 같으면 수백 수천의 시신을 모은 의사총(義士塚)이나 전사총(戰士塚) 형태 위에 탑을 세웠을 법한 일이다.

영국의 웨스트민스터 사원(寺院) 역시 한 사람의 묘이다. 이들은 그 한 사람이 전체 무명 용사들을 대표하고 있는 것으로 보고 있으며, 한국처럼 인간은 흙에서 태어나 흙으로 돌아가는 것이 아니라, 인간은 부모 사이에서 태어나 하늘로 올라간 것으로 보기 때문에 일일이 여러 유골을 모아 한곳에 묻고 기릴 생각은 하지도 못한다.

한국과 일본에서는 모자(母子) 동반(同伴) 자살(自殺)이나 가족(家族) 동반 자살 사건이 가끔 나타난다. 이러한 사건이 발생하였을 때에 한국인이나 일본인은 대체로 동반 자살을 한 모자(母子)나 가족에 대하여 동정(同情)과 연민(憐憫)의 정(精)을 느낀다.

그러나 미국인은 그렇지 않다. 자살을 하려면 저 혼자 자살을 하지 왜 죄 없는 자기 가족이나 아이를 같이 데리고 죽느냐고 당장 이웃과 사회가 비난(非難)의 화살을 퍼붓는다. 만일 동반 자살을 기도하였다가 아이나 가족은 죽고 어머니나 아버지가 살아났다면,

당장 그 사람은 살인죄(殺人罪)로 쇠고랑을 차고 법정(法廷)에 서서 살인범(殺人犯)으로 재판을 받아야 한다.

자살(自殺)하는 방법도 다르다. 한국인이나 일본인은 나무에 목을 매어 죽거나 독약(毒藥)을 마시고 죽거나 강물에 뛰어 들거나 높은 곳에서 투신(投身)하여 자살한다. 그러나 미국인을 그렇지 않다. 편히 잠들 수 있는 수면제(睡眠劑)를 먹고 죽거나 아니면 권총(拳銃)이나 엽총(獵銃)으로 자살한다. 목을 매어 죽거나 투신 자살하면 그래도 남아 있는 시신(屍身)만은 평화롭고 때로는 순결(純潔)하기까지 하다. 하지만 권총이나 엽총으로 자살하였을 경우에는 시신마저 유혈(流血)이 낭자(狼藉)하다. 이처럼 자살한 후의 시신마저 무의식(無意識) 속에 생각하는 것이 한국인과 일본인이다.

아이들에 관한 미국인과 한국인, 그리고 일본인의 생각은 대단히 다르다. 입양(入養)한 아이나 계모(繼母)가 기르는 아이는 더욱 그렇다. 미국에서는 입양한 아이나 의붓자식에게 엄마나 아빠는 분명하게 그 사실을 밝혀준다. 너는 내가 낳은 자식이 아니고, 다른 사람이 낳은 사람이지만 내 자식과 똑같이 사랑한다는 말을 늘 하며 기르고 성장하도록 한다.

그러나 한국의 엄마와 일본의 엄마는 그렇지 않다. 계모라는 사실과 입양 부모라는 사실을 가능한 한 숨기고, 아이가 어렸을 때부터 같이 살게 되면 자기가 실제 부모인 양 아이와 대화를 하며, 절대로 계모라는 사실이나 입양 부모라는 사실을 밝히려 들지 않는다. 그래서 미국의 입양아는 의붓자식은 생부모(生父母)에 대한 숨겨져 있는 열정(熱情)을 스스럼없이 표현하지만, 한국이나 일본에서 계모와 양부모 밑에서 자란 아이는 자기의 생부모에 대한 애정(愛情)을 숨기려 들고, 오히려 그런 생각이 양부모나 계모에 대하여 죄스러운 것으로 생각한다.

죽음에 대해서도 미국과 일본과 한국은 다르다. 만일 암(癌)에

걸린 환자가 있다면 미국에서는 무슨 암이라는 사실을 환자에게
분명히 말해주고, 생존가능 기간까지 밝혀 준다. 그래야 세상을 떠
날 운명에 처한 환자가 이 세상을 떠나는 마지막 정리를 할 수 있
고, 그러한 일을 할 수 있게 말해주는 것을 미국 의사들은 도덕적
으로 생각한다. 만일 의사가 그 사실을 환자에게 말하지 않으면
'사실을 숨겼다'는 그 자체로 소추(訴追)를 당할 위험에 놓이게 된
다.

그러나 한국과 일본의 경우는 다르다. 한국이나 일본에서는 환
자의 가족들에게는 암이라는 사실을 가르쳐주지만, 정작 환자 당
사자(當事者)에게는 의사나 가족이 그 사실을 잘 말해주지 않는 경
향이 있다. 이것은 한국과 일본에서 주검을 앞둔 인간에게 죽는다
는 사실을 알려주는 것은 비인도적(非人道的)인 처사로 인식하고
있는 사람이 많기 때문이다.

인간에게는 자신의 탄생(誕生)과 죽음에 대해 알 권리(權利)가
있다. 그러나 이러한 권리도 그 권리의 행사의 장소가 미국이냐,
아니면 일본이나 한국이냐에 따라서 정당성(正當性)이 인정되기도
하고, 인정되지 않기도 하고, 때에 따라서는 비인도적인 처사(處事)
로 보기까지 한다.

언젠가 독일 심리학자가 독일인은 표면(表面)이 딱딱하여 파고
들어가기가 어렵지만 한 번 파고 들어가면 속이 부드러운 반면에,
미국인은 겉이 부드러워 처음에 파고 들어가기는 싶지만, 일단 겉
을 파고 들어가도 그 심연(深淵)에 도달하기는 어렵다는 말을 한
일이 있다. 그 단적인 예로 그는 미국 대학생들의 동거(同居) 생활
을 예로 들었다.

1977년 통계로 미국 대학생들의 4분의 1이 동거중이거나 동거
체험자들이었고, 그러한 풍조(風潮)는 더욱 늘어나고 있다. 청춘(青
春) 남녀(男女)가 한집 한방에 같이 살고 알몸으로 한이부자리 속

에서 품고 성(性) 행위를 즐기며 산다는 것은 일본과 한국에서는 기본적으로 결혼(結婚)을 전제(前提)로 하였다.

미국은 그렇지 않다. 결혼의 전제만이 애정(愛情)의 표현의 길로 이어지는 것은 아니다. 결혼(結婚)은 결혼(結婚)이고, 애정(愛情)은 애정(愛情)이다. 그래서 결혼이 전제되지 않아도 미국의 젊은이들 중에는 동거와 애정의 교환을 아무 일도 아닌 것처럼 나누는 경향이 있다. 요즘의 일본과 한국의 젊은 세대에도 그러한 풍조가 나타나고 있기는 하지만, 미국은 벌써 오래 전부터 결혼을 전제로 하지 않은 동거와 결혼을 전제로 하지 않은 애정의 교환이 일반화(一般化)되어 있다.

그러한 현상의 부작용(副作用)으로 미국에서는 지금 묘(妙)한 업종(業種)이 성업(成業) 중이다. 미국이나 일본이나 한국이나 양계(養鷄) 산업(産業)이 발달하면서 양계업계에서는 병아리 감별법(鑑別法)이 일반화되어 있다. 달걀에서 병아리가 깨어나자마자 암수를 감별(鑑別)하며 구별해놓는 일이다.

미국에서 현재 성업 중인 묘한 신종(新種) 업종은 병아리가 깨어나기 전에 아예 암수를 감별하는 것과 같은 '인간(人間) 감별(鑑別) 업종(業種)'이다. 이게 무슨 말인가 하면, 옛날에는 친자(親子) 확인(確認)을 하려면 대개는 부모(父母)의 혈액(血液)을 분석하여, 두 사람 사이에 태어난 아이가 진짜 두 사람 사이에서 태어난 아이인가, 아닌가를 가렸지만, 이러한 방법은 원시적(原始的)이고 오류(誤謬)가 많다.

그래서 생겨난 것이 바로 미국에서 현재 성업중인 유전자(遺傳子) 감식(鑑識) 방법(方法)이다. 미혼(未婚) 시대의 동거(同居)가 많고, 결혼한 후에도 이혼(離婚)한 사람이 많은 사회에서 '낳아 놓은 아이'가 진짜 내 아이인지, 남의 아이인지를 알 수 없는 경우가 다반사(茶飯事)이다.

　예전에는 아기의 탄생은 아버지도 모르는 '어머니만의 비밀(秘密)'이라는 말이 있었다. 그러나 지금의 어머니들은 어머니조차 이 아이가 어느 남자의 아이인지를 점지(點指)할 수 없을 정도로 자유분방한 성생활을 하는 지라, 유전자 감식 이외에는 진짜 부모와 자식 찾기란 아버지도, 어머니도, 아이도 할 수 없는 미치고 환장할 세상이 된 것이다.

　중국 북경(北京) 지방에 가면 '왕파탕(王八旦)'이라는 욕(辱)이 있다. 제 어미도 지키지 못하거나 제 마누라도 지키지 못하는 놈이라는 뜻이다. 오죽 못났으면 제 마누라 제 어미도 지키지 못할까? 그런 자(者)를 중국 북경 지방에서는 가장 못난 놈으로 본다. 그러한 시각으로 본다면 오늘날 유전자 감식업이 성행(盛行)하고 있는 미국 사회의 남자와 여자, 그리고 인간들이란 모두가 '왕파탕'이라는 중국의 욕을 먹어야 할 판이다.

　한국과 일본에서 마이 카(My Car) 시대가 도래하면서 자동차 운전자들이 차창(車窓) 뒤에 '초보(初步) 운전(運轉)'이라는 푯말을 붙이고 다니는 것을 보고 미국인들은 '병신(病身) 짓'으로 보고 있다. 미국에서는 볼 수 없는 일이고, 또 해서는 안 되는 일이다. 미국에서 교통 사고가 발생하면, 으레 잘못이 없어도 초보 운전자가 죄를 뒤집어 쓸 우려가 있기 때문에, 아무리 초보 운전자라도 미국에서는 초보 운전이라는 말을 하지 않는다.

　그런데 한국과 일본에서는 왜 초보 운전이라고 버젓이 써붙이고 다니는 것일까? 그것은 한국인과 일본인의 심저(心底)에 흐르는 마음을 읽지 않으면 알 수 없다. 일본인이나 한국인은 기본적으로 남의 동정(同情)을 기대하는 마음이 심저에 흐르고 있다. 그래서 초보 운전이라고 써붙이면, 남의 동정을 받을 수 있고, 사실 초보 운전이라고 써붙이고 느림보 운전을 하고 있는 자동차를 보면 운전을 잘 하는 사람들은 그 차를 비켜 간다. 어떤 사람은 이러한 동정의식에 사로 잡혀 1년 내내 초보 운전이라는 딱지를 붙이고 다니는 경우도 있다.

미국인과 일본인, 그리고 한국인 사이에 얼마나 큰 문화의 차이가 있는가를 살펴보았다. 그러면 다른 나라 사람들과는 또 어떤 차이가 있을까. 여기에 대하여 암시적(暗示的)인 답변(答辯)을 주는 유명한 말이 있다.

손님이 맥주 집에 들어가 맥주 한 컵을 시켰다. 종업원이 테이블 위에 놓고 간 맥주 컵에 파리가 와서 빠져 죽었다. 이 맥주와 파리를 어떻게 할 것인가라는 가상(假想)에 대한 어느 국제 심리학자의 말이다.

영국인의 경우에는 다시 한 컵을 시켜서 마신다. 술값은 두 잔 값을 치르고 나온다. 미국인은 웨이터를 불러 다시 한 잔을 시키고 한 잔 값만 내고 나온다. 독일인은 손가락으로 파리를 끄집어내고 알코올에 소독이 되었으니 별 탈이 없다고 그대로 마신다. 프랑스인은 웨이터를 불러 큰 소리로 꾸짖고 다시는 오지 않겠다면 화를 내고 술값은 내지 안고 나간다. 러시아인은 다른 손님들이 눈치채지 않게 파리채 마신다. 중국인은 아무 일이 없는 것처럼 파리를 집어내어 참 좋은 안주가 들어 있다며 맥주를 마신다.

물론 이와 같은 농담 겸 익살스런 말이 그대로 맞아떨어지는 말은 아니다. 다만 한 가지 상황을 놓고 여러 나라 사람들의 행동 방식과 사고(思考) 방식을 가늠해보는 좋은 이야기 거리가 될 것이다. 인도인(印度人)에게 이 말을 하였더니, 인도인은 자기는 채식(菜食)주의자(主義者)라 파리가 들은 맥주는 먹지 않겠다는 말을 남겨 놓고 나오겠다고 했으며, 일본인은 맥주에 손도 대지 않고, 돈도 내지 않고 나와서 집안 식구들과 친척 모두에게 그 사실을 말하여 절대로 그런 집에는 가지 못하게 하겠다고 했다.

그렇다면 한국인들은 이런 상황에서 어떻게 처신(處身)할까? 그에 대해서는 한국인들 스스로가 답해야 할 것이다.

이러한 우스개 소리는 그 이외에도 많다. 먼저 연애(戀愛)에 대한 이야기이다. 연애란 독일인에게는 철학(哲學)이고, 프랑스인에게는 예술(藝術)이며, 영국인에게는 비즈니스이고, 미국인에게는 정신(情神) 위생(衛生)의 문제라는 말이 있다. 섹스에 대해서는 어떤가. 섹스는 프랑스인에게는 게임이며, 덴마크인에게는 현실(現實)이고, 스웨덴인에게는 시(詩)이다.

그러면 천국(天國)과 지옥(地獄)에 가면 어떤가. 천국에 가면 경찰(警察)은 모두 영국인이고, 요리사(料理師)는 모두 프랑스인이며, 연인(戀人)은 이태리인이고, 관리(官吏)는 스위스인이며, 기술자는 독일인이지만, 지옥에 가면 경찰은 모두 독일인이고, 요리사는 모두 영국인이며, 연인은 스위스인이고, 관리는 프랑스인이며, 기술자는 모두 이태리인이라는 말이 있다. 이 역시 각국 국민들의 국민성을 토대도 만들어낸 농담이다. 그렇다면 중국인과 일본인과 한국인은 천국과 지옥에 가면 무엇을 할 것인가. 이 역시 한국인과 일본인 스스로가 대답해야 한다.

여자(女子)에 대한 생각도 나라마다 다르다. 프랑스 사람은 자기 부인(婦人)이 정부(情婦)였으면 좋겠다고 생각하고, 영국인은 자기 부인이 간호원(看護員)이었으면 좋겠다고 생각하며, 스위스인은 자기 부인이 급사(給使)였으면 좋겠다고 생각하고, 미국인들은 자기 부인이 설탕처럼 달콤한 슈가 다링이었으면 좋겠다고 생각하며, 독일인의 반은 자기 부인이 엄마였으면 좋겠다고 생각한다는 말이 있다. 중국인과 한국인과 일본인은 자기 부인이 무엇이었으면 좋겠다고 생각할까. 이 역시 한국인과 일본인 그리고 중국인 스스로가 답할 일이다.

해서 되는 일과 해서는 안 되는 일에 대한 각국 국민의 의식(意識) 또한 다르다. 영국에서는 금지(禁止)된 것 이외에는 아무 것이나 다 해도 좋고, 독일에서는 허용(許容)된 것 이외에는 무엇을 해도 안되며, 프랑스에서는 금지된 것을 해도 아무 문제가 없고, 소련에서는 허용된 일을 해도 처벌(處罰)을 받는다는 말이 있다. 그러면 중국과 한국과 일본에서는 어떤가. 이 역시 스스로 답할 일이다.

이러한 각 국민에 대한 정형(定型)은 사실 편견(偏見)에 쌓인 표현인 경우가 많다. 한 예로 전후(戰後)에 일본에서 있었던 포경업(捕鯨業)에 대한 미국인의 생각이 어떠했던가를 보면 안다. 미국은 일본의 포경선(捕鯨船)들이 북태평양의 고래를 다 잡아 죽인다고 난리법석을 부리며 비난(非難)한 일이 있다.

그러나 미국인 스스로가 일본에 대하여 그런 비난을 퍼부을 당시에 고래에 대해서는 어떠했던가. 캘리포니아 만(灣) 일대에서 미국 어선(漁船)들의 그물에 의하여 죽음을 당하고, 죽임을 당한 후에 바다에 그대로 버려진 고래의 숫자가 일본 포경선에 의하여 죽은 고래의 수보다 몇 배가 더 많았다. 인간은 늘 편견에서 벗어나야 한다. 여기에서 말한 여러 나라의 국민성에 대한 정형 또한 우스개 소리가 되거나, 그 나라 국민성을 이해(理解)하고 암시(暗示)하는 말은 될지언정 그 나라를 비난하는 의미로 인용(引用)해서는 안 된다. 잘못하면 허상(虛像)에 끌릴 위험(危險)이 있기 때문이다.

이제 나는 세계인들이 한국인을 어떻게 생각하고 있는가에 대한 미국과 일본의 통계를 말하면서 이 글을 끝내고자 한다. 미국에서는 어느 나라 사람이 가장 좋고 어느 나라 사람을 가장 싫어하느냐 하는 점에 대하여 간간이 여러 기관에서 조사하여 발표하고 있다. 그 중의 한 통계를 보면 이렇다.

미국인이 가장 좋아하는 대상은 백인(白人)이 최고이고, 그 다음이 캐나다인, 영국인, 프랑스인, 아일랜드인, 스웨덴인의 순서(順序)이며, 30여 개 집단(集團) 가운데 일본인은 꼴찌에서 다섯번째이다.

미국인이 가장 싫어하는 집단 가운데는 중국인과 한국인을 포함한 모두 유색(有色) 인종이 들어 있다. 우리가 미국인을 좋아하는 것과 비교해보면 놀라지 않을 수 없는 통계이다.

그렇다면 일본인들은 세계인을 어떻게 수용하고 있을까? 이에 대한 조사 통계도 있다. 일본인이 가장 좋아하는 사람은 영국인이며, 프랑스인, 독일인, 미국인, 이태리인 순서(順序)이다. 한국인(韓國人)은 흑인(黑人)보다 한 단계 위로 좋아하는 것으로 나타나 있다. 한국인이 일본인을 좋아하는 것을 보면 한국인은 미국인에 이어 일본인을 분명히 저 혼자 짝사랑하고 있는 것을 알 수 있다. 한국에서도 일본을 싫어하는 국민(國民) 의식(意識)이 있기는 하나, 이는 분명히 일본(日本) 제국주의자(帝國主義者)들이 한국을 식민지(植民地)로 만들었던 민족적(民族的) 감정에서 기인한다.

한국인, 우리는 어떻게 해야 이 짝사랑에서 벗어나 '사랑의 대상'이 될 수 있으며, 미국이나 일본에서 '싫어하는 대상(對象)'에서 '좋아하는 대상'이 될 수 있을까. 이에 대한 해답(解答)을 한국인이 스스로 찾지 못한다면, 한국인은 아무리 잘났다고 떠들어대도 결국은 세계인이라는 카테고리 속에서 '우물 안의 개구리' 신세를 면치 못할 것이다.

미스 유니버스 대회

요즘 세계 문명 제국(諸國)의 여성들의 초미(焦眉)의 관심사(關心事)는 감비(減肥)이다. 그래서 일본이나 한국에서는 중국 전래(傳來)의 감비차(減肥茶)가 한때 유행이었다.

20세기 전야(前夜)는 물론이고, 20세기 중반(中盤)까지 세계의 많은 나라와 민족들은 기아(飢餓)와 질병(疾病)이 2대(大) 적(敵)이었다. 먹고 싶어도 먹지 못하고 배가 곯아 죽은 사람이 많고, 하찮은 병이 나도 의학(醫學)과 의술(醫術)이 발달하지 못하여 세상을 떠나야 했다. 요즘 세상에서는 간단하게 해치울 맹장염(盲腸炎)도 치료하지 못하여, 논두렁의 도랑을 뛰어 건너다가 아프던 맹장이 터져 그 자리에서 절명(絶命)하는 일이 비일비재(非一非再)했다.

그러나 요즘 세상은 다르다. 옛날처럼 먹지 못하여 기아(飢餓) 선상(線上)에서 헤매다가 아사(餓死)하는 사람보다 너무 많이 먹어 생긴 비대증(肥大症)이나 비만(肥滿)이 원인이 되어 생긴 질병(疾病)으로 세상을 떠나는 사람이 많다. 그 대표적인 예가 당뇨병(糖料病)이다.

너무 많이 먹은 음식을 먹으면 비만으로 이어진다. 비만이 되어도 소식(小食)과 절식(節食)을 하지 않고 폭식(暴食)을 거듭하면 그들이 쏟아내는 열량(熱量)을 인체(人體) 안에 있는 췌장(膵臟)에서 분비(分泌)하는 인슐린이 감당을 하지 못하여, 결국은 당뇨병이 된다. 현대(現代) 의학에서도 암(癌)과 함께 극복하지 못한 불치(不治) 난치(難治) 병(病)의 하나이다. 그래서 일본과 한국은 물론이고, 미국과 같은 '먹는 것으로부터 해방'된 나라의 사람들은 항상 '비만(肥滿)과의 전쟁(戰爭)'을 거듭하고, 그 일환(一環)으로 중국의 감비차를 열심히 마시는 풍조가 생겨났다.

이야기를 반세기(半世紀)만 거슬러 올라가도, 한국에서는 얼굴이 희고 달덩이처럼 풍만(豊滿)한 육체(肉體)를 가진 처녀(處女)를 보면, 으레 어른들이 '부자(富者) 집 맏며느리 감'이라는 말을 했다. 우선 가난한 시대에 복(福)스럽게 살이 쪘고, 황색(黃色) 인종(人種)이라 대개는 얼굴이 약간 검은 반면에 백옥(白玉)처럼 하얀 얼굴과 살색을 가진 처녀였기 때문에 생긴 말이다. 말하자면 그 당시의 한국의 여성의 미(美)의 기준(基準)은 이렇게 부자 집 맏며느감처럼 복스럽고 풍만한 육체를 가진 여인이었다.

이러한 여성미(女性美)의 기준은 비단 한국만의 일은 아니다. 미국과 같은 서양(西洋)에서도 마르린 먼로와 같이 잡으면 깨질 것 같이 하늘거리고 옴팡살팡한 육체를 가진 여배우(女俳優)가 세인(世人)의 이목(耳目)을 끌기 전에는 소위 글래머 스타일이라 하여 풍만한 육체를 가진 늘씬한 여인들이 인기(人氣)를 끌었고, 그것이 바로 여성미의 기준이었다.

그 이전(以前)의 한국에서는 여성미의 기준을 궁둥이가 크고 젖가슴이 큰 처녀를 가장 아름답고 여성스러운 미인(美人)으로 꼽았다. 지금 생각하면 우습기도 하고 가련하기도 한 일이지만, 궁둥이가 큰 여인은 겨울이 되어 방바닥이 추어도 별로 추위를 타지 않고 찬 바닥에서 잠을 잘 잘 수 있는 육체의 소유자였고, 젖가슴이 큰 여인은 우유라는 것을 일생에 단 한 컵도 먹지 못하고 살던 그 시대에 풍부한 젖을 양산(量産)하여 아기에게 먹일 수 있는 가장 쓸모 있는 젖가슴을 소유한 여인이었다.

이런 이야기는 이제 미국이나 일본, 그리고 한국에서 통하지 않는다. 여성들은 중·고등학교 때는 물론이고 초등학교 때부터 비만을 피하기 위하여 '살 빼기 운동'을 벌이고 있다. 먹는 양을 가능한 한 줄이고, 운동을 많이 하고, 아름다움을 가꾸어 '살이 찌지 않은 여자'가 되기 위한 피나는 전쟁이 어려서부터 시작되는 것이다.

여체(女體)는 신(神)이 만들어 낸 최고(最高)의 걸작(傑作)이다. 심미안적(審美眼的)으로 보면 우주(宇宙) 삼라만상(森羅萬象) 중에 여자의 육체처럼 아름다운 것은 없다. 그 극찬(極讚)의 여체(女體)들이 세계적으로 모여, 각자 자기 나라와 민족을 대표하여 서로 뽐내며 아름다움을 경쟁하는 것이 미스 유니버스(Universe) 대회이다. 세계의 모든 곳에서 모든 여인 중에 뽑고 뽑은 여인들이 크라운(王冠, Crown) 하나 놓고 요염(妖艶)하게 포즈를 취한다.

나는 매년 미스 코리아나 미스 재팬, 그리고 미스 유니버스 대회와 같은 '미(美)의 잔치'가 벌어지는 날이면, 할 일 없이 텔레비전 앞에 앉아 넋을 잃고 얼빠진 사람처럼 즐비한 미인(美人)들의 모습을 보고, 그 중에서 어느 여인이 더 아름다운가를 점치는 일이 많다. 따지고 보면 하나도 아름답지 않은 여인이 없는 이 세계적인 여성미의 잔치에, 왜 나는 그 중에서 더 아름다운 여인을 찾고 있는 것일까. 결국은 실패로 끝나고 마는 일이지만, 그것이 바로 인간이고 그것이 바로 인간의 본성(本性)이다.

일본 오사카(大板)에서 바이어와 상담(商談)을 하고 있는 중이었다. 휴대(携帶)폰이 울렸다. 중국(中國) 상해(上海)에서 걸려온 전화였다. 급히 만나야 할 일이 있으니 내일까지 상해에 와달라는 내용이었다. 무슨 급한 일이 있을까, 나는 대단히 큰 오더가 있는 것으로 알고 신간선(新幹線)을 타고 급히 도쿄(東京) 사무실에 와서 상해행 비행기를 예약하고 잔무(殘務)를 처리했다.

신간선은 시속 300킬로미터 전후로 달리는 세계적인 쾌속(快速) 열차(列車)이다. 하늘을 나는 헬리콥터와 맞먹는 속도이다. 일본에서 신간선을 건설하기 시작할 때에 저명한 평론가(評論家)는 정신(情神)이 나간 사람들의 착상(着想)이라고 매도했다.

그러나 정말 정신나간 사람은 그 평론가였다. 신간선은 건설되어 일본의 대동맥(大動脈)이 되었고, 세계적인 대도시에서 이 기술을 도입(導入)해가기 바빴다. 미래(未來)란 항상 그런 것이다. 어제나 오늘의 기준으로 미래를 판단하면, 미래란 항상 불확실(不確實)한 것이며, 그 불확실한 세계를 확실한 세계로 창조하려는 사람들은 항상 정신 나간 사람으로 보기 쉽다.

도쿄에서 상해로 날아갔다. 상해는 엄청나게 변하여 있었다. 황포(黃浦) 강변(江邊)에는 전에 없던 '동양(東洋)의 진주탑(眞珠塔)'이 진주보다 더 아름답게 서 있고, 1900년대 초에 지어진 석조(石造) 건물들이 강변을 따라 줄지어 서 있는가 하면, 포동(浦東) 지역에는 중국이 개방이래 최대로 발전한 매머드 도시의 위용(偉容)을 보여주고 있었다. 내가 10여 년 전 상해를 처음 갔을 때만 해도 상해는 옛 때가 벗지 않은 구(舊)도시와 같은 모습이었으나, 오늘의 상해는 21세기로 발돋움하는 중국을 상징(象徵)하는 도시이다.

오늘의 상해는 중국 제2의 대도시이다. 그러나 어제의 상해는 그렇지 않았다. 상해가 발달하기 시작한 것은 중국인들이 말하는 소위 제국주의(帝國主義) 열강(列强)들이 중국을 윽박질러 개항(開港)을 강요한 1900년 전후부터이다. 그 이전에는 장강(長江)의 하구(河口)에 있는 하안(河岸) 촌도(村都)에 불과했다.

열강들 앞에 중국이 개항을 하기 전에는 중국에서 대도시란 모두 해안(海岸)에 있는 것이 아니라 황하와 장강과 같은 내륙(內陸) 하안(河岸) 지대에 있었다. 장안(長安)이 그렇고, 낙양(洛陽)이 그러하며, 복주(伏州)가 그랬다. 그러던 것이 개항 후에는 상해를 비롯하여 청도(青島), 천진(天鎭), 대련(大蓮)과 같은 해안 도시가 융성(隆盛)하게 되었다. 사람 팔자(八字) 알 수 없다더니 도시(都市) 팔자 역시 알 수 없는 모양이다.

1906년에 지었다는 화평(和平) 호텔에 투숙했다. 미국의 대통령인 클린턴이 중국을 방문하여 상해에 왔을 때에 투숙(投宿)한 호텔이고, 중국과 미국의 국교(國交) 정상화(正常化)를 위하여 맹활약(孟活躍)을 한 키신저가 투숙한 호텔이다. 번화한 큰길을 사이에 두고 남북(南北)으로 두 채의 현대화(現代化)된 고풍(古風)의 두 석조(石造) 건물이 있다.

저녁 식사를 하면서 비즈니스 이야기를 하려고 남쪽 건물에 있는 호텔 식당에 갔다. 메뉴를 보고 너무나 놀라지 않을 수 없었다. 메뉴판에는 무려 495개의 요리가 적혀 있었다. 엄청난 종류의 식사가 준비되어 있는 레스토랑이었다. 나는 메뉴판을 아무리 읽어도 어떤 메뉴가 어떤 음식인지를 알 수가 없어서, 중국에 가면 늘 그러는 것처럼 호주머니에 손을 넣었다.

호주머니 속에는 내가 평상시에 바이어들과 어울려 오찬(午餐)이나 만찬(晚餐)을 하는 일곱 가지의 메뉴를 중국말로 써놓은 메모가 있다. 그런데 또 놀라지 않을 수 없는 일이 벌어졌다. 웨이터와 웨이트레스에게 나의 메모를 보여주었더니, 일곱 가지 중에서 가능한 것은 네 가지밖에 없다는 것이었다. 그렇다면 도대체 중국에는 몇 종류의 음식이 있단 말인가. 495가지의 음식을 준비해놓은 곳에서 내가 찾는 일곱 가지 중에 세 가지가 없는 것을 보면, 아마도 중국에는 수천 종류의 음식이 있는지도 모를 일이다.

“차(車)상! 계림(桂林)에 가보았오?”

“가보지 못했습니다.”

“그럼 여기에서 두어 시간 가면 아름다운 계림이 있다하니, 나
와 같이 한 번 가보는 것이 어떨까요?”

워낙 중요한 바이어였기 때문에 도쿄에서 상해에까지 날아 와서
만났지만, 그 중요한 바이어가 가까이 있는 계림에 가자고 하니 바
쁘기는 하지만 대접(待接)상 같이 가지 않을 수 없었다. 아침에 비
행기를 타고 계림으로 날아갔다. 계림 근방에 비행기가 도착하면
서 중국 산수수묵화(山水水墨))에서 흔히 보던 아름다운 계림의 산
봉오리들이 병풍(屛風)을 쳐놓은 듯 펼쳐지고 있었다. 태국과 베트
남 그리고 라오스와 홍콩 등지(等地)에서 가까운 아열대(亞熱帶) 지
방이다.

인구 35만여 명밖에 되지 않는 계림 공항은 외국에서 찾아오는
관광객의 수를 짐작할 수 있을 정도로 중국에서는 보기 드물게 대
단히 현대화 된 건물이었다. 택시를 타고 약 한 시간 정도 달려야
세계적인 절경(絶景)으로 이름난 이강(漓江)이 흐르는 계림(桂林)
시내에 도착한다.

만일 미스 유니버스 대회에 나오는 미인(美人) 중에 팔 다리가
잘리고 젖가슴이 도려내진 상처(傷處) 투성이의 여인이 나타난다면
관중(觀衆)들은 어떤 심정(心情)이 될까? 계림 시내를 들어가면서
나는 그런 생각을 했다. 공항에서 빠져나가자마자 계림 특유의 아
름다운 산들이 나타나기 시작했다. 계림 특유의 산세(山勢)란 마치
겉껍질을 벗겨내어 옥수수 알들이 알알이 박혀 있는 옥수수와 같
은 모양을 고추세워 놓은 형상이다. 모든 산이 바위산이고, 직각
(直角)에 가까울 정도의 절벽(絶壁)을 이루며, 바위틈마다 천년 만
년 인간의 손이 닿지 않은 작디작은 나무들이 분재(盆栽)처럼 박혀
있다.

그런데 그 아름다운 산들을 중국은 다이너마이트를 동원하여 무자비(無慈悲)하게 벗겨 석재(石材)로 쓰고 있었다. 미스 유니버스 대회에 나온 아름다운 미인의 몸에서 피가 흐르는 것처럼, 파괴(破壞)되고 있는 산들은 석재와 토사를 토해내고 있었다. 가슴이 아팠다. 그러나 그런 가슴앓이는 이방인(異邦人)만이 느낄 수 있는 통증(痛症)이고, 계림 현지 사람들에게는 아무렇지도 않은 일이었다. 그 정도의 아름다운 산은 계림에서는 산 축(軸)에 들지 못하기 때문이다.

우리가 묵었던 호텔은 문헌(文獻)을 보고 예약할 때에는 계림쉐라톤문화(桂林Sheraton文華) 호텔이었다. 그런데 가보니 간판에 계림대우쉐라톤(桂林大宇, Sheraton) 호텔로 되어 있었다. 2000년대의 문턱에서 한국에서는 재계(財界) 순위 2～3위를 다투는 굴지(屈指)의 기업이었고 세계적인 다국적(多國籍) 기업을 일구다가, 한국(韓國)이 외환(外換) 고갈(枯渴) 사태(事態)를 맞이하면서 붕괴(崩壞)되고 있는 대우(大宇) 그룹에서 인수한 모양이었다.

계림은 춘하추동(春夏秋冬) 네 계절이 모두 아름다운 곳이다. 봄이 되면 바위틈에서 야생화(野生花)들이 피어나고, 여름이면 녹음이 빼어난 자태(姿態)를 자랑하는 산마다 녹음이 우거지고, 가을이면 천산만홍(千山萬紅)으로 새빨간 단풍(丹楓)이 물들고, 겨울이면 백설(白雪)로 갈아입은 산 모습이 얼마나 아름다운지 인간의 혀를 내두르게 한다. 이러한 계림이 계림이라는 이름을 갖게 된 동기는 계림에는 특히 계수(桂樹) 나무가 많아 가을이면 계수나무의 꽃향기가 천리(千里) 만리(萬里) 풍겨 나오기 때문이다.

여장(旅裝)을 풀고 잠시 휴식시간을 가진 후 시내 주위에 있는 코끼리 바위와 동굴(洞窟)을 찾고, 어둠이 깃든 이강의 명물(名物)인 가마우치 낚시(Cormorant Fishing)를 구경갔다. 가마우치란 바다나 강에 사는 새의 이름이고, 한국의 서해(西海) 백령도(白嶺島)에 집단(集團) 서식(棲息)하는 새이다.

크기는 오리 만하고, 색은 검으며, 목이 길고, 고기를 잡기에 편할 주둥이와 헤엄을 치기에 편리한 물갈퀴를 가지고 있다. 중국인들이 이 새를 잡아 알을 낳게 하고, 알을 부화(孵化)시켜 집에서 기른 다음에 좀 잔인(殘忍)하기는 하지만 목을 실로 감아 물에 집어넣는다. 가마우치가 주둥이로 고기를 잡아도, 기도(氣道)가 좁아져 목구멍으로 넘길 수 없고, 그 찰나(刹那)를 이용하여 고기의 주둥이로 토해내는 물고기를 잡는다. 재주는 곰이 부리고 돈은 중국인이 갖는다는 속담이 있는 것처럼 잡기는 가마우치가 잡고, 가마우치가 잡은 물고기는 중국인이 갖는 낚시이다. 세계에서도 그 유례(類例)를 찾아볼 수 없는 낚시라서 계림시(鷄林市)에서 가마우치 낚시 야간(夜間) 관광(觀光)을 독점 운영한다.

밤마다 계림을 찾는 관광객들이 날이 저물면서 밤 열 두 시경까지 무수히 찾아와 가마우치의 재주와 인간(人間)의 찬탈(簒奪)을 넋을 잃고 바라보며, 가마우치들이 어둠 속에서 물 속으로 들어가 고기를 낚아 나올 때마다 박수(拍手)와 환성(歡聲)을 지른다. 내가 보아도 신기(神奇)한 낚시였다. 대나무로 만든 조그마한 배에 사공이 가마우치를 싣고 들어가, 배의 앞에 밝은 등불을 켜면 불빛을 따라 고기들이 모여든다. 그 순간을 포착하여 가마우치들은 물 속에 잠수(潛水)하여 물고기들을 잡아온다.

대개는 사람의 손바닥 크기만한 물고기들이었다. 어떤 때는 너무 큰 물고기를 잡았는지 주둥이에 물고기의 꼬리 부분의 반쯤은 내어놓고, 목에 걸려 넘어가지 않으므로 숨이 막혀 죽겠는지 고개를 끼룩끼룩 꾸액꾸액 거리며 앞으로 내달리는 모습이 보여, 안타까움과 함께 인간(人間)의 잔인(殘忍)을 마음껏(?) 감상할 수 있었다. 얼마나 답답하면 날지도 못하고, 얼마나 답답하면 다시 물 속으로 들어가지도 못하고, 목을 치켜올려 어두운 하늘을 보고 앞으로 내닫기만 한단 말인가. 천진난만한 가마우치가 인간을 원망하는 것 같은 모습이었다.

다음 날, 이강의 백미(白眉)를 구경하기 위하여 죽강(竹江) 마을로 갔다. 죽강 마을에 갈 때까지 도처에서 이강 산세를 감상할 수 있는 산들의 모습이 나타난다. 멀리에서 보면 마치 경주(慶州)의 왕릉(王陵)들을 수백 개를 모아다 놓은 것 같기도 하고, 어떻게 보면 제주도(濟州道)의 오름들을 모아다가 병풍(屏風)처럼 둘러쳐 놓은 모습이다.

계림 시내에서 약 한 시간 정도 버스를 타야 이강 유람선(遊覽船)이 뜨는 죽강 마을이 나온다. 죽강 마을이란 대나무가 많은 강가의 마을로, 실제로 유람선을 타고 양(陽朔) 마을까지 가려면 직경(直徑)이 10센치미터 이상의 대나무들로 우거진 대나무 숲을 많이 발견하게 된다.

이강은 대체로 목가적(牧歌的)인 강이다. 수심(樹心)은 2~3미터에 거친 여울이 별로 없어 양편에 즐비하게 나타나는 절경의 바위산들 틈으로 평화롭게 흐른다. 관광 팸플릿을 보면 이 구간(區間)에 있는 20여 곳의 절경이 소개되어 있다.

죽강 선착장을 떠나자마자 절경들이 좌우에 펼쳐진다. 어떤 산은 직각(直角)으로 서 있고, 어떤 산은 달걀 모양으로 서 있으며, 어떤 산은 옥수수 모양으로 서 있고, 어떤 산은 좌우에 달걀산 옥수수산 직각산을 수없이 거느리고 위풍당당(威風堂堂)하게 서 있다. 가까이에서 본 산들은 설악산(雪嶽山)의 하늘벽을 떼어다 붙인 것 같고, 어떤 산은 정선(旌善)의 화암(畵巖)을 옮겨 놓은 것 같았다. 대체로 계림 이강의 산세(山勢)를 이해하려면 제주도에 있는 오름들에다가 하늘벽과 화암들을 달걀 모양과 옥수수 모양으로 모자이크 해놓은 다음에 진시황(秦始皇) 군마총(軍馬塚)처럼 이강 양안(兩岸)에 촘촘하게 박아 놓은 것 같다고 생각하면 된다.

줄줄이 나타나는 산들을 구경하다 보면 잠시 후에 두 마리의 하얀 박쥐가 하늘로 치솟아 오르는 형상의 산이 나온다. 마치 하늘벽에 화암을 박아 놓은 형상이고, 어찌 보면 거대한 천연(天然) 벽화(壁畵)와 같다. 다음은 군용희수암산(群龍戲水巖山)이다. 수많은 용들이 물 속에서 때를 지어 노니는 모습이 연상(聯想)되는 바위산이다.

다음으로 다섯 마리의 호랑이가 양을 잡아먹는 형상의 바위산이 나오고, 이어서 돌아오지 않는 남편을 기다리는 한 여인의 모습을 하고 있는 망부석(望夫石)이 나온다. 초평(草坪)이라는 곳을 지날 때는 외노를 저으며 고기를 낚으러 나가는 낚시인의 모습이 보이고, 이어서 왕관(王冠) 동굴(洞窟)이 보이고 곧 이어 봉황(鳳凰)의 꼬리를 연상하는 산세들이 멀리 조망(眺望)되는 양디(樣提) 마을에 도착한다.

양디 마을을 지나면 멀리 파도(波濤)가 넘실거리는 것과 같이 넘실거리는 낭석(浪石) 풍광(風光)이 보이고, 강가에는 무수한 물오리들이 유유히 헤엄치며 놀고 있고, 아낙네들은 강물에 빨래하기에 바쁘다. 한가한 강물 속에는 강마을 사람들의 낚시가 한창이다. 저마다 대나무를 엮어 한 두 사람이 탈 정도의 뗏목 배를 타고 민물새우를 미끼로 낚시를 하는데, 계화어(桂花魚)라는 계림(桂林) 이강(漓江) 특산(特産) 어종(魚種)이 주로 낚이고, 때로는 팔뚝만한 강고기들이 달라붙어 낚시인의 심장(心臟)을 뛰게 한다.

다음에는 부처님 바위에 꿇어 앉은 동자(瞳子)와 같은 바위가 나오고, 강물 속에는 아이들이 떼를 지어 헤엄치고 물장구 치며 놀고 있다. 이 바위산에서 한 구비를 지나면 사과 모양의 산과 충천봉(沖天峰)이 나타나고, 아홉 마리의 말들이 달리는 형상(形象)의 바위산이 나오고, 험준(險峻)한 낭떠러지로 이루어진 바위틈에는 산양(山羊)들이 빠끔거리며 바위 위에 올라와 있다.

유람선은 물결 따라 엔진을 걸고 잘도 달린다. 어인 일인가. 산과 하늘을 반사하는 강물을 노란빛을 띠어 황포도영(黃布到影)이라는 지명(地名)과 같아지고, 잠시 지나면 흥평(興坪) 마을이 나온다. 하안(河岸)에는 소들을 방목(放牧) 하고 있다. 한국에서 보는 소와 같은 소가 아니고, 텔레비전에서 보던 물소와 한국소의 중간 모습을 하고 있는 소들이다.

뽀죽뽀죽한 산들이 모여 있다. 사람의 다섯 손가락을 펼쳐 세워 놓은 것과 같다하여 오지산(五指山)이다. 잠시 후에는 오른 쪽에 뱀이 배배 틀고 올라간 모습과 같은 뱀산이 나오고, 이어서 조금만 내려가면 왼쪽에 고래의 꼬리지느러미를 닮은 어미산(魚尾山)과 용(龍)이 머리를 뒤틀고 있는 형상의 용두산(龍頭山)이 있다.

다음에 나오는 마을이 양슈오우(陽朔) 마을이다. 2000년 전부터 마을을 형성하였다는 이 마을은 네 시간짜리 유람선의 종착지(終着地)이고, 관광객을 상대로 무수한 노점(露店) 상인(商人)들이 있다. 죽강 마을 이후에 최초로 나타나는 사람이 바글바글한 마을이다. 양슈오우 마을 하류에도 절경은 계속된다. 강물은 좌우 둘로 갈라지고, 왼쪽 물이 본류(本流)를 이룬다.

마을을 지나자마자 왼쪽에 물 속에서 거대한 연꽃 봉오리가 피어올라온 듯한 벽연암(碧蓮岩)이 보이고, 유람선이 조금 더 지나면 여덟 개의 문에서 보면 모두 다른 절경(絶景)들이 보이는 망강정(望江亭)이라는 정자(亭子)가 있다. 여기에서 왼쪽 본류를 따라가면 이어서 붓통을 물 속에 넣어 둔 것과 같은 산영(山影)을 물 속에 드리우고 있는 필가봉(筆架峰)이 보이고, 이어선 학동(學童)이 강물을 읽고 있는 것처럼 우뚝 서 있는 서동봉(書童峰)이 있다.

오른 쪽 강물을 따라 내려가면 높은 산들이 밭이 되어 무수히 서 있어 꿈에서나 볼 수 있는 고전풍광(高田風光)이 나오고, 조금 더 내려가면 거대한 노[老巨樹]가 가지를 벌려 강물을 감싸고 있다. 이어서 동그란 반달을 연상하게 하는 월항산(月亢山)이 나온다.

대개의 관광객들은 네 시간 정도의 유람선(遊覽船) 여정(旅情)을 즐기고 양슈오우 마을에서 계림으로 다시 간다. 잠시 눈을 감고 지나온 절경들을 연상하노라면 틀림없이 미스 유니버스 대회에 나온 미녀(美女)들을 감상한 것과 같이 빼어난 산들을 줄줄이 보았으므로 정신이 아련하다. 어떤 산이 더 아름다운지 포토 제닉 상을 줄 수도 없고, 어떤 산이 더 아름답다고 크라운을 씌워 줄 수도 없다. 미스 유니버스 대회에 나온 미인들이 모두 아름다운 것처럼 이강(漓江) 양편의 모든 강들이 아름답다.

내가 세계 여러 곳을 다녀 보았지만, 이렇게 아름다운 산들이 강 양안에 이렇게 장시간(長時間) 유람선을 타고 가는 동안 똑같이 나오는 절경(絶景)의 연속(連續) 상영(上映)을 본 일이 없다. 어떤 카메라맨은 연신 셔터를 누르고 있었다. 죽강 마을에서 양슈오우 마을까지 그는 36장 필름 열 다섯 통을 찍었다고 했다. 500컷 이상을 찍은 셈이다. 산은 그렇게 아름답고, 일반 관광객이나 카메라맨의 눈을 빼먹을 정도로 홀리며 서 있다. 시간이 있다면 유람선보다 현지(現地) 원주민(原住民)들처럼 대나무 뗏목을 타고 강물을 따라 내려가면 더욱 낭만적(浪漫的)이고 목가적(牧歌的)인 여행이 될 듯했다.

우리의 여행은 계속되었다. 이른 새벽에 북경(北京)으로 가는 비행기에 몸을 실었다. 두 시간 후에 북경에 도착하였다. 북경은 징기스칸이 건설하여 대간(大干)이 사는 곳이라는 뜻으로 한때 대도(大都)라고 부르던 곳이고, 마르코폴로가 징기스칸을 만난 곳도 이곳이었다. 내가 북경을 처음 방문한 것은 상해(上海)를 방문하였던 1987년이다. 그때에 비하여 대단히 발달한 모습을 첫 눈에 볼 수 있었다.

북경에 처음 가는 사람이라면 자기가 볼일을 보고 난 다음에 시간이 있으면 대개 천안문(天安門) 광장(廣場)과 자금성(紫禁城) 또는 황궁(皇宮)이라고 부르는 고궁(古宮), 달나라에서 유일하게 지구상에서 보인다는 만리장성(萬里長城)과 곤륜호(崑崙胡)가 있는 이화원, 그리고 십삼릉(十三陵)과 천단(天壇) 같은 역사 유적지(遺蹟地)를 찾게 된다. 나는 바이어의 요청에 따라 천안문 광장과 고궁, 그리고 만리장성으로 안내(案內)했다.

천안문(天安門) 광장(廣場)은 한마디로 압권(壓卷)이다. 광장(廣場) 앞에 우뚝 서 있는 천안문 위에는 모택동(毛澤東)의 거대한 초상(肖像)이 걸려 있고, 광장에서 바라보면 오른쪽으로는 중화인민공화국만세(中華人民共和國萬歲), 왼쪽으로는 세계인민대단결만세(世界人民大團結萬歲)라는 대형 글자가 프랭카드처럼 펼쳐져 있다. 모택동과 동지들이 중화인민공화국의 건국을 선포한 곳도 바로 이 천안문(天安門) 문루(門樓)였다.

천안문에서 바라보면 광장의 오른쪽에 인민대회당(人民大會堂)이 있다. 전국인민대표자회의(全國人民代表者會議)가 열리는 곳이다. 왼쪽에는 노동인민문화궁(勞動人民文化宮)이 있다. 가운데에는 높이 38미터의 석조(石造) 인민영웅기념비(人民英雄記念碑)가 우뚝하다. 앞의 글씨는 모택동의 글씨이고, 뒷면의 글씨는 주은래(周恩來)의 글씨이다.

천안문은 구(舊)황성(皇城) 남쪽의 정문으로 명(明)나라 시대에 건축되었다. 처음에는 승천문(承天門)이라 하였으나, 청(淸)나라 시대에 개축(改築)하여 천안문(天安門)이라 하였다. 천안문은 현판(懸板)이 없는 것이 특징이기도 하다. 문이 다섯 개나 있는데 가운데 문을 통과할 때에 석벽(石壁)에 천안문(天安門)이라고 써 있는 것을 볼 수 있다. 문 앞에 다섯 개의 돌다리가 놓여져 있고, 다리양쪽에는 돌기둥이 세워져 있다.

천안문 광장은 중국(中國)의 상징(象徵)이기도 하다. 세계 최대

인민영웅기념비

(最大) 광장(廣場)의 하나로 넓이는 40만 평방킬로미터나 되고, 수용 인원은 100만 명이나 된다. 매년 건국(建國) 기념일(記念日) 전후(前後)가 되면 중국(中國) 천지(天地) 전체(全體)에서 일생에 한 번만이라도 북경에 가보고 천안문 광장에 서보았으면 죽어도 원(願)이 없겠다는 수많은 인파(人波)가 넘실거리고, 오성기(五星旗)를 게양(揭揚)하는 이른 아침이면 천지(天地)가 진동(振動)하는 함성(喊

聲)이 지축(地軸)을 흔든다.

천안문을 통과하면 자금성(紫禁城)인 고궁(古宮)으로 들어가는 오문(午門)이라는 새로운 정문이 나온다. 자금성은 동서로 750 미터, 남북으로 1,000미터의 장방형(長方形) 고궁이고, 넓이는 72만 평방킬로미터이며, 사방(四方)에 높이 10미터의 견고한 성(城)이 쌓여 있고, 성밖에는 넓이 50미터의 도랑이 파져 있고, 크게 외조(外朝)와 내정(內廷)으로 구분된다. 외정은 황제가 정사(政事)를 돌보던 곳이고, 내정은 일상 생활을 하던 곳이다.

정문인 오문으로 들어가면 태화전(太和殿)과 중화존(中和殿), 그리고 보화전(保和殿)이라는 전삼전(前三殿)이 나오고, 이 중에서 압권은 중앙에 있는 태화전이다. 태화전은 황제가 공식 행사를 하던 곳이고, 높이 27미터에 이르는 중국 최대(最大) 최고(最高)의 목조(木造) 건축물(建築物)인 황제의 권위(權威)의 상징(象徵)이다.

전례(典禮) 때에는 문무백관(文武百官)이 줄을 서서 황제가 나오기를 기다린다. 태화전을 보면서 조선(朝鮮) 사신(使臣)도 말석(末席)을 차지했을 것을 생각하니, 웃음이 절로 나오고 숙연(肅然)해지기도 하였다. 봉황(鳳凰)과 용(龍)을 조각해놓은 수많은 돌 장식이 있고, 금도금(金鍍金)을 한 커다란 항아리가 있으나, 영불(英佛) 연합군(聯合軍) 병사들이 점령하였을 때에 병사들이 깎아낸 흔적을 발견할 수 있다. 영국과 프랑스가 문화(文化) 국가(國家)라고는 하지만, 이렇게 남의 나라 고궁을 훼손(毀損)해놓은 것을 보면 전쟁(戰爭)이란 문화인(文化人)을 야만인(野蠻人)으로 만든다는 것을 새삼스럽게 느낄 수 있었다.

북쪽의 내정으로 들어서면 건청궁, 문태전, 곤녕궁 등이 일직선으로 나타난다. 주로 박물관(博物館)으로 전시되는 건물이 많다. 그러나 진열품(陳列品) 중에 중국과 중국의 황실을 대표할 수 있는 유물들이 그리 많이 눈에 띄지 않아 이상하게 생각할 사람들이 있을 것이나, 그것은 이상한 일이 아니다.

　장개석(張介錫)이 대만(臺灣)으로 철수(撤收)할 때에 고궁에 있던 진귀품(珍貴品)을 비행기로 실어갔다. 그래서 대만에 재건(再建) 해 놓은 고궁박물관(古宮博物館)에는 엄청난 국보(國寶)와 보물(寶物)들이 있으나, 정작 있어야 할 북경(北京)의 고궁은 텅 빈 느낌이다.

　미국의 로스앤젤레스 근교(近郊)에 있는 디즈니랜드를 하루동안만 구경하고 오는 사람이 있지만, 사실은 1주일 또는 한 달을 보아도 제대로 다 볼 수 없는 곳이 디즈니랜드이다. 천안문 뒤에 있는 자금성을 몇 시간만에 보고 나오는 사람도 있지만 이 역시 하루는 보아야 볼 만한 것들을 다 볼 수 있고, 제대로 보자면 몇 번은 가 보아야 한다.

　북경에는 로스앤젤레스의 디즈니랜드처럼 하루에는 도저히 볼 수 없고, 몇 날, 몇 달을 보아도 제대로 볼 수 없는 만리장성(萬里長城)이 북쪽 70킬로미터 지점에 있다. 중국 역사와 민중(民衆)의 숱한 이야기를 간직하고 있는 '세계의 유산(遺産)(World Heritage)'이다. 북경을 중심으로 팔달령(八達嶺) 모전곡(慕田谷) 금산령(金山嶺) 등에 2중, 3중으로 겹겹이 축성(築城)되어 있고, 이 중에서 빠다령(八達嶺) 장성(長成)이 가장 유명하다.

　빠다령 장성은 명나라 시대에 축성된 것으로 비교적 만리장성 중에는 새로운 모델이다. 동쪽 발해만(渤海灣) 산해관(山海關)에서 고비 사막의 가용관(嘉塔關)에 이르는 수천 킬로미터의 장성(長成)은 대개 단순히 흙을 굳혀 만든 토성(土城)에 가까운 모습이나, 빠다령 장성은 명나라가 몽고의 재침(再侵)이 두려워 돌과 전(塼)이라는 벽돌로 견고(堅固)하게 겹겹이 축성하였다. 평균 높이는 8미터에 폭은 7미터나 되고, 성의 가장자리에는 2미터 정도의 담을 다시 쌓아 올렸고, 담 사이에는 적(敵)을 방어(防禦)하기 위한 창구(窓口)가 뚫려 있다. 회랑(回廊)이 큰 곳은 말이 몇 마리씩 편대(編

隊)를 지어 갈 수 있게 되어 있다.

북경에서 팔달령(八達嶺)에 도착하면 협곡(峽谷)의 좌우(左右)에 산비탈을 타고 산마루를 향하여 드높이 세워놓은 장성들이 보인다. 협곡의 오른 쪽 산등성이에 보이는 장성은 외관(外關)의 장성이고, 왼쪽에 보이는 곳이 거용관(居庸關) 장성으로 복원(復原)해놓은 것이다. 거용관 장성의 입구에는 운대(雲臺)라는 문이 있는데, 이 문의 벽에 새겨져 있는 서하문자와 한자, 티벳 문자와 산스크리트 문자, 그리고 파스타 문자와 위그루 문자 등이 유명하다.

운대(雲臺)를 지나 본격적으로 장성을 오르기 시작하려면 모택동의 친필(親筆) 휘호(揮毫)로 만들어 세운 석비(石碑)가 있다. 부도장성비호양(不到長城飛好洋)이라는 일곱 글자가 음각(陰刻)되어 붉은색으로 칠해져 있다. 이러한 석비는 외관(外官) 입구(入口)에도 세워져 있다. 장성(長城)은 무너지지 않는다는 뜻으로 모택동은 자신이 세운 중화인민공화국이 절대로 무너지지 않는다는 사실을 장성에 비유하여 중국 인민들에게 열변(熱辯)을 토(吐)한 것이다.

거용관(居庸關)은 5세기경부터 서역(西域) 여러 민족과 교류를 하던 관문(關門)이다. 북경에서 가다보면 빠다령 고개를 가기 전에 왼쪽으로 우뚝 솟은 험산 중에 있다. 외관(外關)은 북경에서 가다보면 거용관을 지나 산마루 고개턱 밑에 있고, 외관 장성은 빠다령의 좌우(左右) 산비탈을 타고 길게 축성되어 있다. 주의 깊게 관찰을 하는 사람이라면 거용관에서 외관에 가는 왼쪽 산비탈에 아직 복원되지 않아 만고풍상(萬古風霜)에 허물어져 남아 있는 옛날 그대로의 장성(長城)의 잔흔(殘痕)을 볼 수 있을 것이다.

두 곳 다 유명한 곳이다. 어느 곳이나 경사도(傾斜度)가 30도 전후의 산세를 약간 타고 올라가다 보면 경사가 급격히 높아져 때로는 45도, 때로는 70도에 이르는 곳도 있다. 한 고비(高鼻)를 올라가기에도 몇 번을 계단에서 쉬어야 하는 곳이고, 이런 곳에는 양옆에 잡고 올라갈 쇠파이프가 박혀 있다. 숨을 헐떡이며 올라가면서 이 급한 경사에 이 넓고 높은 장성을 이렇게도 견고하게 쌓아 놓은 중국인의 힘을 절감하지 않을 수 없었다.

성경(聖經)에 '좁은 문으로 들어가라, 그러면 복을 받을 것이다'라는 구절(句節)이 있다. 나는 만리장성(萬里長城)에 갈 때마다 이 경구(驚句)를 떠올리며 '만리장성(萬里長城)의 좁은 문으로 들어가라, 그러면 중국(中國)이 보일 것이다'라는 말을 떠올린다. 정말 만리장성 회랑(回廊)의 좁은 문을 지날 때마다 거대한 중국의 힘을 느끼게 된다.

한국의 속담에 아닌 밤중에 홍두깨라는 말이 있다. 일본 오사카에서 일을 하다가 난데없이 중국 상해에 있는 바이어로부터 오라는 연락을 받고, 도쿄에서 상해로, 상해에서 계림으로, 그리고 계림에서 북경을 거쳐, 잠시 중국 청도에 있는 사무실에 들려 일을 보고, 서울에 와서 본사(本社)의 업무를 처리하고, 다시 도쿄 사무실로 날아 왔다. 아닌 밤중에 홍두깨와 같은 여행이었으나, 오랜만에 다시 찾은 상해와 북경의 모습을 보고 반가웠고, 미스 유니버스 대회를 방불(彷彿)하는 이강(漓江) 협곡(峽谷)의 빼어난 산들을 본 것은 참으로 즐거운 일이었다.

에필로그

인류(人類)의 시원(始原)은 몇 십 억(億) 년(年)으로 거슬러 올라가지만 인류의 문화(文化)의 역사(歷史)는 몇 천 년을 거슬러 올라가지 못한다. 그 중에서도 특히 서기 1000년대(年代)의 역사는 인류에게 괄목(刮目)할 만한 흔적(痕迹)을 남겨 주었고, 그 중에서도 산업혁명(産業革命) 이후의 역사는 눈부실 만큼 인류의 역사를 급변시켜 놓았고, 그 중에서도 1000년대의 말 100년, 그러니까 20세기(世紀)는 인류 문명의 시발(始發)이 어디이고, 종착역(終着驛)이 어디인가까지 상상하게 할 정도로 격변(激變)을 일으켰고, 세계대전(世界大戰)이라는 두 차례의 격랑(激浪)도 있었다.

이 책을 대하는 사람들은 누구나 20세기와 21세기를 '걸쳐서 사는 사람'들이다. 그런 의미에서 나는 인류의 역사와 20세기가 어떻게 변하여 왔는가를 틈틈이 분석해보았고, 특히 그 중에서도 내가 매일같이 발을 딛고 걷고 있는 한국과 일본, 그리고 중국에서 20세기와 21세기는 무엇을 의미하는가에 대하여 관심을 가져왔다. 이 책은 그런 내 생활의 소산(所産)이다.

당돌(幢突)한 말이기는 하지만, 나는 인간(人間)은 자신이 가지고 있는 경험(經驗)과 지식을 타인(他人)과 공유(共有)하고, 분장(分臟)해야 한다고 늘 생각해왔고 실천해왔다. 자기의 경험과 자기의 지식을 자기 혼자 가지고 사는 것은 퇴락(頹落)한 봉건주의(封建主義) 사고 방식이고, 어떤 의미에서는 그 소중(所重)한 자신의 경험과 지식을 무용지물(無用之物)로 만드는 어리석음이다.

내가 지난해에 『무역을 안고 세계를 향하여』라는 졸저(拙著)를 내게 된 것도 그러한 나의 사고(思考)의 표출(表出)이었으며, 이번에 내는 『한국 중국 일본, 지금은 몇 시인가』라는 책 역시 그러한 내 생활 철학의 하나가 뭉쳐져 나온 것이다. 좀 좁혀서 말한다면, 『무역을 안고 세계를 향하여』는 내 경험의 소산이며, 이 책은 지식(知識)이라고 할 것까지는 없지만, 끊임없이 내 머리 속에 맴돌고 있던 내용들의 일부이다.

2000년대의 새 천 년을 맞고, 21세기(世紀) 새 100년을 맞는 모든 독자들과 함께 한중일(韓中日) 3국의 번영과 발전을 기원한다.

□ **지은이**

차동진(車東鎭, 雅號: 井山)
(株)東進 KOSCOM, (株)아스론(ASLON)의 대표이다. 日本, 韓國, 中國을 상대로 다국적 비즈니스를 하고 있으며, 라이센싱과 어뮤즈먼트(AMUSEMENT) 관련 수출입, 무역업에 종사하고 있다. 현재는 환경산업에 관한 무역 프로젝트를 진행중이며 한때는 무역업 창업과정 기관 등의 무역 컨설턴트로 활동했다. 한국능률협회, 순천향대학교 등에서 현장무역실무에 관한 특강을 하였다. 저서로『무역을 안고 세계를 향하여』(1998) 등이 있다.

밀레니엄 무역기행
**한국 중국 일본,
지금은 몇 시인가**

ⓒ 차동진, 1999

지은이／차동진
펴낸이／김종수
펴낸곳／도서출판 한울

초판 1쇄 발행／1999년 12월 20일
초판 3쇄 발행／2002년 1월 30일

주소／120-180 서울시 서대문구 창천동 503-24 휴암빌딩 3층
전화／영업 326-0095(대표) 편집 336-6183(대표)
팩스／333-7543
전자우편／newhanul@nuri.net
등록／1980년 3월 13일, 제14-19호

Printed in Korea.
ISBN 89-460-2698-7 03810

*가격은 겉표지에 있습니다.